HEGEL, MARX E A TRADIÇÃO LIBERAL

LIBERDADE, IGUALDADE, ESTADO

FUNDAÇÃO EDITORA DA UNESP

Presidente do Conselho Curador
Herman Jacobus Cornelis Voorwald

Diretor-Presidente
José Castilho Marques Neto

Editor-Executivo
Jézio Hernani Bomfim Gutierre

Conselho Editorial Acadêmico
Alberto Tsuyoshi Ikeda
Áureo Busetto
Célia Aparecida Ferreira Tolentino
Eda Maria Góes
Elisabete Maniglia
Elisabeth Criscuolo Urbinati
Ildeberto Muniz de Almeida
Maria de Lourdes Ortiz Gandini Baldan
Nilson Ghirardello
Vicente Pleitez

Editores-Assistentes
Anderson Nobara
Fabiana Mioto
Jorge Pereira Filho

DOMENICO LOSURDO

HEGEL, MARX E A TRADIÇÃO LIBERAL
LIBERDADE, IGUALDADE, ESTADO

Tradução
Carlo Alberto Dastoli

Revisão Técnica
Marco Aurélio Nogueira

1ª Reimpressão

Copyright © 1988 by Editori Riuniti
Título original em italiano: *Hegel, Marx e la tradizione liberale*
Libertà uguaglianza Stato

Copyright © 1997 da tradução brasileira:
Fundação Editora da UNESP (FEU)

Praça da Sé, 108
01001-900 – São Paulo – SP
Tel.: (0xx11) 3242-7171
Fax: (0xx11) 3242-7172
www.editoraunesp.com.br
www.livrariaunesp.com.br
feu@editora.unesp.br

Dados Internacionais de Catalogação na Publicação (CIP)
(Câmara Brasileira do Livro, SP, Brasil)

Losurdo, Domenico, 1941-
  Hegel, Marx e a tradição liberal. Liberdade, igualdade, Estado / Domenico Losurdo; tradução Carlo Alberto Fernando Nicola Dastoli; revisão técnica Marco Aurélio Nogueira. – São Paulo: Editora UNESP, 1998. – (Biblioteca básica)

  Título original: Hegel, Marx e la tradizione liberale.
  ISBN 85-7139-190-4

  1. Estado 2. Hegel, Georg Wilhelm Friedrich, 1770-1831 3. Igualdade 4. Liberalismo 5. Liberdade 6. Marx, Karl, 1818-1883 I. Título. II. Série.

97-3350   CDD-306.4

Índice para catálogo sistemático:
1. Filosofia política 320.01

Editora afiliada:

*Ao Istituto Italiano per gli Studi Filosofici
e ao seu presidente Gerardo Marotta*

SUMÁRIO

9 Advertência

11 Capítulo 1
Em busca do Hegel "autêntico"

1 Censura e autocensura 2 Autocensura linguística e compromisso teórico 3 Dimensão privada e dimensão filosófica 4 Hegel maçom? 5 História esotérica e história exotérica 6 Argumentos filosóficos e "fatos" políticos 7 "Equívoco" interpretativo ou contradição real?

55 Capítulo 2
As filosofias do direito: reviravolta ou continuidade

1 Razão e realidade 2 O poder do príncipe 3 Uma, duas, nenhuma reviravolta

85 Capítulo 3
Contratualismo e Estado moderno

1 Anticontratualismo = antiliberalismo? 2 Contratualismo e jusnaturalismo 3 O anticontratualismo liberal 4 Celebração da natureza e ideologia da reação 5 Hegel e o contratualismo feudal e protoburguês 6 Contratualismo e Estado moderno

113 Capítulo 4
Conservador ou liberal? Um falso dilema

1 O dilema de Bobbio   2 Autoridade e liberdade   3 Estado e indivíduo   4 O direito de resistência   5 Direito da necessidade extrema e direitos subjetivos   6 Liberdade formal e substancial   7 Categorias interpretativas e pressupostos ideológicos

151 Capítulo 5
Hegel e a tradição liberal: duas leituras contrapostas da história

1 Hegel e as revoluções   2 Revolução de baixo e revolução do alto   3 As revoluções vistas pela tradição liberal   4 Patrícios e plebeus   5 Monarquia e república   6 A repressão da aristocracia e a marcha da liberdade   7 Anglofobia e anglomania   8 Hegel, a Inglaterra e a tradição liberal   9 Igualdade e liberdade

195 Capítulo 6
O intelectual, a propriedade e a questão social

1 Categorias teóricas e opções políticas imediatas   2 Indivíduo e instituições   3 Instituições e questão social   4 Trabalho e "*otium*"   5 Intelectuais e proprietários   6 Propriedade e representação política   7 Intelectuais e artesãos   8 Hegel utilitário [*banausico*] e plebeu?   9 Questão social e sociedade industrial

239 Índice onomástico

ADVERTÊNCIA

As edições das obras de Hegel mais frequentemente citadas foram abreviadas da seguinte forma: W = *Werke in zwanzig Bänden*, organizado por E. Moldenhauer e K. M. Michel, Frankfurt-am--Main; *Ph. G.* = *Vorlesungen über die Philosophie der Weltgeschichte*, organizado por G. Lasson e J. Hoffmeister, Hamburg, 1955; *B. Schr.* = *Berliner Schriften*, organizado por J. Hoffmeister, Hamburg, 1956; B = *Briefe von und an Hegel*, organizado por J. Hoffmeister e F. Nicolin, Hamburg, 1969-1981; *V. Rph.* = *Vorlesungen über Rechtsphilosophie*, organizado por K. H. Ilting, Stuttgart-Bad Cannstatt, 1973-74; *Rph. III* = *Philosophie des Rechts. Die Vorlesung von 1819-20 in einer Nachschrift*, organizado por D. Henrich, Frankfurt-am--Main, 1983. Para o curso de filosofia do direito de 1817-18, que temos em duas edições (uma publicada pelo Hegel-Archiv: *Vorlesungen über Naturrecht und Staatswissenschfat*, organizado por C. Becker e outros, Hamburg, 1983, e a outra por K. H. Ilting: *Die Philosophie des Rechts*, Stuttgart, 1983), ambas utilizadas por nós, remetemos diretamente ao parágrafo, fazendo-o preceder da sigla *Rph. I*; assim procedemos no que diz respeito à *Enciclopédia* (às vezes abreviada *Enc.*) e aos *Princípios de filosofia do direito* (às vezes abreviado *Rph.*, sem nenhuma outra indicação). A indicação do parágrafo é cada vez seguida de A = *Anmerkung*, Z = *Zusatz*, AL = *Vorlesungsnotizen*. Outras abreviaturas: HB = *Hegel in Berichten seiner*

Zeitgenossen, organizado por G. Nicolin, Hamburg, 1970; *Mat.* = *Materialien zu Hegels Rechtsphilosophie*, organizado por M. Riedel, Frankfurt-am-Main, 1975.

No que diz respeito a Hegel, tivemos presente e utilizamo-nos com liberdade das seguintes traduções: *Princípios de filosofia do direito*, trad. ital. de F. Messineo (as anotações manuscritas são organizadas por A. Plebe), Bari, 1954; *Enciclopédia das ciências filosóficas em compêndio*, trad. ital. de B. Croce, Bari, 1951; *Fenomenologia do espírito*, trad. ital. de E. de Negri, Firenze, 1963; *Lições de filosofia da história*, trad. ital. de G. Calogero e C. Fatta, Firenze, 1963; *Lições de história da filosofia*, trad. ital. de E. Codignola e G. Sanna, Firenze, 1973; *Escritos políticos*, organizado por C. Cesa, Torino, 1974. Também no que diz respeito às traduções citadas de qualquer outro autor, não se dá notícia das modificações eventualmente feitas. Para todos os textos, o itálico foi livremente mantido, suprimido ou modificado, de acordo com as exigências de ênfase que surgiram da nossa exposição.

CAPÍTULO 1

EM BUSCA DO HEGEL "AUTÊNTICO"

1 Censura e autocensura

Em uma carta de 1776, Kant confessava: "Na verdade, eu penso, com a mais firme convicção e com grande satisfação, muitas coisas que nunca terei a coragem de dizer, mas jamais direi alguma coisa que não penso". Estamos na Prússia de Frederico II, interlocutor e, às vezes, amigo dos grandes iluministas franceses, um soberano que ostentava fama de tolerante, ao menos no que se referia à religião e a tudo aquilo que não ameaçava emperrar a máquina governamental. Cerca de trinta anos mais tarde, precisamente em 1794, o filósofo retorna ao assunto, num cenário decididamente mais dramático: nesse meio tempo, Frederico II morrera e as inquietações suscitadas pela Revolução Francesa, mesmo aquém do Reno, haviam feito com que a censura na Prússia se tornasse particularmente rigorosa e o poder cada vez mais intolerante até mesmo diante da religião. O filósofo recorre, então, a uma nova carta para exprimir seu estado de espírito e seu pensamento: sim, as autoridades podiam proibi-lo de "tornar conhecidos por inteiro os seus princípios", mas é isto – declarava – "que eu tenho feito até o momento (e não me desagrada, de modo algum)".[1]

De Hegel não possuímos cartas tão explícitas. No entanto, temos à disposição testemunhos, indícios e dados muito mais significativos.

É a partir da "edição completa de suas obras, especialmente das lições", que Hegel provoca "um efeito enorme": a observação do jovem Engels[2] não é isolada. Dois anos antes dele, ao comentar a publicação das *Lições de filosofia da religião*, Rosenkranz havia previsto que elas acabariam por reforçar o "ódio contra a filosofia hegeliana".[3] Enquanto Hegel ainda estava vivo, aos seus contemporâneos não escapava o fato de as *Lições* se exprimirem em tom audacioso e sem preconceitos, e por isso continuavam a procurá-las e a se remeterem a elas mesmo depois da publicação do respectivo texto, às vezes dirigindo-se diretamente ao filósofo, que manifestava e demonstrava sua disponibilidade, sem desconhecer, portanto, a paternidade das transcrições dos seus cursos, cujos textos os discípulos faziam circular fora do âmbito acadêmico e, às vezes, fora das fronteiras da Alemanha.[4] Lendo uma dessas lições, defrontamo-nos com um trecho revelador: "Da França o Iluminismo chegou à Alemanha, e aqui nasceu um novo mundo de ideias. Seus princípios foram então interpretados mais a fundo. Todavia, esses novos conhecimentos não foram contrapostos em público ao elemento dogmático, mas, ao contrário, fez-se o possível e o impossível para conservar a aparência de reconhecimento à religião, coisa, de resto, que se faz ainda hoje" (*Ph. G.*, 916-7).

A qual autor, ou a quais autores, refere-se a última frase? Ou estamos, ao contrário, na presença de uma confissão? Uma coisa é certa: as técnicas aqui descritas são as da dissimulação e da autocensura, e de tais técnicas sublinha-se a continuidade e a atualidade do uso. Tampouco o trecho mencionado é o único no qual Hegel demonstra clara consciência do fato de que a situação objetiva exigia uma escrita atenta e cuidadosa. Também Hamann (saliente-se) era obrigado a "esconder a sua ironia das autoridades reais" (*W*, XI, 334).

São ainda grandes resistências a enfrentar o problema. Cite-se um dos intérpretes mais respeitados de Hegel, Cláudio Cesa, o qual não parece propenso a atribuir peso particular ao problema da censura ou da autocensura: "Os intelectuais e os acadêmicos alemães podiam expressar-se, naturalmente dentro de certos limites, com uma grande liberdade".[5] Na realidade, até mesmo um discípulo de Hegel, de posição "moderada", fala, com relação ao fim dos anos 20 e ao início dos anos 30, da sua "primeira luta contra a censura".[6] E Heine, um outro discípulo de Hegel, escreve em uma carta ao seu editor, de abril de 1840 (numa situação sem dúvida menos ameaçadora do que aquela que se criara na Prússia após as *Decisões de Karlsbad*): "Reitero-lhe que, na redação do livro, levei em consideração os seus problemas com a censura e que exerci escrupulosamente a autocensura".[7] Mas por que ir tão longe?

Confrontemos o § 127 no texto acroamático e no texto publicado da *Filosofia do direito*. No primeiro caso, podemos ler: "O homem que morre de fome tem o direito absoluto de violar a propriedade de outro; ele viola a propriedade de outro somente em sentido limitado. No direito advindo da necessidade extrema (*Notrecht*) está entendido que não há violação do direito do outro enquanto direito: o interesse está dirigido somente a este pedacinho de pão; ele não está tratando o outro como pessoa sem direitos" (*V. Rph.*, IV, 341). No texto publicado, desaparece a figura do faminto, em sentido estrito, e alude-se apenas ao fato de que o direito proveniente da extrema necessidade pode entrar "em choque com a propriedade legal de outro", ao passo que o furto se torna "a violação de uma particular e limitada existência da liberdade" (a respeito do "direito absoluto" que o faminto tem a essa "violação" ou furto, o texto publicado prefere calar-se por completo). O esforço de autocensura é evidente.

Outros exemplos poderiam ser acrescentados.[8] Mas aqui pode ser mais útil esclarecer as modalidades de intervenção da censura, mediante um confronto entre o texto do ensaio sobre a *Reformbill* publicado na *Preussische Staatszeitung* e o texto do manuscrito de Hegel. Graças à edição preparada por Hoffmeister, estamos em condições de examinar as variações que foram efetuadas: ao menos na aparência, o discurso versa exclusivamente sobre a Inglaterra; no entanto, com respeito ao manuscrito original, o texto publicado caracteriza-se pelo esforço constante em amenizar a aspereza da denúncia. Assim, a "cupidez" (*Habsucht*) das classes dominantes e do clero inglês, empenhados em oprimir o povo irlandês, torna-se "egoísmo" (*Eigennutz*; *B. Schr.*, 478), com uma expressão não somente mais branda, mas que sobretudo perde sua força política para assumir tons de prédica moral. A "aridez" (*Seichtigkeit*) dos princípios que presidem o ordenamento político e social da Inglaterra torna-se "escassa profundidade" (*wenig Tiefe*; *B. Schr.*, 484), ao passo que desaparece a referência aos seus aspectos "mais bizarros e grosseiros" (*B. Schr.*, 463); e, sempre no mesmo contexto, o "absurdo" (*Absurdität*) torna-se "anomalia" (*Anomalie*), ao passo que a "depravação" (*Verdorbenheit*), que caracteriza as eleições e que diz respeito tanto aos sujeitos ativos quanto aos passivos de corrupção, torna-se também "egoísmo" (*B. Schr.*, 466). Se Hegel denuncia a "presunção" (*Dünkel*) que os ingleses têm de sua liberdade, o jornal oficial do Estado (*Preussische Staatszeitung*), ao contrário, revelando-se nitidamente mais anglófilo (é um fato sobre o qual é necessário refletir e ao qual retornaremos), fala de "orgulho" (*Stolz*; *B. Schr.*, 482). Pode-se aduzir um exemplo mais saboroso. O manuscrito denuncia a praga dos dízimos eclesiásticos na Inglaterra, que serve para alimentar a vida parasitária e dissoluta de um clero inamovível, apesar da gravidade dos escândalos em que acaba muitas vezes envolvido; até mesmo um padre que "passeava pelas ruas e pontes de sua cidade, de braços dados com duas prostitutas de um bordel público, uma de cada lado" consegue conservar o seu posto e a sua prebenda. No entanto, o jornal oficial do Estado limita-se a noticiar que o padre andava em "companhia totalmente inconveniente". E, assim, os "pormenores" cruelmente relatados por Hegel, referentes às "relações" singulares desse padre "com sua esposa e com um amante dela que vivia em sua casa", tornam-se os pormenores da "relação doméstica do homem" em questão (*B. Schr.*, 475).

É improvável que as modificações tenham sido sugeridas por simples *pruderie*. Em outros casos, a preocupação política é ainda mais evidente. O jornal oficial do Estado omite completamente a denúncia que o manuscrito faz a respeito da "tosca ignorância dos caçadores de raposas e da nobreza agrária" (*B. Schr.*, 482). Aparentemente, a referência limita-se à Inglaterra, mas a denúncia podia muito bem ser aplicada a outros países, já que a expressão usada para designar a nobreza agrária, *Landjunker*, na realidade levava a pensar mais na Prússia que na Inglaterra. Outra afirmação significativa o jornal oficial do Estado deixa escapar: "Em nenhum lugar mais que na Inglaterra permanece arraigado e inalterado o preconceito segundo o qual aquele a quem o nascimento e a riqueza conferem uma função receba também a inteligência necessária para exercê-la" (*B. Schr.*, 482). A Inglaterra é citada aqui como o exemplo mais clamoroso, mas não o único, do preconceito e da arrogância nobiliárquica, do qual certamente a Prússia não estava imune, como bem o sabiam tanto Hegel como os censores do Estado.

Mas nesse ponto surge um problema de caráter mais geral, já mencionado na época por um discípulo de Hegel. O ensaio sobre a *Reformbill* – escreve Ruge em 1841 – "é muito verídico e esclarecedor no que se refere à Inglaterra", mas não se compreende bem – também pelo fato de que Hegel escreve no jornal oficial do Estado, e o faz comportando-se como um "diplomata" – se à "miséria feudal inglesa" se contrapõe a Alemanha ou o "continente" (e, portanto, na realidade, "os produtos da Revolução Francesa").[9] Com efeito, há uma calculada e profunda ambiguidade no ensaio sobre a *Reformbill*. Certamente, quando são contrapostas ao "positivo" dominante na Inglaterra os "princípios gerais" dos quais "tiveram origem os códigos e as instituições políticas do continente" (*B. Schr.*, 469), é claro que se pensa também, se não em primeiro lugar, na França, a qual, todavia, é omitida e ocultada na categoria geral de "continente". Hegel condena fortemente a ideologia baseada na celebração do positivo e daquilo que é historicamente transmitido, ou seja, daquilo que repousa na "sabedoria dos antepassados" (*Weisheit der Vorfahren; B. Schr.*, 466-7). O ensaio sobre a *Reformbill* formula essa condenação somente com relação à Inglaterra, mas o seu autor dificilmente poderia ignorar que tal ideologia estava muito presente e arraigada também na Alemanha e na Prússia, como demonstra a sua áspera polêmica contra Hugo e Savigny. Aliás, quinze anos mais tarde, será Frederico Guilherme IV em pessoa que irá contrapor ao modelo francês, com as suas "constituições feitas e concedidas", o modelo da Inglaterra, cuja constituição "é o resultado não de um pedaço de papel, mas dos séculos e de uma sabedoria herdada sem igual".[10] A *Weisheit der Vorfahren* denunciada pelo ensaio sobre a *Reformbill* é aqui a *Erbweisheit* saudada pelo rei da Prússia. É verdade que entre os dois textos há uma distância de uns quinze anos. Mas essa celebração da continuidade histórica, protegida contra o arbítrio e a violência de intervenções legislativas externas, Frederico Guilherme IV, nos anos em que ainda era príncipe herdeiro, havia apreendido de Savigny, alvo, em outras ocasiões, da polêmica de Hegel, o qual evita, porém, na *Preussische Staatszeitung*, fazer referência à Escola Histórica, à ideologia e aos ideólogos da Prússia da época. É sabido que a publicação da segunda parte do artigo de Hegel sobre a *Reformbill* foi impedida por uma respeitável intervenção do alto. Pode-se considerar aceitável a motivação oficial e atribuir tal proibição a considerações de caráter oportunista no plano da política internacional: resta, contudo, o fato de que Hegel não podia se expressar livremente. E menos ainda a seu respeito podia se expressar livremente Gans, o qual lamenta o fato de que o necrológio escrito na ocasião da morte do mestre tenha sido tão profundamente "trabalhado pelos censores" (sempre na *Preussische Staatszeitung*), a ponto de se tornar irreconhecível (*HB*, 502).

Poderíamos acrescentar, com alguma jocosidade, que se o reconhecimento da Prússia daquela época, que garantia "notável liberdade" de expressão aos intelectuais, tivesse sido surpreendido em Hegel, o fato teria sido interpretado como a prova definitiva da subserviência do filósofo à política da Restauração. Isso confirma quão incerta era ainda a configuração da Prússia da época, cujas características, às vezes, vão sendo paulatinamente definidas, com pouca coerência, em virtude das exigências de condenação ou de defesa de Hegel. Surge a necessidade de uma visão mais precisa e mais articulada do período e do ambiente histórico. A censura, porém, é um dado de fato, como reconhece, em outra ocasião, o próprio Cesa: "Em 1847, B. Bauer escreveu uma obra, em três pequenos volumes, dedicada às 'lutas dos partidos' na Alemanha entre 1842 e 1846. No capítulo consagrado à *Rheinische Zeitung*, ele se diverte ao evidenciar como, durante todo o ano de 1842, quando o jornal havia sido praticamente dirigido primeiro por M. Hess e depois por K. Marx, não se perdia a ocasião para alardear confiança nas boas intenções do governo prussiano. Ora, Bauer dizia a verdade somente pela metade: nós sabemos, e ele não ignorava, que a direção do jornal conduzia uma luta extenuante, quer contra a censura, quer contra a ameaça de supressão. As manifestações de confiança no governo deviam compensar notícias não agradáveis ou juízos críticos. E o mesmo vale para grande parte das publicações contemporâneas, ao menos em relação àquelas que eram publicadas dentro das fronteiras da confederação germânica".[11]

Portanto, o problema de burlar a atenção da censura punha-se ainda em 1842, em uma situação claramente diferente, quando já começavam a se esgarçar as malhas do sistema repressivo. Além disso, mesmo tomando literalmente as formulações usadas por Cesa, "as manifestações de confiança no governo" constituiriam um caso mais de duplicidade propriamente dita (o autor faz declarações que não correspondem minimamente ao seu pensamento, mas que têm o único objetivo de lançar fumaça nos olhos do censor e assim fazer passar um conteúdo menos leal em relação ao poder) do que de autocensura (o autor não renega as próprias convicções, mas se limita a enunciá-las de forma obscura e intricada, renunciando, no caso, a expressar até o fundo o próprio pensamento). É inútil dizer que a duplicidade nos colocaria diante de problemas ainda mais difíceis de ser resolvidos, pois não seria suficiente, neste caso, a decodificação de um texto mais ou menos obscuro ou criptográfico: tratar-se-ia de separar, com base em critérios bastante discutíveis, o material autêntico daquele espúrio.

Paradoxalmente, apesar da sua declarada intenção de redimensionar drasticamente ou de cancelar a dimensão "secreta" ou "diversa" de Hegel, Cesa acaba por sugerir uma metodologia substancialmente afim àquela de Ilting. Se, para este, deve-se considerar, em última análise, inautêntico e espúrio o texto publicado da *Filosofia do direito*, para Cesa deve-se considerar da mesma maneira inúmeros artigos da *Gazeta Renana*. Entretanto, o seu diretor parece traçar um quadro completamente diferente dessa experiência jornalística: "É uma desgraça – observa Marx em uma carta a Ruge – ter que assumir, mesmo pela causa da liberdade, um comportamento servil, combatendo mais com alfinetadas do que com golpes de marreta". O exercício da autocensura é claramente angustiante. É necessário "adaptar-se, curvar-se, contorcer-se, burilar as palavras com cinzel".[12] Alguns desses termos evocam aqueles já usados por

Hegel a propósito dos procedimentos aos quais o Iluminismo alemão recorria para ocultar sua dissidência em relação à religião dominante. Mas revelam-se particularmente esclarecedoras as confissões-descrições de Marx e Heine, que nos sugerem uma precisa chave de leitura. Trata-se de proceder à decodificação de um texto que é criptográfico por motivo de força maior, e não de escolher entre material espúrio e material autêntico. Trata-se, enfim, de recorrer à categoria da "autocensura" (explicitamente indicada por Heine), e não àquela da duplicidade.

Em outras palavras, os reconhecimentos conferidos à Prússia correspondiam em parte ao pensamento, se não do próprio Marx, certamente de alguns dos redatores da *Gazeta Renana*. De resto, ainda em outubro de 1842, Engels saúda na Prússia o "Estado burocrático, racionalista, tornado quase pagão", que havia lutado "no período de 1807 a 1812 contra os resquícios da Idade Média" e cuja legislação tinha permanecido "sob o influxo do Iluminismo". Decerto, escrevendo nesse momento da Suíça, o jovem revolucionário não escondia de si mesmo que essa Prússia já fora derrotada pela Prússia feudal-cristã da Escola Histórica do Direito.[13] Pode ser interessante confrontar esse texto com um análogo, publicado poucos meses antes exatamente na *Gazeta Renana*. Os temas são fundamentalmente os mesmos: "O nosso passado jaz sepulto sob as ruínas da Prússia pré-jenense"; "não temos mais que arrastar o peso da Idade Média, que impede alguns Estados de se movimentarem". Até aqui vão os reconhecimentos à Prússia, que em nada se diferenciam dos que aparecem no texto não submetido à censura. No que diz respeito às críticas, estas também não faltam no artigo publicado na *Gazeta Renana*. Renunciar ao patrimônio prussiano das reformas antifeudais que se seguiram à derrota de Jena, renunciar a essa herança em nome das teorias caras à Escola Histórica do Direito, "*seria* o mais vergonhoso recuo jamais ocorrido", pois "*renegaria* do modo mais vil os anos mais gloriosos da história prussiana"; se isso acontecesse, "*trairíamos* o nosso mais sacro patrimônio, *assassinaríamos* a nossa própria força vital" etc.[14]

Sintetizando com uma fórmula gramatical, poderíamos dizer que é o condicional grifado acima que nos remete ao momento da autocensura. O processo de degeneração da Prússia, que, no texto publicado na Suíça, é considerado definitivamente concluído ("A restauração no Estado iniciou-se nos últimos anos do rei precedente"),[15] é aqui considerado ainda em aberto. Por conseguinte, o alvo da polêmica e da luta, em um caso, é a monarquia prussiana enquanto tal e, no outro, os círculos reacionários, vistos como se ainda não houvessem assumido a preponderância. Dessa forma, a reviravolta e a traição, que no texto publicado na Suíça são denunciadas e expressas no indicativo, no outro, publicado na Prússia, são denunciadas e expressas no condicional. Mas o emprego do condicional, se certamente constitui um primeiro expediente para escapar das malhas da censura, denota também os resíduos de ilusão acerca do papel da Prússia, amplamente presentes na esquerda hegeliana até o advento ao trono de Frederico Guilherme IV, aliás, até a experiência dos seus primeiros atos de governo.[16]

2 Autocensura linguística e compromisso teórico

O verdadeiro problema não consiste em verificar se existe ou não autocensura na filosofia alemã, mas em definir sua precisa configuração e seu real conteúdo. Na sua autobiografia, Rosenkranz reconstrói um debate revelador ocorrido em 1830. Na ocasião do aniversário da *Confessio Augustana*, Schleiermacher dá uma declaração na qual afirma – assim escreve Rosenkranz – "que um clérigo poderia recitar o credo de uma igreja sem estar persuadido da sua verdade", dado que, neste caso, não agiria por si mesmo, mas enquanto "encarregado" por uma "comunidade".[17] A dissociação aqui teorizada é um fato sobre o qual devem refletir os que ainda se obstinam em gritar escandalizados contra a suposta violência perpetrada em prejuízo do texto toda vez que se procura situá-lo no tempo em que foi escrito e publicado, levando em conta, portanto, os dispositivos de censura, o hábito da dissimulação mais ou menos difundido entre os intelectuais etc. Na realidade, ao menos no tocante ao período histórico objeto de nossa investigação, nenhum texto revela-se adequadamente compreensível partindo do pressuposto da sua autotransparência interna. Rosenkranz concorda com Schleiermacher ao rejeitar aquela que foi pejorativamente definida como "teologia da letra":[18] o contraste versa apenas sobre a reinterpretação do conteúdo dogmático e da "letra", que o segundo parece dissolver no "sentimento da dependência" e o primeiro no conceito e na "especulação". Para o discípulo de Hegel, são "símbolos, alegorias, metáforas: Deus gera a si mesmo como filho, o relato do paraíso, de Prometeu, a apresentação de Deus como a de um ser que se encoleriza, se arrepende etc."; até mesmo "pai e filho são representações"; e, "se na ocasião das bodas de Caná os convidados receberam mais ou menos vinho, é completamente indiferente e também acidental": "com relação ao lado sensível da representação, não só a imagem, mas também o elemento histórico deve ser tomado em sentido simbólico e alegórico".[19] Apesar dessa sua posição radical, Rosenkranz não só se declara perfeitamente de acordo com o cristianismo, mas parece querer ser o primeiro da classe, tanto que, paradoxalmente, lança no rosto dos guardiões da ortodoxia, como também dos críticos do hegelianismo, uma espécie de descrença: "É inegável a presença, na convicção religiosa do nosso tempo, de uma ampla, quase universal indiferença para com os conteúdos doutrinários antigamente considerados essenciais, e uma indiferença dos próprios teólogos, quer iluministas, quer dos que se passam por mais devotos. Se solicitássemos à maior parte desses teólogos que dissessem, com a mão no coração, se consideram absolutamente indispensável, para a beatitude eterna, a fé na trindade, e se acreditam que a falta de fé leva à danação, seria inútil perguntar qual é a resposta. Até mesmo beatitude eterna e danação eterna são expressões de uso ilícito na boa sociedade ... Veremos que, no credo desses teólogos, os dogmas se adelgaçaram e se reduziram notoriamente".[20]

Estamos diante de um caso de "duplicidade"? Não, porque Rosenkranz, assumindo posições moderadas e "centristas" – é por essa razão que recorremos a tal exemplo –, foge sinceramente do ateísmo e da negação do cristianismo. Mas, por outro lado, não se pode ignorar o fato de que a afirmação categórica da perfeita conformidade à ortodoxia da reinterpretação "especulativa" do cristianismo responde também a precisas exigências pragmáticas.

Os temas vistos em Rosenkranz já podem ser lidos em Hegel; e é significativo que nas lições o filósofo se exprime com uma linguagem audaciosa que seria inútil procurar no texto publicado. Por exemplo, em um *Adendo* à Enciclopédia, com relação ao relato bíblico do pecado original, Hegel não fala, como de costume, de "representação", mas simples e grosseiramente de "mito", e ironiza também a "assim chamada maldição que Deus teria lançado sobre os homens" (§ 24 Z). Obviamente, no texto publicado há, portanto, um elemento de "autocensura". Mas até o ponto de que se deva presumir uma "duplicidade" em Hegel? Na realidade, é o próprio filósofo que declara solenemente, em julho de 1826 (em uma carta endereçada a um teólogo não muito distante das posições ortodoxas, mas de qualquer modo em uma carta que, sendo um documento privado, dificulta bastante a que se pense que responda à razões de pura "acomodação"): "Sou luterano e a filosofia fortaleceu meu luteranismo" (*B*, IV b, 61).

Por outro lado, Hegel se resguarda de pôr em evidência o abismo que separa o seu luteranismo daquele oficial e ortodoxo.

No caso da filosofia da religião própria de Hegel e dos seus discípulos ao estilo de Rosenkranz, a autocensura não parece apenas referir-se à expressão externa do pensamento, mas seria possível dizer que ela se introduz no próprio processo de elaboração e desenvolvimento do pensamento, o qual fica assim emperrado e impedido de chegar às últimas consequências que pareceriam derivar da própria lógica que o move. Nas condições de um exercício prolongado e obrigatório, a autocensura é como que interiorizada. Mas os dois níveis aqui identificados devem ser considerados bem distintos: uma coisa é a "arte de escrever",[21] o artifício técnico que leva a amenizar expressões que poderiam se revelar demasiado irritantes para a ideologia e o poder dominante; outra coisa, no exemplo da filosofia hegeliana da religião, é a elaboração de uma visão, segundo a qual a substancial eliminação do conteúdo dogmático e "representativo" do cristianismo desemboca não na sua liquidação, mas, ao contrário, na adesão convicta e sincera a um cristianismo "especulativamente" reinterpretado.

A autocensura linguística é um artifício astuto e consciente, que se refere apenas à formulação externa do pensamento; o compromisso teórico, ao contrário, é inerente ao processo de elaboração e indissociável dele. Decerto, a autocensura linguística comporta também um compromisso com o poder e a ideologia dominante (a suavização, a atenuação, a negligência em evidenciar as teses mais audaciosas constituem, objetivamente, uma concessão real ao poder, o qual não se vê mais confrontado por uma oposição aberta e declarada), mas se trata de um compromisso pragmático, que diz respeito apenas às técnicas de expressão do pensamento, não às próprias categorias teóricas e ao aparato conceitual.

Mesmo não sendo fácil individuar precisamente a linha de fronteira entre os dois níveis, a distinção entre eles, todavia, deve ser sempre considerada. Por isso parece-nos incorreta a posição de quem, à imagem de um Hegel envolvido com os problemas postos pela censura, contrapõe a exigência, também legítima, de procurar a "acomodação" inerente ao próprio processo de elaboração teórica.[22] Não é proveitoso contrapor os dois aspectos do problema. Tal contraposição, certamente, é favorecida pelo fato de que nem o próprio Ilting consegue manter perfeitamente distintos esses dois níveis. De fato, ao distinguir a "concepção fundamental", que derivaria das lições e que é aquela verdadeiramente autêntica, da concepção pragmaticamente adaptada à constelação política do momento, ele acrescenta que tampouco a "concepção fundamental ... está livre de concessões", como demonstraria a polêmica anticontratualista na qual Hegel estava constantemente empenhado. E tais "concessões" seriam inevitáveis, visto que mesmo a filosofia de Hegel não é outra coisa senão "o seu tempo apreendido no pensamento".[23] Sem entrar, por enquanto, no mérito da polêmica anticontratualista, da qual daremos, em seguida, uma interpretação completamente diferente, detenhamo-nos no aspecto mais propriamente metodológico do problema. Parece-nos haver aqui um duplo erro.

O termo *Konzessionem* (V. Rph., I, 105) parece confundir e assimilar dois fenômenos qualitativamente diversos, a saber: de um lado, o compromisso teórico, que se refere à própria configuração do sistema na sua "autenticidade"; de outro, o compromisso pragmático, sugerido ou ditado por imediatas considerações de prudência em uma situação política bem determinada. Em segundo lugar, esse compromisso pragmático, como teremos oportunidade de ver em seguida, é interpretado não como a tradução em linguagem mais ou menos cifrada e alusiva da "concepção fundamental" (*Grund-konzeption*), mas como o seu abandono, de modo que a "concepção" resultante do texto publicado seria outra e diversa daquela das *Lições* e se mostraria não correspondente ao verdadeiro pensamento de Hegel. É considerada de "dúbia autenticidade", porque ditada por razões de "acomodação não inessencial à política da Restauração",[24] uma obra fundamental de Hegel: no âmbito da edição organizada por Ilting, os *Princípios* aparecem já no título como "a 'filosofia do direito' de 1820"! Mas, se se trata de um texto espúrio, por que teria sido escrito e publicado? Kant, como já vimos, admitia calar uma parte do seu próprio pensamento, mas assegurava que jamais diria algo que não pensasse. Hegel comportou-se de maneira diferente? Na carta já citada em que Heine assegura ao seu editor ter feito um escrupuloso recurso à autocensura, o discípulo de Hegel acrescenta o seguinte: "Antes de ser acusado de servilismo, renuncio por completo a escrever livros". Já o mestre teria se comportado de modo oposto ao do discípulo, publicando os *Princípios*, que não apenas não correspondiam ao seu pensamento, mas que ele sabia estarem impugnados por "servilismo". Em face das acusações dos críticos liberais de Hegel, Ilting, às vezes, parece assumir o papel de advogado de defesa, mas a arenga defensora transformou-se objetivamente no mais implacável dos requisitórios.

Mas não é esse o ponto essencial. Pode ser útil repensar o debate que se desenrola logo após a morte de Hegel. À tese dos jovens hegelianos, que acusam o mestre de ter renegado o seu pensamento mais verdadeiro e mais profundo por uma exigência pragmática de "acomodação" ao poder, Marx contrapõe a tese da "incoerência de Hegel no *interior do seu próprio* modo de ver".[25] Mesmo no caso de que o filósofo tivesse recorrido verdadeiramente "a uma acomodação, os seus discípulos devem explicar *a partir da sua consciência* (*Bewusstsein*) *essencial e mais profunda* aquilo que *para ele* (Hegel) assumiu a forma de *consciência exotérica*". As teses que os jovens hegelianos atribuíam à duplicidade oportunista de Hegel haviam sido por eles anteriormente compartilhadas sem nenhuma duplicidade.[26] A categoria da duplicidade transferia e tornava simultaneamente presentes no mestre dois momentos sucessivos da evolução dos discípulos e dois momentos sucessivos da interpretação que os discípulos tinham dado do sistema de Hegel. Em outras palavras, aplicando essas indicações ao debate atual sobre Hegel, mesmo se por meio de provas e de uma explícita confissão do autor se revelasse que os *Princípios de filosofia do direito* foram por ele considerados um simples expediente pragmático para acomodar-se ao poder e escapar da repressão, mesmo neste caso seria preciso procurar as razões mais profundas de tal postura não simplesmente nos receios do homem privado, mas, acima de tudo, na própria configuração da teoria.

Mas não se deve compreender mal o sentido da crítica que Marx dirige aos jovens hegelianos. Ele contrapõe a tese do compromisso teórico à tese da "duplicidade" ditada pelo receio moral e por considerações pragmáticas, e não à tese da autocensura propriamente dita, cujas técnicas, como vimos, Marx conhecia por experiência própria e estava em condições de descrever com grande precisão. É verdade que os esforços de uma cultura acadêmica, por vezes indolente, para exorcizar o espectro inquietante de um Hegel "secreto" e "diverso", fizeram com que se perdessem de vista as diferenças sensíveis que subsistem entre a formulação de D'Hondt e a de Ilting. O primeiro também parece desvalorizar o texto publicado: "Quando um pensador não pode publicar tudo aquilo que pensa, é preciso procurar alhures, e não no material por ele publicado, o seu verdadeiro pensamento". Na situação concreta da Prússia da época, Hegel "se via obrigado a exprimir os seus verdadeiros sentimentos com meios diversos daqueles publicados".[27] Desse ponto de vista, seria possível dizer que, assim como Ilting contrapõe às *Lições* o texto publicado, D'Hondt contrapõe as cartas, ou as cartas particulares e as "fontes escondidas".[28] E, todavia, D'Hondt parece objetivamente enunciar um critério metodológico completamente diverso, quando observa que "os seus [de Hegel] amigos e inteligentes discípulos leem nas entrelinhas do texto publicado, completando-o com as indicações orais dadas simultaneamente pelo mestre".[29] Portanto, se Ilting considera fundamentalmente inautênticos os *Princípios* diretamente publicados pelo filósofo, D'Hondt, ao contrário, antecipando a descoberta relativa às diversas filosofias do direito, parece afirmar aqui a substancial unidade deles. À luz dessa posição, seria necessário procurar ler de forma unitária, de um lado, os parágrafos dos *Princípios* e, de outro, os *Adendos* de Gans, os quais sabemos hoje terem sido deduzidos das transcrições das lições, utilizando o texto acroamático, relativamente mais livre e desinibido, não em razão da recusa do texto publicado, mas sim em razão de uma mais adequada interpretação dele, mediante uma leitura "nas entrelinhas".

Essa é uma indicação de leitura que já se pode surpreender em Hegel e em seus contemporâneos. Se o texto publicado da *Filosofia do direito*, no subtítulo, se define em razão das lições, estas, por sua vez, não se contrapõem aos parágrafos dos *Princípios*, porque, após tê-los reproduzido com fidelidade e não poucas vezes também integralmente, procuram tornar mais claro e explícito o seu significado, mediante ulteriores elucidações e exemplos. Mesmo que se declarem inautênticas as lições, ou os *Princípios*, ou outros textos publicados, encontramo-nos de todo modo diante de um *corpus philosophicum* de primeira grandeza, anônimo, do qual, porém, não se pode prescindir para reconstruir a história das ideias. Os discípulos de Hegel, assim como não puseram em dúvida a autenticidade dos *Adendos* e das *Lições*, também não puseram em dúvida a do texto publicado. Mesmo depois do ataque de Haym e dos nacional-liberais contra o suposto filósofo da Restauração, Rosenkranz, Michelet, Lassalle, se por um lado dão por sabida a autenticidade dos *Adendos* e *Lições*, por outro, obrigados a uma defesa exaustiva da memória e da herança do mestre, nem sequer por um instante pensam em reabilitá-lo absolvendo-o da responsabilidade de ter escrito e publicado os *Princípios*. D'Hondt enuncia e também põe em prática[30] brilhantemente a metodologia da leitura unitária, mas nem sempre permanece fiel a ela. Declara: "É nas suas ações que Hegel se mostra mais ousado e, como se podia esperar, mais vivo".[31] Mais uma vez, o texto, sobretudo aquele publicado, corre o risco de ser circunscrito em uma zona de dúbia autenticidade, e é surpreendente que isso aconteça com uma motivação oposta àquela formulada por Ilting. Para este, os *Princípios* não são autênticos porque são ditados pelo medo que a caça aos demagogos provoca em um homem preocupado em não se expor e fundamentalmente pávido. Para D'Hondt, o texto publicado e até mesmo o acroamático é menos revelador do comportamento de Hegel, das suas ligações com os ambientes da oposição e da contestação. Em um caso, o filósofo é recuperado, apesar dos ajustes e acomodações vulgares do homem privado; no outro, é objeto de recuperação mais o homem privado que o filósofo.

3 Dimensão privada e dimensão filosófica

A debilidade dessa última formulação revela-se evidente: objeto de debate é acima de tudo o pensamento de Hegel, e ficaram em boa posição aqueles intérpretes que negaram relevância filosófica ao empenho do mestre para salvar alguns dos seus discípulos das garras da polícia.[32] É preciso acrescentar que o destaque dado à "ousadia" do homem privado em detrimento do filósofo está em contradição com os testemunhos dos contemporâneos de Hegel e subverte um *topos* da tradição, significativamente presente nos críticos tanto de "direita" como de "esquerda". Na vertente conservadora e reacionária, Schubart declara por exemplo, a propósito de Hegel, que "o seu lado particular era melhor que a sua doutrina, isto é, o seu lado universal" (*Mat.*, I, 264). De modo análogo comportam-se os discípulos de "esquerda", formulando a distinção, depois consagrada por Engels, entre "método" e "sistema" (dos quais o último ressente-se sobretudo dos ajustes e acomodações do homem privado). Tanto em um caso como no outro, apesar dos diferentes e contrapostos juízos de valor, é a dimensão mais propriamente teórica a ser considerada como a mais eversiva em relação ao ordenamento político-social existente. As pesquisas sobre as múltiplas ligações mantidas por Hegel com o movimento de contestação e de oposição à Restauração são preciosas, mas apenas darão seus frutos quando forem sistematicamente utilizadas para lançar luz sobre os textos. É somente desse modo que podem ser superadas as objeções de quem, como Cesa, mesmo observando com cautela metodológica que "os paralelos entre situações históricas diversas são sempre discutíveis", compara a postura de Hegel à de Gentile, o qual procurava proteger da repressão também discípulos e estudantes antifascistas, sem por isso poder ser considerado um "opositor do fascismo".[33] O único significado aceitável dessa comparação é o convite a que não se carregue precipitadamente de significação filosófica e política determinadas atitudes da vida privada. Essa, paradoxalmente, é também a opinião de Ilting, que reduz a publicação dos *Princípios* a um episódio da vida privada (o medo e a capitulação de um caráter pávido em uma situação perigosa ou percebida como tal). Nos dois intérpretes, ainda que tão distantes entre si, o espúrio e o anormal [*allotrio*] com relação ao momento propriamente filosófico é diferentemente configurado, mas permanece o fato de que, em ambos os casos, não parece haver relação entre dimensão privada e dimensão filosófica.

Genericamente, o convite para mantê-las distintas é sem dúvida razoável. Mas se, por um lado, é absurdo querer suprimir hoje, mais de um século e meio depois da sua publicação, um texto cuja autenticidade nunca foi posta em dúvida pelos íntimos e pelos contemporâneos do seu autor e que hoje deveria ser catalogado como um simples acidente da vida privada, por outro lado, torna-se muito problemático negar qualquer ligação entre as relações privadas de Hegel com seus discípulos odiados pelo poder e a significação abrangente de uma teoria que, entretanto, inspirou e entusiasmou, sem dúvida, tantos discípulos situados em posições revolucionárias ou "subversivas". Tanto mais porque esses discípulos não evocaram Hegel em primeiro lugar como homem privado, mas enquanto autor de um sistema filosófico interpretado e vivido como plataforma ideológica para uma batalha política de oposição ou até mesmo revolucionária. A intervenção em favor de um membro (aliás, de um dirigente) do movimento estudantil, das *Burschenschaften*, como Carové,[34] pode constituir, por si, um episódio relacionado apenas com a vida privada de Hegel. Todavia, ao vermos Carové retomar as análises e as palavras de ordem do mestre, citando-o também explícita e repetidamente não em discursos privados, mas em obras e discursos públicos, no fogo da batalha política,[35] ao vermos tudo isso, torna-se difícil continuar a negar à intervenção de Hegel em favor de seu discípulo e dirigente de uma ala das *Burschenschaften* qualquer significado filosófico e político.

A comparação, ainda que cuidadosamente instituída por Cesa, entre o professor de filosofia na Berlim da Restauração e o respeitável ministro do regime fascista poderia ter algum sentido se se conseguisse demonstrar que Hegel também escreveu alguma coisa similar à *Doutrina do fascismo*, uma espécie de *Doutrina da Restauração* (talvez para ser assinada diretamente pelo príncipe de Metternich, assim como a primeira está assinada por Benito Mussolini), em vez de uma *Filosofia do direito*, a qual, depois de tudo, teoriza a monarquia constitucional, fazendo uso de uma categoria que, naqueles tempos, longe de remeter à ideologia dominante, era bastante suspeita. A comparação em questão (que, uma vez perdidas as cautelas metodológicas de Cesa, teve um sucesso notável e completamente imerecido) poderia ter algum sentido somente se fosse possível demonstrar que, por exemplo, Gentile exprimiu-se sobre a Revolução de Outubro com calor semelhante àquele com o qual Hegel se exprimiu acerca da Revolução Francesa. Em outras palavras, a comparação em questão poderia adquirir algum significado desde que se prescindisse tanto dos textos como da peculiaridade das duas diferentes situações.

4 Hegel maçom?

Em busca das ligações secretas e clandestinas que deveriam demonstrar o caráter revolucionário ou progressista de Hegel, bem além das suas formulações explícitas no âmbito filosófico, D'Hondt depara-se com uma série de indícios que deveriam remeter aos ambientes e à doutrina da maçonaria. Neste, como em outros casos, a investigação pode orgulhar-se com mérito de resultados ou sugestões úteis ou importantes para a compreensão, por exemplo, do "poemeto" juvenil *Eleusínias*, cujo título põe-se desde logo em relação com o culto dos mistérios eleusínicos típico dos ambientes maçônicos.[36] Aos nomes e às notícias copiosamente relatadas por D'Hondt poder-se-ia talvez acrescentar, sem ir muito além na busca das fontes remotas e escondidas, o título explícito da revista que faz publicamente profissão de fé maçônica, na qual aparecem, anônimas, as lições de Fichte sobre a filosofia da maçonaria.[37] Deveríamos então considerar Hegel um maçom para todos os efeitos e durante todo o ciclo da sua evolução? Não pretendemos aqui intervir em sentido estrito no debate que se desenrolou acerca de tal tese.[38]

Pode ser mais proveitoso enfrentar o problema de um ângulo diferente: dando por sabida a afiliação de Hegel, durante toda a vida, à maçonaria, resta porém perguntar-se em que medida esse fato pode favorecer uma melhor compreensão do filósofo. Além de Fichte, do qual temos documentos certos, ao que parece também eram maçons Schelling, Jacobi, Kotzebue, Schiller, Goethe[39] (para citar somente algumas das mais significativas personalidades contemporâneas de Hegel). Ou seja, autores que, no plano cultural e no político, exprimem posições muito diversas e às vezes até mesmo contrapostas. Portanto, a adesão à maçonaria é um dado demasiado vago e genérico para que possa nos esclarecer, em alguma medida, a exatidão das posições individuais. O agrupamento de nomes assim tão heterogêneos provoca resultados paradoxais: D'Hondt, que em outra ocasião se preocupa precisamente em sublinhar que a condenação do assassinato de Kotzebue não significa em Hegel nenhuma contiguidade de posição a esse "escritor reacionário",[40] deduz então o caráter liberal e progressista de Hegel do seu pertencimento a uma organização que se podia orgulhar também de ter, entre os seus membros, a presença de um "escritor reacionário" como Kotzebue. Ou pensemos na aproximação objetiva Hegel-Jacobi, com base no denominador comum da maçonaria, ou então no irredutível contraste que, no plano filosófico, contrapõe o primeiro ao segundo, o qual, todavia, mantém ótimas relações com Fries.[41] Quem sabe se, levando ao extremo esse método de seguir indícios, não se poderia chegar à conclusão de que Fries também era afiliado à maçonaria, acabando por aproximá-lo, assim, do seu implacável antagonista, isto é, Hegel!

Decerto, a temática da maçonaria cumpre uma função polêmica contra o antigo clichê: "Hegel, filósofo da Restauração". Os maçons – observa D'Hondt – eram quase todos "reformadores", ainda que em variadas nuanças: alguns o eram no campo religioso e não no político, outros o eram no campo político e não no religioso, para não falar dos poucos "extremistas" que o eram em ambos os campos.⁴² Portanto, demonstrar que Hegel, em Berlim, era maçom significa demonstrar que, de algum modo e em alguma medida, ele era um "reformador". Mas, à parte a extrema vagueza dessa categoria, na realidade a demonstração não é convincente pelo fato de que, como esclarece o próprio D'Hondt, maçons eram também De Maistre e, na Alemanha, Windischmann, tradutor – acrescentemos – de De Maistre em alemão e que continuava a manter boas relações com Hegel, embora este último não pudesse certamente se reconhecer nas *Noites de São Petersburgo* traduzidas pelo seu amigo ou conhecido.⁴³

Em conclusão, mesmo se fosse demonstrada com argumentos incontestáveis a afiliação do Hegel maduro à maçonaria, isso nos diria pouco ou nada, a não ser que essa hipotética documentação estivesse apoiada por pesquisas históricas concretas sobre a orientação ideal e política dessa ou daquela loja, dessa ou daquela corrente: afiliar-se a uma das lojas maçônicas significava – notara Fichte em Zurique – tornar-se inimigo de todas as outras.⁴⁴ A maçonaria alemã não parece ter tido aquele caráter fundamentalmente unitário que brota das páginas de D'Hondt. Aliás, um historiador escreveu que "o papel da maçonaria na história do conservadorismo alemão foi muito ambíguo" (existiram correntes ligadas "não somente no espírito, mas também na práxis, aos defensores conservadores da sociedade alemã"), falando até mesmo de "involução da maçonaria como 'iluminada' por força do 'obscurantismo'".⁴⁵ Por outro lado, considerações análogas podem ser feitas a propósito da França, onde está presente "uma maçonaria aristocrática, que se refugia à sombra do trono" e é "quase oficial". É provável que o próprio Luís XVI tenha sido maçom. De qualquer modo, a maçonaria é, na sua totalidade, um movimento tão diversificado que De Maistre pôde conceber o projeto de criar no seu interior "um estado-maior secreto, que serviria para fazer dos maçons uma espécie de armada pontifícia a serviço de uma teocracia universal".⁴⁶

O problema a que nos referimos parece, por um instante, ser posto igualmente por D'Hondt, quando observa que o gosto misteriosófico podia atrair para a maçonaria aqueles que "vinham procurar aí a revelação, sabe-se lá de qual fabuloso segredo: o demônio da taumaturgia, da magia, da alquimia, os conduzia para essa sociedade que reunia também tantos inimigos do charlatanismo. Mas, evidentemente, tudo isso permanece secundário...".[47] A referência parece ser aos rosa-cruzes, que mantinham, no seu âmago, exatamente as práticas acima mencionadas. Mas então não estamos na presença de qualquer indivíduo extravagante, mas de uma força organizada que – observa o já citado historiador do conservadorismo alemão – desempenha "um papel importante na campanha dos conservadores contra o Iluminismo", constituindo, aliás, a ponta de lança na luta pela conservação nos planos religioso, político e social.[48] Na verdade, D'Hondt parece considerar que secreto é sinônimo, fundamentalmente, de progressista e de algum modo subversivo: "Aqueles que se escondem renunciaram a ser bem acolhidos quando se apresentam com o rosto descoberto; são os hereges, os não conformistas, os adversários da ordem existente".[49] As coisas estão postas diversamente, ou ao menos se apresentam de modo bem mais problemático: os conservadores recorreram às mesmas armas usadas pelos inimigos da ordem constituída; empenharam-se em uma obra de "imitação" no que diz respeito também às sociedades secretas, as quais não permaneceram um monopólio do movimento reformador e revolucionário, como demonstra suficientemente o exemplo dos rosa-cruzes.[50] Mesmo para as lojas de algum modo mais avançadas, como aquela que acolhe o Fichte atingido pela acusação de ateísmo, o caráter secreto não é absolutamente sinônimo de clandestinidade e de oposição ao poder: em Berlim, informa o filósofo, os "maçons" estão bem longe de despertar suspeitas; aliás, o chefe notório deles é "muito bem visto" pelo rei Frederico Guilherme III.[51]

É preciso acrescentar que a eventual afiliação de Hegel à maçonaria parece não ter deixado traços não só em sua correspondência como também no debate do tempo, seja aquele público seja aquele subterrâneo que deriva dos epistolários, dos diários, dos colóquios mais ou menos confidenciais. Por exemplo, os maçons honram Goethe com poesias e outras manifestações de homenagem.[52] Ou, então: a sombra da maçonaria continua a estender-se sobre Fichte mesmo depois que o filósofo rompe com essa organização. Em 1806, Friedrich Schlegel, que seis anos antes já havia sido comunicado daquela ruptura, continua a pôr em explícita relação com a maçonaria a postura "anticristã" de Fichte.[53] Aliás, o filósofo é suspeito até o fim de beber largamente nas "doutrinas mais secretas" da maçonaria. Além de Friedrich Schlegel, quem nutre tal suspeita é Baader, como afirma ainda em 1811 Varnhagen von Ense,[54] mesmo depois de diversos anos da definitiva consumação da experiência maçônica de Fichte. O debate assume até mesmo um aspecto público, e Schleiermacher escreve que em Fichte "a maçonaria está sempre na ponta da língua, sem jamais ser pronunciada abertamente".[55] A adesão de Fichte à maçonaria deveria remontar, segundo D'Hondt, à estada em Berna; a única coisa segura, porém, é que em 1793, em Zurique, Fichte entra para a maçonaria, a menos de cem quilômetros de Berna, e sempre na Suíça alemã.[56] Mas os dois filósofos parecem ignorar a quase simultaneidade das suas afiliações ou adesões, e isso apesar de o mais jovem seguir com vivo interesse aquele mais velho e já célebre.[57] Enfim, nem sequer na ocasião do áspero debate ocorrido após a publicação da *Filosofia do direito* Hegel é acusado ou suspeito de ser maçom, não obstante o terreno ser favorável ao nascimento de acusações do gênero. Além disso, os que lançaram tais acusações contra Fichte tinham sido as mesmas personalidades empenhadas posteriormente na primeira fila da polêmica contra Hegel.

Evidentemente, tudo isso não anula a hipótese de que Hegel tenha sido maçom, não apenas em Berna mas também em Berlim. De qualquer modo, permanece sem resposta uma pergunta crucial: que vantagem pode ter, no plano histórico e interpretativo, uma hipótese formulada em termos tão gerais que não lança luz nem nas concretas posições de Hegel (a maçonaria alemã pode comportar as mais disparatadas opções) nem no debate que ao redor delas, no seu tempo, se desenrola?

5 História esotérica e história exotérica

Parece-nos que aqui se vislumbra um perigo, o da contraposição de um tipo de história esotérica à história exotérica. Assim, para dar um exemplo, do ponto de vista dos documentos oficiais, Hegel e Jacobi ou Kotzebue parecem empenhados em assumir posições claramente contrastantes, mas, do ponto de vista dos documentos "secretos", os três tornam-se membros de uma associação que acaba por parecer substancialmente unitária, uma vez que permanecem obscuras as suas ramificações internas e contraposições, ou seja, a sua história e configuração concreta. Mais do que estar em função da história exotérica, a história esotérica (com a descoberta de fontes e documentos ocultos ou secretos) acaba por substituí-la, correndo o risco de se tornar impressionista. Mais do que a uma reconstrução da história político-social da maçonaria na Alemanha, na qual se poderia eventualmente inserir Hegel, assistimos a uma espécie de jogo de associações, por meio do qual um nome puxa o outro, ou uma palavra-chave de um nome remete a outro, até depararmos com Hegel. Mas acerca da concreta história da maçonaria e das suas diversas e contrapostas ramificações continuamos a saber muito pouco.

Retornemos, contudo, às *Eleusínias*, com referência particular a um verso que saúda uma "ligação (*Bund*) não selada por nenhum juramento" (*B*, I, 38). Isso não parece contrariar a hipótese de uma afiliação de Hegel à maçonaria? Não, porque existem correntes maçônicas que protestam contra o uso do juramento nas cerimônias de afiliação[58] (e, com efeito, na maçonaria existe de tudo). Há, porém, um outro filão cultural que seria possível seguir para explicar o verso das *Eleusínias*. Basta pensar nas duras reservas de Kant com relação ao juramento nos atos públicos, considerado "instrumento para extorquir a veracidade" e até mesmo uma forma de "*tortura spiritualis*".[59]

À história exotérica, entretanto, D'Hondt parece preferir a história esotérica dos conventículos maçônicos. É preciso acrescentar que, contrariamente às intenções de D'Hondt, o Hegel mais progressista é aquele que emerge da história exotérica, e não da esotérica. Basta pensar que contra as posições de Kant (consideradas uma cômoda cortina de pretextos, da qual se serviam intelectuais revolucionários e subversivos para esconder as suas ideias e as suas insídias), Nicolai, ligado aos ambientes maçônicos,[60] empenha-se em uma dura polêmica.

É em uma história esotérica oriunda das ligações misteriosas e inacessíveis ao público que pensam os críticos "antimaçônicos" de

Fichte, acusado, como vimos, de ter bebido das "doutrinas mais secretas" da maçonaria. Mas o próprio Fichte pensava que, na reconstrução da história do pensamento, ao lado da abordagem, digamos, de tipo exotérico fundada, por exemplo, na influência de Hume em Kant e de Kant em Fichte, seria possível a individuação de um "vínculo esotérico" mediado e definido por uma "sociedade secreta".[61] Aliás, segundo uma tese formulada precisamente nas lições sobre a maçonaria, sempre houve na história, ao lado da "cultura pública", uma cultura "secreta", ou melhor, uma "doutrina secreta" que se transmite mediante "tradição oral".[62] Fichte chega mesmo a contrapor explicitamente "a história secreta àquela pública".[63]

A visão de Hegel é radicalmente diversa: por detrás dos mistérios da maçonaria não se esconde absolutamente nada, nem existe nada fora ou além da cultura e dos conhecimentos acessíveis a todos (W, XX, 499-500). A história esotérica que D'Hondt tende a construir da evolução de Hegel, sobretudo em relação às suas ligações com a maçonaria e aos auxílios decisivos que teria recebido desta,[64] não é certamente inerente ao filósofo objeto da investigação, o qual, não por acaso, estava empenhado em uma dura polêmica contra o gosto maçônico pelo esotérico e pelo misteriosófico. A esse respeito, as *Lições de história da filosofia* esclarecem que existe uma "profundidade" que é vazia pelo fato de não remeter a nada, apesar das promessas. "O pensamento consiste, antes de tudo, no seu manifestar-se: ser claro, eis a sua natureza, eis a sua essência. E o manifestar-se não é, por assim dizer, um estado que possa ser ou não ser, de modo que o pensamento permaneça tal, mesmo se não se manifestou; o manifestar-se constitui o seu próprio ser" (W, XVIII, 110). São palavras que evocam o "Prefácio" à *Fenomenologia do espírito* (W, III,17-8): "como há uma extensão vazia, há também uma profundidade vazia ... há uma intensidade sem conteúdo que, manifestando-se como uma força e sem expansão, coincide com a superficialidade. A força do espírito é tão grande quanto a sua exteriorização; sua profundidade só é profunda à medida que ousa expandir-se...".

A polêmica contra o culto maçônico do esoterismo integra a batalha geral de Hegel contra a concepção aristocrática e elitista do saber, em defesa de um saber que não é "propriedade esotérica de alguns indivíduos" mas algo de "exotérico", dotado de "caráter de *inteligibilidade* universal", ou seja, "por todos concebível e suscetível de ser aprendido por todos e de ser propriedade de todos" (W, III, 19-20). Não por acaso, este último texto tem notoriamente, como alvo polêmico, aquele Schelling que, já em 1795, com base nos limites postos pela "própria natureza" à "comunicabilidade" do saber, teoriza uma filosofia "que se torna por si mesma esotérica", reservada, portanto, apenas "àqueles que são dignos dela", protegida contra as intrusões de "inimigos e espiões", a ponto de constituir uma *"vínculo [Bund] de livres espíritos", ao passo que para os outros permanece um "enigma eterno"*.[65] Reaparece aqui a palavra-chave *Bund* e num período de tempo que, segundo D'Hondt, deveria coincidir com a adesão de Schelling à maçonaria. E, com efeito, o supramencionado fecho das *Cartas filosóficas sobre o dogmatismo e o criticismo* parece definir a filosofia da maçonaria na sua ambiguidade, com a teorização do esoterismo, de um lado, e com a afirmação segundo a qual seria um crime "esconder princípios que são universalmente comunicáveis",[66] de outro. Sim, há vários níveis de saber, dos exotéricos aos esotéricos; parece vir à tona a estrutura hierárquica e piramidal das lojas. Todavia, é preciso notar que o Schelling tardio terá apenas que radicalizar alguns elementos já presentes na conclusão das suas *Cartas filosóficas* nessa espécie de "filosofia da maçonaria", para chegar à sua visão do saber como algo de eternamente inacessível aos homens comuns. Precisamente no decorrer da luta contra essa visão aristocrática e tendencialmente reacionária, Hegel chega a condenar aquela misteriosofia maçônica que condiciona negativamente o próprio Fichte.[67] É provável que, como afirma D'Hondt,[68] a condenação do esoterismo não exclua a adesão de Hegel às lojas que também criticavam tal esoterismo. Mas então, uma vez mais, a maçonaria se revela uma categoria vazia, suscetível de subsumir os mais diversos conteúdos; em todo caso, contrariamente às intenções de D'Hondt, o Hegel mais progressista deriva não do lado esotérico, que o vincularia à história misteriosa da maçonaria, mas do seu lado exotérico, da sua polêmica pública e explícita contra o esoterismo da maçonaria, que porém parece ser aqui criticada na sua totalidade, sem que se façam alusões, no âmbito desse juízo crítico, às suas diversas correntes e sem que apareçam distinções e diferenciações.

Considerações análogas podem ser feitas com relação às outras peças da história secreta que D'Hondt reconstrói de Hegel. Digamo-lo de uma vez por todas: não faltam resultados novos e interessantes. O filósofo lê as *Ruínas* de Volney, um autor que decerto não remete à Restauração, mas aos ambientes que apoiam a Revolução Francesa e as ideias de 1789. Mas se trata de uma leitura proibida e oculta? O Schelling tardio cita explicitamente[69] as *Ruínas*. E também Schiller, em janeiro de 1798, não tem dificuldade em aconselhar a Goethe a leitura de Volney, mesmo que fazendo referência a uma outra obra, na qual porém o tema das ruínas também está presente.[70] Além disso, o tema das ruínas e do fascínio melancólico que delas emana está longe de ter um significado univocamente revolucionário: ele está presente, por exemplo, em Chateaubriand.[71] Na realidade, estamos às voltas, como foi observado, com um *topos* que remete até mesmo a Cícero.[72] No que concerne à sua história mais recente, antes mesmo que em Volney, o tema em questão está presente no poeta inglês Edward Young[73] e em seguida se difunde amplamente na Europa da segunda metade do século XVIII (na Alemanha, Klopstock, um autor bem conhecido por Hegel, dedica-lhe uma lírica, *An Young*). Sempre no que diz respeito à Alemanha, Schelling fala com tom amargurado, em 1800, da "queda daqueles grandes reinos dos quais permaneceu apenas a lembrança e cuja grandeza deduzimos das suas *ruínas*".[74] Posteriormente, F. Schlegel irá sublinhar "a impressão triste e melancólica" deixada pela história da Antiguidade com o seu acúmulo de ruínas.[75]

Mas não é o caso de nos prolongarmos demais. Uma coisa é certa: nos anos da Restauração, ou seja, no período de tempo que mais nos interessa para compreender a *Filosofia da história* hegeliana, a poesia das ruínas não tem absolutamente um significado revolucionário, como se depreende do testemunho de um discípulo de Hegel. Em 1826, Heine confessa que a contemplação das ruínas suscita-lhe "sentimentos elegíacos", mesmo tendo "o coração à esquerda, com os liberais". O fascínio ou a celebração do fascínio das ruínas é percebido como contraditório em relação ao empenho político de "esquerda", em sentido liberal. Aliás, Heine chega ao ponto de afirmar que o governo prussiano tem interesse em promover viagens entre as "elegíacas ruínas da Itália" para estimular e difundir "a ideia confortante e tranquilizadora de fatalidade".[76] Se Hegel, na *Filosofia da história*, sentiu verdadeiramente, de modo irresistível, o encanto melancólico das ruínas, ao menos do ponto de vista de Heine e da cultura filosófico-política do tempo, ter-se-ia situado ou encontrado em posições contrapostas àquelas da "esquerda" e dos "liberais". É exatamente o contrário daquilo que D'Hondt se propõe a demonstrar. Mas, ainda em relação à imagem esotérica de Hegel, parece-nos mais progressista e mais persuasiva a polêmica exotérica do filósofo contra aquela visão de mundo que, ao reduzir a história universal a um acúmulo de ruínas, a um "matadouro" (*Ph. G.*, 80), produz (para usar as palavras de Heine) uma "indiferença elegíaca" para com os fatos políticos e constitui a refutação mais radical da ideia de progresso.[77]

6 Argumentos filosóficos e "fatos" políticos

Parece-nos portanto oportuno e indispensável retornar à história exotérica: se ela corre o risco de ser posta na sombra por uma excessiva ênfase nas "fontes ocultas", pode-se porém dizer que é tranquilamente ignorada por uma filologia que gira ao redor dos textos somente na medida em que tais textos estão isolados do contexto histórico. Às pesquisas de D'Hondt (e, indiretamente, de Ilting) foi objetado que os "fatos" evidenciados (vale dizer, em última análise, as relações de Hegel com o movimento de rebeldia à Restauração) não são "argumentos filosóficos".[78] Aqui, o "filosófico" ou o teorético define-se claramente por abstração dos "fatos" que remetem ao ambiente histórico. Mas a investigação historiográfica exige, na realidade, o restabelecimento da relação entre os dois âmbitos, superando também os elementos de debilidade presentes nos trabalhos sem dúvida fundamentais de Ilting e D'Hondt. Os "fatos" por eles brilhantemente evidenciados devem ser utilizados para procurar nos textos e pôr no seu preciso contexto histórico as tomadas de posição políticas, mesmo as mais indiretas e alusivas, e que assim o são ou por razões de autocensura, ou porque filtradas e mediadas pelo discurso mais propriamente especulativo. Por exemplo, quando vemos a *Filosofia da história* polemizar contra "o arbítrio dos príncipes, que como tal, porque é arbítrio do ungido do Senhor, tem que ser divino e sacro" (*Ph. G.*, 917), não é difícil vislumbrar aí o eco de acontecimentos e polêmicas contemporâneas: com seu advento ao trono, Carlos X tinha retomado a tradição secular da "unção sagrada" do monarca divinamente investido de poder, vindo ao encontro, entre outras, das exigências dos ultrarrealistas e de personalidades como Chateubriand.[79] Nesse ponto, as relações de Hegel com uma personalidade do movimento de oposição como Cousin, o testemunho deste – segundo o qual o filósofo era "sinceramente constitucional e abertamente favorável à causa defendida e representada na França por Royer-Collard" (*HB*, 527), um dos dirigentes do movimento de oposição –, o entusiasmo que Hegel exprime na sua correspondência em favor da difusão a partir de Paris, após as derrotas da reação, da "música animadora da energia liberal" (*B*, III, 222), tudo isso não pode ser mais considerado um "fato" meramente privado sem conexão com a esfera filosófica. Na realidade, o texto da *Filosofia da história* e a correspondência e os testemunhos privados iluminam-se reciprocamente: disso tudo vem à tona, de um lado, a densidade política do "argumento filosófico" e, de outro, a relevância filosófica do "fato" privado das relações com Cousin e, indiretamente, com Royer-Collard.

A ligação entre "fatos" e "argumentos filosóficos", como para Hegel, também é ignorada por seus adversários e críticos. A acusação de servilismo perante o poder dominante – e portanto perante a política de Restauração – dirigida ao filósofo foi lançada pela primeira vez, no decorrer de uma áspera batalha política, por Fries (*HB*, 221) e pela ala majoritária do movimento das *Burschen-schaften*. Tal tese foi depois retomada e elaborada, no decorrer de uma outra áspera batalha política, por obra de Haym, cujo requisitório continua substancialmente a fazer escola, sem que nem mesmo se pergunte sobre o papel político daquele que a formulou e sobre os objetivos políticos que se propunha a alcançar. Chegou-se ao ponto em que um intérprete de grande valor como Löwith pôde ver em Haym uma espécie de Marx um pouco mais "acadêmico", quando é o próprio autor de *Hegel e o seu tempo* que declara explicitamente, já no subtítulo de uma das suas obras mais significativas, ser de "centro-direita".[80]

A total desinformação sobre o papel de Haym contribuiu para conferir credibilidade e tornar inapelável o requisitório por ele pronunciado, ao passo que a tomada de consciência do fato de que a condenação de Hegel caminha junto com a condenação da Revolução Francesa e das repercussões que esse acontecimento suscita na filosofia clássica alemã – acusada, no seu conjunto, de ingenuidade precisamente pelo entusiasmo manifestado em relação aos eventos do Ultra-Reno[81] –, a consciência desse fato certamente teria estimulado alguma dúvida acerca da credibilidade da condenação de Hegel como filósofo da Restauração. A arbitrária associação entre Haym e Marx transformou esse juízo, surgido em um determinado período histórico e ditado por exigências não só de natureza política, mas correspondente também a cálculos políticos imediatos, em um juízo comum a todos os diversos adversários da Restauração; transformou-o, portanto, em uma *opinio recepta*. Aquilo que o próprio Haym define como um "grito de guerra", motivado por preocupações políticas também imediatas, e como um "panfleto tanto filosófico quanto político",[82] é elevado à condição de verdade pacífica e cientificamente incontestável.

Contrariamente à opinião de Löwith, a interpretação de Marx não é de modo algum assimilável à de Haym: o jovem Marx comunica a Ruge que está escrevendo "uma crítica do direito natural hegeliano", referente à "constituição interna", e acrescenta: "O núcleo é a luta contra a *monarquia constitucional* como um híbrido totalmente contraditório e que se suprime por si mesmo".[83] A aspereza da polêmica não impede Marx de reconhecer que Hegel não teorizou a restauração e a monarquia absoluta de direito divino, mas a monarquia constitucional. E não se trata de um ponto isolado, mas de um reconhecimento constante, que não falta sequer nos momentos de maior contraposição,[84] pois Marx parte explicitamente do pressuposto de que a filosofia clássica alemã (culminada em Hegel) é a única realidade na Alemanha à altura do desenvolvimento histórico moderno, tanto que a crítica do idealismo da filosofia hegeliana do direito se entrelaça estreitamente com a crítica do idealismo do Estado nascido da Revolução Francesa.

Muitos anos mais tarde, Engels retoma a crítica dos *Princípios*: "E assim encontramos, no final da *Filosofia do direito*, que a ideia absoluta deve se realizar naquela *monarquia representativa* que Frederico Guilherme III prometeu com tanta obstinação, mas em vão, aos seus súditos...". Ainda uma vez, a crítica pressupõe o reconhecimento: Hegel não apenas se inspira no constitucionalismo, mas se inspira nele apesar da virada reacionária da Prússia e em polêmica com ela.[85] Engels sublinha a celebração que a *Filosofia da história* hegeliana faz da Revolução Francesa, e faz isso também para polemizar com aqueles nacional-liberais que, ao mesmo tempo em que condenam o entusiasmo da filosofia clássica alemã – Hegel incluído – pela Revolução Francesa, liquidam o autor da *Filosofia do direito* como teórico de algum modo da política da Restauração![86]

Decerto, os juízos de Marx e de Engels podem ser tranquilamente rejeitados, e de qualquer forma não devem ser absolutizados; mas podem e devem, em todo caso, servir para relativizar os diversos e contrapostos juízos. Além do mais, não são apenas Marx e Engels que se diferenciam radicalmente de Haym. No *Vormärz*, Trendelenburg podia escrever que, ao atacar a filosofia hegeliana, corria-se o risco de ser difamado como "servo do algoz", e isso "desde quando se começou a difundir a filosofia hegeliana como sendo o espírito da liberdade (*Freisinn*) oprimida e os adversários como hipócritas e servis, a filosofia hegeliana como a luz exclusiva do tempo e os adversários como aqueles que estão a serviço de um governo obscurantista". Portanto, no *Vormärz*, não apenas para intérpretes isolados, mas para todo um movimento cultural e político, hegeliano era sinônimo de *freisinnig*, ou seja, "liberal", ao passo que anti-hegeliano e até mesmo não hegeliano era sinônimo de "servil".[87] Como explicar então a reviravolta radical que se verifica com Haym?

7 "Equívoco" interpretativo ou contradição real?

O intérprete hodierno agiria bem evitando assumir uma postura de profeta, como se a verdade, o significado autêntico da filosofia de Hegel tivesse permanecido escondido e inacessível a todos por mais de um século e meio para se revelar repentinamente e de modo fulgurante a um estudioso felizardo e genial, que naturalmente é, por sua vez, o último na ordem de tempo. Saltam à mente as palavras com as quais Engels descreve o modo de se comportar dos profetas que anunciam, religiosamente inspirados, o advento de uma nova ordem social, finalmente libertada dos antigos erros: "Faltava exatamente aquele único homem genial que ora apareceu e reconheceu a verdade ... Poderia ter nascido quinhentos anos antes, e teria então poupado à humanidade quinhentos anos de erros, de lutas e de sofrimentos".[88] No nosso caso, a economia de anos permitida pela nova e inédita interpretação de Hegel seria inferior, ainda que bastante considerável; seja como for, permaneceria imutável o essencial, ou seja, a postura de profeta.

Julgamos que uma leitura do texto, no entanto, somente pode aspirar à correção na medida em que estiver em condições de dar conta da história das interpretações, na medida em que estiver em condições de não liquidar como uma sequela de equívocos e erros a história das interpretações, da fortuna, em última análise da eficácia histórica concretamente derivada do filósofo objeto da investigação. Uma releitura de Hegel, portanto, se mostrará profunda e estimulante na medida em que não contrapuser, e não for obrigada a contrapor, a própria verdade "autêntica" à história profana. Ao contrário, assiste-se a um estranho espetáculo. Os intérpretes de Hegel em chave liberal parecem considerar o requisitório de Haym contra o suposto teórico da Restauração um equívoco. Mas, por outro lado, também aqueles que retomam a interpretação de Haym são obrigados a considerar resultado de um equívoco a leitura de Marx e de Engels, dos jovens hegelianos de esquerda, da escola no seu conjunto (pois até mesmo a "direita" geralmente lê o filósofo em chave mais ou menos liberal e progressista), considerando um equívoco até mesmo a leitura dos ambientes clericais e reacionários que, longe de se identificar com o presumível teórico da Restauração, submeteram-no a duros ataques no plano teológico e no político. Diverso ou contraposto é o equívoco lançado de uma ou outra parte, e comum a ambas é todavia o uso, ao menos implícito e objetivo, dessa categoria para explicar a história contrastante das interpretações.

Mas quando se é obrigado a enfrentar leituras que não remetem a um estudioso isolado, mas a concretos e consistentes movimentos político-sociais (neste caso, o partido nacional-liberal de Haym, de um lado, e a escola hegeliana e mesmo os protagonistas do movimento operário, Marx, Engels, Lassalle, de outro), então a categoria de equívoco se revela particularmente inadequada, pois acaba por sacrificar como "espúria" a história real no altar da "autenticidade" de uma solitária interpretação. Tampouco pode ser considerada uma solução para o problema proceder a uma mediação entre as duas interpretações contrapostas e fazer de Hegel um filósofo bifronte, com uma face voltada para a Restauração e outra para o liberalismo. Uma leitura desse tipo acabaria somente por somar os inconvenientes das outras duas: a categoria de equívoco continuaria celebrando os seus triunfos, mais ainda, passaria a dizer respeito a ambos os filões interpretativos contrapostos, responsáveis por ter simplificado e nivelado arbitrariamente a imagem de um filósofo do qual não teriam sabido colher a complexidade e a ambiguidade. Além disso, a essa leitura sob o signo da conciliação ficaria sempre por explicar de que modo se "conciliam" num grande filósofo dois aspectos tão clamorosamente contraditórios. Decerto, podem ocorrer grosseiras distorções e falsificações (como as que alguns "teóricos" do nazismo, em contradição com outros, realizaram, não apenas com relação a Hegel), mas o seu surgimento e a sua difusão remetem a consistentes realidades e situações extra--acadêmicas.

É pouco produtivo, então, seguir os "equívocos", verdadeiros ou supostos, sem levar em conta a história político-social que está por detrás deles. É necessário trilhar um caminho diverso, seguindo uma indicação metodológica, tirada do próprio Hegel, segundo a qual a "reflexão *aguda*" deve saber "colher e enunciar a contradição" (W, VI, 78). E, ao contrário, tanto o recurso à categoria do equívoco quanto a tentativa de generosa conciliação erram em atenuar ou até mesmo anular a contradição. O choque e a incoerência entre as interpretações opostas não podem ser reconduzidos à contradição entre texto publicado e texto acroamático, entre fontes públicas e fontes secretas e "ocultas", entre um Hegel exotérico e um Hegel esotérico. Ao se ler Ilting, parece, às vezes, que, para recompor a contradição, deveria ser suficiente a descoberta das lições permanecidas até agora inéditas e a averiguação da autenticidade das mesmas. Mas as transcrições das lições já circulavam amplamente entre os contemporâneos de Hegel, e isso não impedia nem afugentava as acusações de servilismo. Ao motivar tais acusações, Fries evoca também o ensaio sobre a Dieta (HB, 221), aquele mesmo ensaio que Carové, ao contrário, como já vimos, cita e evoca como estímulo e orientação do movimento pela transformação política em sentido moderno da Alemanha. Estamos na presença de uma disputa não entre escolas filológicas diferentes, que utilizam materiais e fontes diversas e contrastantes, mas de um contraste político que se alimenta dos mesmos textos.

Isso vale também para os sucessivos desdobramentos. Marx e Engels leem na *Filosofia do direito* a teorização da monarquia constitucional ou representativa, sem fazer referência às lições e citando, mais do que os *Adendos*, o texto publicado dos *Princípios*. No lado oposto, Haym se detém amplamente no *Adendo* ao § 280 (agora sabemos que se trata de um trecho extraído do curso de 1822-1823), que assimila o papel do monarca àquele do "pontinho no i", mas isso não lhe impede de considerar a filosofia hegeliana e o próprio *Adendo* em questão absolutamente incompatíveis com o liberalismo.[89] Reapresenta-se prepotentemente a contradição que Ilting procura de algum modo remover, pondo em conexão a interpretação de Haym com o texto publicado, e a interpretação em chave liberal com o texto acroamático.

Longe de ser o resultado de um equívoco, o requisitório de Haym é a expressão de um agudo e inconciliável contraste que opõe a Hegel o diretor dos *Anais Prussianos*, isto é, da revista-órgão e ponto de referência do partido nacional-liberal que então estava se organizando. Mesmo para o que diz respeito à história das grandes interpretações, não serve para nada a contraposição entre "espúrio" e "autêntico": trata-se, ao contrário, de agarrar o fio condutor, totalmente político, desta história.

Releiamos Haym com atenção: o erro de Hegel é o de ter constantemente alimentado "sentimentos servis e antipatrióticos", de se ter ininterruptamente prostituído à França e a Napoleão, para aderir enfim às "tendências antinacionais" da Restauração.[90] Não existe nenhuma contradição, do ponto de vista de Haym, na acusação a Hegel de ter teorizado a acomodação à Restauração e de ter celebrado acriticamente a Revolução Francesa e Napoleão. O filósofo que revela a sua postura servil e antipatriótica admirando Napoleão e a Revolução Francesa, confirma depois tal atitude em Berlim, continuando a admirar a tradição política e cultural da França e situando-se, portanto, contra o partido teutômano e gaulófobo, em conluio, ao menos objetivo, com Metternich e a Restauração, denunciados, por sua vez, em primeiro lugar, por terem humilhado as aspirações nacionais da Alemanha, seja recusando-lhe a anexação dos territórios a que aspirava (a Alsácia, a Lorena etc.), seja reprimindo o "partido" que encarnava tais aspirações. A coerência do requisitório de Haym está na acusação de traição nacional, e esta transparece, em primeiro lugar, das próprias categorias teóricas do sistema hegeliano, a partir da categoria de "eticidade", estranha, segundo Haym, ao individualismo cristão-germânico, e que remete, ao contrário, ao *pathos* da comunidade e da coletividade próprio da tradição revolucionária francesa. Não é Haym que compreende mal Hegel (mesmo se, evidentemente, não faltem as violações e até os insultos que normalmente acompanham uma batalha política). São certos intérpretes hodiernos que entendem mal a leitura que Haym faz de Hegel e subscrevem acriticamente um requisitório do qual, na realidade, não compreendem o sentido, visto que não suspeitam sequer da existência daquela questão nacional que constitui o seu centro de gravidade. Sim, o ataque contra Fries permite a Haym assimilar polemicamente Hegel aos fiéis de Metternich, aos servos do poder, retomando a acusação que já havia sido lançada ao filósofo por Fries e por seu "partido". Mas é o intérprete hodierno que põe em relação a centralidade da categoria de eticidade, a assim chamada divinização do Estado, não com a tradição revolucionária francesa, mas com a Restauração. Sim, Haym denuncia o fato de que, em Hegel, a comunidade política, a "politeia", se apresenta como a realização autêntica do divino,[91] mas esta é a retomada de um motivo com base no qual Schelling já havia condenado os revolucionários franceses por terem esquecido que "a verdadeira politeia está somente no céu".[92] E Haym, que denuncia na "estadolatria" do jovem Hegel a persistente adesão a modelos antigos,[93] sabia muito bem que a celebração da Antiguidade clássica remete eventualmente a Rousseau e aos jacobinos, e não por certo à Restauração. É o intérprete hodierno que lê na crítica que Haym faz da "estadolatria" hegeliana uma espécie de defesa das ideias de 1789, que não só são criticadas, mas consideradas inconciliáveis com o "princípio germânico-protestante da liberdade".[94] Em síntese, é o intérprete hodierno que esquece que Haym é um nacional-liberal, cujo alvo polêmico não é constituído somente por Hegel, mas também, por exemplo, por Varnhagen von Ense, Heine, Gans, a Jovem Alemanha, e não, evidentemente, enquanto suspeitos de servilismo em relação à Restauração, mas enquanto homens de "cultura francesa" permeados de simpatia "pelo liberalismo francês, pela concepção voltairiana e rousseauniana".[95]

Uma vez compreendida a verdadeira natureza da contradição que a Hegel contrapõe, de um lado, Haym e, do outro, Marx e Engels, não é necessário liquidar como resultado de um equívoco nenhuma das duas interpretações contrapostas. Aliás, não são poucos os pontos de consonância. Por exemplo, a admiração de Hegel e de seus discípulos pela Revolução Francesa e também pela cultura e pela tradição política francesa é constatada tanto num caso como no outro. Ainda, Marx sublinha o fato de que Hegel configura a sociedade civil como *bellum omnium contra omnes*, mas aquilo que Haym censura em Hegel é exatamente o fato de ele ter desconhecido o valor e a intangibilidade da sociedade civil.[96] Em ambos os exemplos, diverso e oposto é apenas o juízo de valor, que Haym formula fazendo passar por intrinsecamente iliberais e típicas da Restauração aquelas análises e teses que, contrariamente, aos olhos de Marx pareciam as mais avançadas. Historicamente, prevaleceu o juízo de valor de Haym, mas o juízo de valor – ressalte-se bem –, não os elementos concretos de análise. Aliás, desse ponto de vista, assiste-se, às vezes, a uma verdadeira inversão: se

Haym demonstra o caráter iliberal da filosofia hegeliana com base nas suas ligações com a Revolução e a tradição política francesa (toda ela penetrada por um *pathos* "totalitário" da comunidade política), alguns intérpretes hodiernos, após terem retomado acriticamente o juízo de valor de Haym, acabam por lhe ilustrar a validade empenhando-se em demonstrar o estranhamento ou hostilidade de Hegel às ideias de 1789. O filósofo, segundo Haym, incapaz de compreender a liberdade moderna porque estranho à tradição germânica ou germano-protestante, continua a ser considerado estranho à liberdade moderna, mas enquanto inserido numa linha de continuidade que vai até Hitler.[97] Evidentemente, há uma linha de continuidade de Haym a Topitsch, que consiste na celebração do liberalismo em contraposição ao "totalitarismo" de alguma maneira configurado.

A compreensão da história *política* da fortuna de Hegel pode nos permitir alguns esclarecimentos: e neste ponto pode-se e deve-se retornar ao texto, mas não como se tivéssemos sido milagrosamente relançados ao ponto zero da história das interpretações,[98] mas sim com a riqueza e a multiplicidade de indicações que surgem da reconstrução da história política das interpretações. E o intérprete hodierno deve se ater também a tal riqueza e multiplicidade para compreender os condicionamentos da sua leitura, para tomar consciência das categorias culturais e também políticas que inspiram as perguntas que ele dirige a Hegel. A história política das interpretações não tem nada a ver com a "história dos efeitos" (*Wirkungsgeschichte*) cara à hermenêutica de Gadamer, que substitui a categoria de "equívoco" com amável irenismo pela de "diálogo" articulado de vários modos entre intérprete e texto, mas que de qualquer forma ignora a categoria de contradição objetiva e a dimensão político-social do debate hermenêutico de modo não menos radical que a historiografia por nós aqui criticada.[99]

Este nosso ensaio parte, ao contrário, de um pressuposto ou de uma hipótese consciente e explícita: há uma pergunta viciosa que compromete a compreensão da *Filosofia do direito*, e é aquela relativa ao liberalismo ou não do seu autor. É uma pergunta viciosa pelo fato de que subentende uma tomada de posição categórica mas inconsciente no interior de um debate político que atravessa a história das interpretações de Hegel e que ainda hoje parece não ter perdido nada da sua atualidade. Uma tomada de posição que se resolve na adesão acrítica à representação autoapologética que a tradição do pensamento liberal dá de si mesma: Marx e Engels não foram à procura de um Hegel esotérico para contrapô-lo ao exotérico porque desde o início adquiriram a consciência de que o pensamento de Hegel, apesar dos limites do "sistema" (reconduzíveis à "miséria alemã"), ia bem além do "liberalismo mesquinho".

Notas

1. Gesammelte Schriften, ed. dell'Accademia delle Scienze, v.X, p.69 e v.XI, p.501.
2. K. Marx, Engels, *Werke*, Berlin, 1995 ss. (= *MEW*), Ergänzungsband II, p.175. No que concerne à tradução italiana, utilizamos livremente a que se encontra na edição das obras avulsas e agora in *Opere complete* de Marx e Engels (= MEOC), Editori Riuniti.
3. K. Rosenkranz, *Kritische Erläuterungen des Hegelschen Systems*, Königsberg, 1840 (reedição fac-similar, Hildescheim, 1963), p.218.
4. Remetemos a nossa Introdução a G. W. F. Hegel, *Le filosofie del diritto: diritto, proprietà e questione sociale*, Milano, 1989, organizado pelo Istituto Italiano per gli Studi Filosofici.
5. *Hegel filosofo politico*, Napoli, 1976, p.90.
6. K. Rosenkranz, *Von Magdeburg bis Königsberg*, Leipzig, 1878, p.432.
7. Citado in H. Heine, *Sämtliche Schriften*, organizado por K. Briegleb em colaboração com G. Häntzschel e K. Pörnbacher, München, 1969-1978, v.IV, p.755.
8. Remetemos à nossa mencionada Introdução.
9. *Üeber das Verhältniss von Philosophie, Politik und Religion (Kants und Hegels Accomodation)*, in A. Ruge, *Sämmtliche Werke*, Mannheim, 1847-82, v.IV, p.265-6.
10. Veja a *Thronrede* de 11.4.1847, in *Vormärz und Revolution 1840-1849*, organizada por H. Feske, Darmstadt, 1976, p.199.
11. Studi sulla sinistra hegeliana, Urbino, 1972, p.337.
12. *MEW*, v.XXVII, p.415 (MEOC, I, p.417).
13. Friedrich Wilhelm IV, König von Preussen, publicado in *Einundzwanzig, Bogen aus der Schweiz, Zürich und Winterthur*, 1843, agora in *MEW*, v.I, p.447-50 (MEOC, II, p.352-5).
14. *Rheinische Zeitung* de 24.5.1842, agora in *MEW*, Ergänzungsband II, p.253-4 (MEOC, II, p.268-9).

15 Friedrich Wilhelm IV..., op. cit., in *MEW*, v.I, p.446 (*MEOC*, II, p.351).
16 Remetemos ao nosso *Hegel und das deutsche Erbe. Philosophie und nationale Frage zwischen Revolution und Restauration*, organizado pelo Istituto Italiano per gli Studi Filosofici (é a reunião, na prática a segunda edição, de dois estudos precedentes: *La politica culturale di Hegel a Berlino. Illuminismo, rivoluzione e tradizione nazionale*, Urbino, 1981, e *Hegel, questione nazionale, Restaurazione. Presupposti e sviluppi di una battaglia politica*, Urbino, 1983, com o acréscimo de uma última parte, *La catastrofe della Germania e l'immagine di Hegel*), Köln, 1989, cap.VI, 4.
17 *Von Magdeburg bis Königsberg*, op. cit., p.438.
18 *Kritische Erläuterungen*, op. cit., p.217.
19 Idem, p.229-32, passim e 271.
20 Idem, p.223.
21 A expressão é de L. Strauss, *Persecution and the Art of Writing*, Glencoe, Illinois, 1952 (a pesquisa refere-se a Espinosa e a outros autores da mesma época).
22 H. Ottmann, Hegels Rechtsphilosophie und das Problem der Akkomodation, in *Zeitschhrift für philosophische Forschung*, v.33, p.242-3, 1979.
23 K. H. Ilting, *Hegel diverso*, trad. ital., Roma/Bari, 1977, p.119.
24 Idem, p.127ss. e 116. Segundo um discípulo de Ilting, nos *Princípios* existe uma "obra de falsificação" com respeito à "versão original da *Filosofia do direito*": P. Becchi, *Contributi ad uno studio della filosofia del diritto di Hegel*, Genova, 1984, p.175.
25 *MEW*, v.I, p.300 (*MEOC*, II, p.108).
26 *MEW*, Ergänzungsband II, p.326 (*MEOC*, I, p.79).
27 J. D'Hondt, *Hegel nel suo tempo*, trad. ital., Napoli, 1978, p.16-7.
28 Idem, *Hegel secret. Recherches sur les sources cachées de la pensée de Hegel*, Paris, 1968.
29 *Hegel nel suo tempo*, op. cit., p.17.
30 Veja, em particular, o seu artigo *Théorie et pratique politique chez Hegel: le problème de la censure*, in *Hegels Philosophie des Rechts*, organizado por D. Henrich e R. P. Horstmann, Stuttgart, 1982, p.151-84.
31 *Hegel nel suo tempo*, op. cit., p.16-7. Mas também no artigo citado anteriormente pode-se ler: "Os contemporâneos de Hegel ignoravam muitos aspectos da vida do filósofo. Estamos agora em condições de avaliar melhor a distância que separa aquilo que ele diz e aquilo que faz" (p.179); de resto, tal posição já se pode perceber no título do artigo em questão.
32 Cf. C. Cesa, *Hegel filosofo politico*, op. cit., p.91.
33 Ibidem.
34 *Hegel nel suo tempo*, op. cit., p.141-3.

35 Para sublinhar a necessidade de severas transformações políticas na Alemanha, em consonância com o "espírito do tempo", Carové evoca explicitamente a *Fenomenologia* e o escrito sobre a Dieta. Cf. *Entwurf einer Burschenschafts-Ordnung und Versuch einer Begründung derselben*, Eisenach, 1818, p.VIII.

36 *Hegel secret*, op. cit., p.257-62.

37 *Eleusinien des 19 Jahrhundert oder Resultate vereingter Denker über Philosophie und Geschichte der Freimaurerei*, Berlin, 1802-1803; o texto de Fichte, não incluído na edição organizada pelo filho do filósofo, foi recentemente republicado, com o título de *Vorlesungen über die Freimaurerei*, na antologia J. G. Fichte, *Ausgewählte politische Schriften*, organizada por Z. Batscha e R. Saage, Frankfurt-am-Main, 1977, p.171-216. Para a história da atormentada relação de Fichte com a maçonaria, ver a Introdução de S. Caramella à sua versão italiana da *Filosofia della massoneria*, Genova, 1924. D'Hondt insiste também no significado maçônico de uma palavra-chave, *Bund* (a "ligação" ou "aliança" que o poemeto pretende celebrar entre Hegel e Hölderlin), e esta também é uma leitura que merece muito crédito; como veremos a seguir, o termo em questão retorna em Goethe, em um contexto que parece ser inequivocamente maçônico.

38 Particularmente crítica a intervenção de C. Cesa, *Hegel filosofo politico*, op. cit., p.98-103.

39 *Hegel secret*, op. cit., p.294-341 e passim.

40 *Hegel nel suo tempo*, op. cit., p.121.

41 Como resulta, entre outros, da correspondência deles: *HB*, p.87 e 118.

42 *Hegel secret*, op. cit., p.337.

43 *Vita di Hegel*, trad. ital. de R. Bodei, Firenze, 1966, p.294 (a trad. ital. fala da obra de De Maistre, *Ore della sera*, mas quando Rosenkranz fala de *Abendstunden*, refere-se claramente às *Serate di Pietroburgo*); J. D'Hondt, *Hegel secret*, op. cit., p.300.

44 Carta a Schön de 30.9.1792, in *Briefwechsel*, organizado por H. Schulz, Leipzig, 1930 (reedição fac-similar, Hildesheim, 1967), v.I, p.258.

45 K. Epstein, *The Genesis of German Conservatism*, Princeton, New Jersey, 1966, citado da edição alemã *Die Ursprünge des Konservativismus in Deutschland*, Frankfurt-am-Main/Berlin, 1973, p.109.

46 D. Mornet, *Les origines intellectuelles de la Révolution Française*, Paris, 1947, p.364-5 e 386.

47 *Hegel secret*, op. cit., p.336.

48 K. Epstein, op. cit., p.108 e 128-36.

49 *Hegel secret*, op. cit., p.337.

50 K. Epstein, op. cit., p.128.

51 Carta à esposa de 28.10.1799, in *Briefwechsel*, organizado por H. Schulz, Leipzig, 1930 (reedição fac-similar, Hildesheim, 1967), v.II, p.184. Já em Zuri-

que, Fichte tinha notado que a maçonaria podia mediar "ligações frutuosas", mesmo acrescentando depois querer aderir a ela com "uma visão superior": ibidem, v.I, p.258.

52 É o próprio Goethe que se refere a isso em uma carta de 9.8.1830: *Goethes Briefe*, organizado por K. R. Mandelkow, *Hamburger Ausgabe*, v.IV, p.389. A essa homenagem de seus amigos e irmãos maçons, Goethe responde, por sua vez, com uma poesia, incluída na carta já citada, que prenuncia e celebra uma "ligação" (*Bund*) eternamente segura. Isso parece confirmar a tese de D'Hondt tanto no tocante ao significado do termo *Bund* quanto à afiliação de Goethe à maçonaria.

53 Assim, em uma carta a Schleiermacher, agora in *Fichte in vertraulichen Briefen seiner Zeitgenossen*, organizado por H. Schulz, Leipzig, 1923, p.218. Para a carta de Fichte a F. Schlegel de 16.8.1800 ("A maçonaria me aborreceu tanto e por fim me indignou tanto que me apartei dela totalmente"), cf. *Briefwechsel*, op. cit., v.II.

54 Idem, p.244.

55 *Grundlinien einer Kritik der bisherigen Sittenlehre*, in F. E. D. Schleiermacher, *Werke. Auswahl in vier Bänden*, organizado por O. Braun e J. Bauer, Leipzig, 1927-1928 (reedição fac-similar, Aalen, 1967), v.I, p.184.

56 Como resulta do epistolário de Fichte: cf. *Briefwechsel*, op. cit., v.I, p.257, 301 e 303.

57 Longe de reconhecer em Fichte um "irmão", é precisamente nesse período (1795) que Hegel o acusa de ter aberto as portas, com a sua *Crítica de toda revelação*, para a utilização do kantismo em chave teológica e obscurantista (B, I, 17).

58 *Hegel secret*, op. cit., p.247-53.

59 *Üeber das Misslingen aller philosophischen Versuche in der Theodizee*, in I. Kant, *Gesammelte Schriften*, op. cit., v.VIII, p.268.

60 J. Ch. F. Nicolai, *Neun Gespräche zwischen Christian Wolff und einer Kantianer über Kants metaphysische Anfangsgründe der Rechtslehre und Tugendlehre*, Berlin/Stettin, 1798 (reedição fac-similar, Bruxelles, 1968), p.123. A respeito das ligações de Nicolai com os ambientes maçônicos, cf. K. Epstein, op. cit., p.117.

61 Sempre segundo o testemunho de Varnhagen: *Fichte in vertrauliche Briefen seiner Zeitgenossen*, op. cit., p.244.

62 *Vorlesungen über die Freimaurerei*, op. cit., p.209 e 213.

63 Como resulta da correspondência com Fessler: *Briefwechsel*, op. cit., v.II, p.234.

64 Cf. *Hegel secret*, op. cit., p.341.

65 *Philosophische Briefe über Dogmatismus und Kriticismus*, in *Sämmtliche Werke*, Stuttgart/Augsburg, 1856-61, v.I, p.341.

66 Ibidem.

67 Parece-nos que o Fichte mais revolucionário é aquele que hesita em aderir à maçonaria, porque se sente rechaçado pelos "símbolos e velharias", atrás de cuja "máscara" poderiam ocultar-se "sociedades" que, na sombra, buscam "fins particulares" (Carta a Schön de 30.9.1792), in *Briefwechsel*, op. cit., v.I, p.258), o Fichte que, ainda nas *Contribuições*, na onda do entusiasmo suscitado pela Revolução Francesa, lança invectivas contra a pretensão elitista de manter reservada e separada da verdade exotérica aquela esotérica (*Fichtes Werke*, op. cit., v.IV, p.76-8), não o filósofo que, influenciado pela maçonaria, teoriza a distinção anteriormente rejeitada com base em uma motivação política de sinal claramente progressista.

68 *Hegel secret*, op. cit., p.333-4.

69 *Sämtliche Werke*, op. cit., v.XI, p.76.

70 A obra em questão é: *Voyage en Syrie et en Egypte*; cf. *Der Briefwechsel zwischen Schiller und Goethe*, organizado por E. Staiger, Frankfurt-am-Main, 1977, p.554-5.

71 *Itinéraire de Paris à Jérusalem*, 1811, parte I.

72 Cf. C. Cesa, *Hegel filosofo politico*, op. cit., p.97.

73 *Night Thoughts*, VI, versos 176-242.

74 *Sämtliche Werke*, op. cit., v.III, p.604.

75 F. Schlegel, *Kritische Ausgabe seiner Werke*, organizado por E. Behler, Paderborn/München/Wien, v.IX, p.339.

76 *Sämtliche Schriften*, op. cit., v.III, p.21-2.

77 Ibidem, p.23.

78 H. Ottmann, *Individuum und Gemeinschaft bei Hegel*, Bd. I, Berlin/New York, 1977, p.273.

79 Infra, p.71-2

80 R. Haym, *Die deutsche Nationalversammlung bis zu den Septemberereignissen. Ein Bericht aus der Partei des rechten Zentrums*, Frankfurt-am-Main, 1848. Para o juízo de Löwith, cf. *Da Hegel a Nietzsche*, trad. ital., Torino, 1977, p.100. Todavia, a confusão total entre "direita" e "esquerda" domina também a antologia dedicada por Löwith à "esquerda hegeliana": à parte a inserção singular, apesar das motivações teoréticas que são expostas de uma personalidade como Kierkegaard (que também, não por acaso, tinha ido à escola de Berlim para frequentar o Schelling tardio, chamado a combater a "sementeira de dentes-de-dragão do panteísmo hegeliano"), dá sobretudo o que pensar a inserção de enormes trechos da obra de Bruno Bauer, *Russland und das Germanenthum*, que é de 1853, quando o seu autor certamente não era mais nem de esquerda nem hegeliano e estava tão distante do seu ex-mestre a ponto de considerá-lo até mesmo "sem força criativa" e aprovar a repressão do governo austríaco contra um professor que, ainda depois da falência da revolução de 1848, se obstinava em permanecer ligado a um sistema, como aquele hegelia-

no, que podia ser considerado apenas um "produto confuso de uma fantasia poetante" (*La Russia e il germanesimo*, 1853, in *La sinistra hegeliana*, organizado por K. Löwith, trad. ital. de C. Cesa, Bari, 1966, p.227 e 268). Esse juízo leva eventualmente a pensar em Rudolf Haym e, com efeito, nesses anos, Bruno Bauer não é mais hegeliano do que o é o autor de *Hegel und seine Zeit*. A tal propósito, poderíamos fazer algumas anotações também à antologia *Die hegelsche Rechte* (Stuttgart/Bad Cannstatt, 1962), organizada por H. Lübbe, que, significativamente, em outra ocasião, retomando o juízo de Löwith, vê no libelo anti-hegeliano de Haym "apenas uma repetição e uma síntese da polêmica da esquerda contra Hegel" (*Politische Philosophie in Deutschland*, Basel/Stuttgart, 1963, p.41). No que diz respeito aos autores da antologia inseridos na "direita", é verdade que há uma longa tradição que remonta aos tempos imediatamente posteriores à morte de Hegel, mas essa tradição não é depois assumida em toda a sua problematicidade. Para dar um exemplo, Michelet, inserido na "direita", por causa do "ateísmo" que lhe é atribuído, é considerado por Karl Rosenkranz não apenas de esquerda, mas a ponta avançada da esquerda! (*Über Schelling und Hegel. Ein Sendschreiben an Pierre Leroux*, 1843, in *Neue Studien*, IV, Leipzig, 1878, p.214-5; cf. também *Hegel als deutscher Nationalphilosoph*, Leipzig, 1870, p.312). Ainda no final do oitocentos, Michelet é colocado à esquerda; cf. L. Noack, *Hegel*, in *Philosophiegeschichtliches Lexicon*, Leipzig, 1879. Por outro lado, é o próprio Michelet que se põe à esquerda, como deriva do seu apelo ao "centro" para se unir à esquerda na luta contra a direita: *Geschichte der letzten Systeme der Philsophie in Deutschland*, Berlin, 1837-1838, cit. Por gentlemen. E. Erdmann, *Grundriss der Geschichte der Philosophie, Anhang*: Die deutsche Philosophie seit Hegel's Tode, Berlin, 1878, p.654. Há uma consideração de caráter geral, que diz respeito ao sentido de pôr na "direita" autores que se situam em posições liberais e progressistas. Por isso, C. Cesa, na edição por ele organizada da antologia em questão, prefere recorrer à categoria de "liberais" (*Gli hegeliani liberali*, Roma/Bari, 1974). Mas isso não resolve os problemas, porque a distinção entre "liberais" e "esquerda" permanece sempre como algo a ser definido: por exemplo, com base em quais critérios se pode pôr Heine à esquerda, em vez de entre os liberais? Um indício do persistente embaraço é o silêncio total acerca de Lassalle, ignorado por ambas as antologias: por um lado, remete a Michelet (com o qual está em relações de amizade e de colaboração na publicação, ainda para além de 1848, do órgão dos hegelianos "ortodoxos", *Der Gedanke*), a uma personalidade que atualmente gosta de se pôr à "direita" ou entre os "liberais", por outro, remete à história do movimento operário e à sua crítica, da esquerda, do liberalismo. Em conclusão, uma história política da escola hegeliana está ainda por ser escrita, e tal lacuna, com persistente incerteza e confusão acerca da real posição política dos protagonistas do debate oitocentista sobre Hegel, continua a pesar negativamente na interpretação do filósofo.

81 *Hegel und seine Zeit*, op. cit., p.32 e 34.

82 Um "grito de guerra contra a especulação" sim para o "liberalismo", mas também e principalmente para a "política nacional": *Aus meinem Leben.* Erinnerungen, Berlin, 1902, p.257-8.
83 Carta de 5.3.1842, in MEGA, I, 1, 2, Berlin, 1929, p.269.
84 Por exemplo, na *Critica della filosofia hegeliana del diritto pubblico*: "Hegel desenvolveu um rei *modernamente constitucional*, não patriarcal..." (*MEW*, v.I, p.299); descreveu corretamente a "essência do Estado moderno", a saber, originado da Revolução Francesa, mesmo se depois cometeu o erro de querer absolutizá-la (idem, p.266). A liquidação que Della Volpe e a sua escola fazem de Hegel evocando o jovem Marx é, todavia, marcada por um equívoco de fundo: ignora o dado essencial em que Marx concentra a sua crítica a Hegel, o de que este último representa o ponto mais alto do pensamento e do desenvolvimento burguês.
85 *MEW*, v.XXI, p.269.
86 *MEW*, v.XIX, p.187 e 189; entre os nacional-liberais na mira de Engels está Treitschke, colaborador nos *Preussische Jahrbücher* dirigidos por Haym e depois pelo seu sucessor.
87 A. Trendelenburg, *Die logische Frage*. Zwei Streitschriften, Leipzig, 1843, p.32-3.
88 *MEW*, v.XIX, p.191-2.
89 *Hegel und seine Zeit*, op. cit., p.382.
90 Ibidem, p.257.
91 *Hegel und seine Zeit*, op. cit., p.164-6.
92 *Sämmtliche Werke*, op. cit., v.VII, p.461-2.
93 *Hegel und seine Zeit*, op. cit., p.160-1 e 164-6.
94 Ibidem, p.262.
95 Varnhagen von Ense, in *Preussische Jahrbücher*, X, 1863, sucessivamente republicado in *Gesammelte Aufsätze*, organizado por W. Schrader, Berlin, 1903, e enfim in *Zur deutschen Philosophie und Literatur*, organizado por E. Howald, Zürich/Stuttgart, 1963, p.152-4 e 143-4.
96 *MEW*, v.XXX, p.249 (MEOC, XLI, p.279) e *Hegel und seine Zeit*, op. cit., p.389-90.
97 E. Topitsch, In critica degli apologeti di Hegel, in *Il pensiero politico di Hegel*. Guida storica e critica, organizado por C. Cesa, Roma/Bari, 1979, p.171-91.
98 Em polêmica com alguns *slogans* recorrentes e pouco refletidos, foi observado justamente: "Querer explicar hoje Hegel com Hegel seria empresa tão desesperada quanto inútil. Muitas experiências filosóficas nos condicionam e muitas imagens se aglomeram diante do nosso olho de intérprete. Se houver, talvez, o risco de alguma confusão, renunciar a tal similar riqueza seria um suicídio historiográfico propriamente dito", L. Marino, *Hegel e le origini del diritto borghese* (resenha do livro de A. Schiavone, *Alle origini del diritto borghese*. Hegel contro Savigny, Roma/Bari, 1984), in *Rivista di filosofia*, n.1, p.167, abril 1985.

99 Cf. H. G. Gadamer, *Verità e metodo*, trad. ital. de G. Vattimo, Milano, 1983, em particular, p. 436-7. O caráter idealista da hermenêutica de Gadamer já foi relevado por J. Habermas, *Logica delle scienze sociali*, trad. ital., Bologna, 1970, p.263; de um ponto de vista marxista, sobre o idealismo de Gadamer, insistiu com particular vigor H. Gentlemen. Sandkühler, *Praxis und Geschichtsbewuβstein*, Frankfurt-am-Main, 1973, p.62 ss.

CAPÍTULO 2

AS FILOSOFIAS DO DIREITO: REVIRAVOLTA OU CONTINUIDADE

1 Razão e realidade

Insistimos na necessidade de proceder a uma leitura unitária das diversas redações da *Filosofia do direito*, sem contrapor as lições ao texto publicado, que, mesmo com o seu desenvolvimento mais alusivo e às vezes criptográfico, não está em contradição com elas. Mas a metodologia aqui sugerida tem de acertar contas com a objeção radical que surge objetivamente do trabalho de Ilting. Existiriam ao menos dois temas (a relação entre razão e realidade, no "Prefácio" à *Filosofia do direito*, e o papel e o poder do príncipe) nos quais os *Princípios* se diferenciariam nitidamente das lições e, visto que essa divergência e contraposição resultaria claramente do confronto com os cursos tanto anteriores quanto posteriores à publicação do texto, nada mais restaria para explicar a "singularidade" das posições expressas nos *Princípios* do que a hipótese de acomodação à Restauração.[1]

Examinemos, então, os dois temas em questão, começando pelo primeiro.

É mesmo verdade que o dito relativo a racional e real apresenta-se nos *Princípios* com formulação e significado radicalmente diferentes em relação às lições? Procedamos a um confronto sinóptico:

1817-1818: § 134A	1818-1819: V. Rph., I, 232	Princípios	1824-1825: V. Rph., IV, 654
O que é racional acontece necessariamente (*muss geschehen*).	Somente o racional pode acontecer.	O que é racional é real (*Was vernünftig ist, das ist Wirklich*).	O que é racional é também real.

Por enquanto, o confronto diz respeito à primeira parte do dito em questão. Está claro que a formulação dos *Princípios* é retomada nas lições de 1824-1825 e também nos cursos precedentes, e não nos parece que haja diferenças radicais em relação ao texto dos *Princípios*: o racional acontece necessariamente, torna-se real, é real. *Wirklich* tem esse significado de movimento e, por outro lado, já no § 1, sempre nos *Princípios*, *Verwirklichung* é substituído por *Wirklichkeit*, quando se declara que a filosofia do direito ocupa-se do "conceito de direito e da sua realização". Também no que diz respeito à segunda parte do dito, as diferenças talvez sejam mais sensíveis, mas certamente não a ponto de fazer que se pense numa inversão de posições:

1819-1820: V. Rph., III, 51	Princípios	1822-1823: V. Rph., III, 732	1831: V. Rph., IV, 923
O real torna-se racional.	O que é real é racional.	A realidade não é nada de irracional (*kein Unvernünftiges*).	O que é real é racional.

Sim, no curso de 1819-1820, está mais explícito o fato de que o devir racional do real é um processo, mas essa ideia de processo já está de algum modo implícita, como vimos, na categoria de *Wirklichkeit*. Sim, no curso de 1824-1825 há uma determinação precisa de que "nem tudo que existe é real", mas é necessário dizer que, no tocante aos *Princípios*, na abertura da exposição (§1A) encontra-se formulada também a distinção entre "realidade" (*Wirklichkeit*) e "existência (*Dasein*) transeunte, acidentalidade exterior", e isso para não dizer que no "Prefácio" já está presente a afirmação de que "nada é real (*wirklich*) a não ser a ideia"(*W*, VII, 25). Por outro lado, é compreensível que seja sobretudo depois das polêmicas que Hegel sinta a necessidade de determinar o significado de *Wirklichkeit*, contrapondo-o à imediatez empírica. Mas a distinção não é nova e tampouco instrumental: ela está bem presente nos *Princípios* e, além disso, por exemplo, basta folhear a *Enciclopédia* de Heidelberg para reencontrar, na abertura da seção dedicada à "realidade" em sentido forte, a distinção entre *Wirklichkeit* e *Erscheinung*. Significativamente, na passagem da primeira à terceira edição o texto permanece inalterado, exceto a numeração (o § 91 torna-se o § 142).

A distinção em questão não só é formulada no plano lógico geral, mas aplicada e tornada válida também na análise histórica. No escrito sobre a Dieta, esta é acusada de se agarrar a "uma plataforma meramente positiva, a qual, por sua vez, enquanto positiva, não tem mais nenhuma realidade" (*W*, IV, 536). Aqui, o que é *positivo* se contrapõe a *Wirklichkeit*: a realidade em sentido forte não é o positivo imediatamente existente. Além disso, recusando a nova constituição, os deputados da Dieta "declaram, sim, ser um corpo representativo, mas de outro mundo, de uma época transcorrida, e exigem que o presente se transforme em passado, e a realidade em irrealidade" (*W*, IV, 493). Querer colocar em prática reivindicações que não estão mais à altura dos tempos significa querer transformar a *Wirklichkeit* em *Unwirklichkeit*. Na medida em que não corresponde às exigências mais profundas do espírito do tempo, a realidade em sentido forte se reduz à existência empírica imediata.

Portanto, é absurdo querer explicar com uma imediata exigência de acomodação aquela que é uma proposição teórica fundamental da filosofia hegeliana, no ciclo de toda a sua evolução.[2] De resto, na *Fenomenologia* pode-se reencontrar não apenas a problemática, mas até mesmo a formulação que provoca tanto escândalo nos *Princípios*:

Fenomenologia do espírito: W, III, 192	*Princípios*
O que deve ser é, também de fato (*in der Tat*), e o que apenas *deve* ser, sem *ser*, não possui nenhuma verdade. A isto, de sua parte, se atém justamente o instinto da razão.	O que é racional é real e o que é real é racional. A esta convicção se atém toda consciência ingênua, assim como a filosofia.

E, procedendo às avessas, pode-se remontar ao ensaio sobre Wüttemberg de 1798, que depois esteve perdido, no qual se recusa claramente a contraposição "entre o que é e o que deveria ser". Ao mencionar essa citação textual, Haym indica que o ensaio em questão, todo ele permeado pelo "*pathos* da época da revolução", atribuía aquela contraposição à "preguiça e ao egoísmo dos privilegiados".[3] O publicista liberal ou nacional-liberal que condena o célebre dito do "Prefácio" à *Filosofia do direito* como expressão do espírito da Restauração ao mesmo tempo em que, como filólogo, se defronta com aquela mesma problemática em um escrito da juventude, é obrigado a relacioná-la não com a Restauração, ainda por acontecer, mas com a Revolução Francesa.

Por outro lado, se Ilting compartilha com grande parte da tradição liberal o horror por aquele dito famigerado, é preciso levar em consideração que a afirmação da racionalidade do real não constitui motivo algum de escândalo para a tradição de pensamento revolucionária. O jovem Marx, que submete à crítica cerrada a *Filosofia do direito*, não menciona aquele dito. E, aliás, na correspondência, polemiza com fervor hegeliano contra a "oposição de real e ideal", contra "a total contraposição entre o que é e o que deve ser", oposição que considera instrumento de evasão da realidade mundana e política e à qual, com transparente reminiscência do famigerado "Prefácio", contrapõe a tese segundo a qual é preciso "buscar a ideia na própria realidade".[4]

Por sua vez, Lenin transcreve e evidencia, nos seus *Cadernos filosóficos*, essa afirmação de Hegel extraída das *Lições da história da filosofia*: "o que é real é racional. Porém, é preciso saber distinguir o que é efetivamente real; na vida cotidiana, tudo é real, mas existe uma diferença entre o mundo fenomênico e a realidade". Depois Lenin anota ao lado: "o real é racional". Lendo as *Lições da filosofia da história*, o grande revolucionário transcreve duas vezes a afirmação segundo a qual "a razão governa o mundo" e, não satisfeito, na segunda vez acrescenta ao lado um vistoso "NB", para sublinhar a importância da afirmação transcrita e a sua plena identificação com ela.[5] Talvez seja precisamente Lenin que pode fornecer os instrumentos conceituais mais adequados para se compreender a distinção hegeliana entre realidade em sentido forte e simples imediatez empírica: existe uma realidade em sentido estratégico e uma realidade em sentido tático; em cada situação histórica, uma coisa é a tendência de fundo (por exemplo, a supressão da servidão da gleba, no momento do declínio do feudalismo), outra são as contratendências reacionárias do momento (por exemplo, os anseios e tentativas para fazer reviver, no seu antigo "esplendor", o instituto da servidão da gleba, já extinto ou em via de extinção e, portanto, "irreal"), que certamente não estão em condições de anular a realidade estratégica da tendência de fundo e que, portanto, no plano tático, estão bem presentes e devem ser adequadamente consideradas.

Mas também em Hegel, à realidade em sentido forte, à *Wirklichkeit*, não se contrapõe o nada. O "mundo das aparências" (*Erscheinungswelt*), do qual fala a primeira das duas citações aqui tomadas em consideração, não é o não ser. É o próprio Lenin que sublinha com ênfase, transcrevendo e comentando, desta vez, a *Ciência da lógica*, que em Hegel a própria "aparência" (*Schein*) tem sua objetividade. Sim – declaram os *Cadernos filosóficos* – "a aparência é objetiva, visto que nela está presente um dos lados do mundo *objetivo* ... Não apenas o Wesen [essência], mas também o Schein [aparência] é objetivo".[6] "Aparência" e "aparição" são elas mesmas reais, mas, obviamente, não têm o mesmo grau de realidade do *Wesen* e da *Wirklichkeit*, e é apenas essa última que, exprimindo a dimensão estratégica, a tendência de fundo do processo histórico, pode aspirar ao predicado da racionalidade.

Falamos de Lenin, mas Gramsci não apenas afirma que "racional e real se identificam", mas acrescenta significativamente: "Parece que sem se ter entendido esta relação não se pode entender a filosofia da práxis", ou seja, o marxismo. E a referência é precisamente à "proposição hegeliana de que 'tudo o que é racional é real e o real é racional', proposição que será válida também para o passado"[7] e, portanto, para o presente e o futuro.

Compreende-se o entusiasmo da tradição de pensamento revolucionária: a negatividade não é apenas uma atividade do sujeito, mas é inerente, em primeiro lugar, à própria objetividade. Se o negativo "aparece como desigualdade do Eu para com o objeto, este é também desigualdade da substância para consigo mesma. O que parece produzir-se fora dela, e ser uma atividade contra ela, é o seu próprio operar, e ela mostra ser essencialmente sujeito" (*W*, III, 39). As transformações político-sociais não são o resultado de um projeto meramente subjetivo: a "mudança" (*Veränderung*) – declara a *Propedêutica* – "é posta pela desigualdade de si consigo mesmo", ou seja, pelas contradições objetivamente presentes no real; é, portanto, "a negação do negativo que a alguma coisa (*Etwas*) tem em si". Deste modo também é explicada a dinâmica da Revolução Francesa: a "direção negativa" assumida pelo Iluminismo não fez outra coisa senão "destruir aquilo que já estava em si mesmo destruído" (*W*, XX, 295-6). A afirmação da racionalidade do real não é, portanto, a negação da mudança, mas a sua ancoragem na dialética objetiva do real. De resto, até mesmo o curso de 1817-1818, que Ilting contrapõe em particular ao texto publicado, afirma que o racional *muss geschehen: muss*, note-se bem, e não *soll*; mais uma vez a mudança é o resultado não em primeiro lugar de um postulado moral, mas de uma dialética e de uma necessidade objetiva, embora obviamente favorecida e acelerada pela tomada de consciência do homem.

Ilting sente a necessidade de expungir como substancialmente espúria a afirmação da unidade de real e racional, pelo fato de que a interpretação que lhe dá é subalterna àquela da tradição liberal. Já

Engels havia notado que eram os "liberais mesquinhos" a gritar escandalizados por aquela afirmação que, ao contrário, exprimia o conteúdo mais propriamente revolucionário da filosofia hegeliana: "Ou seja, a realidade, segundo Hegel, não é de modo algum um atributo que se aplique em todas as circunstâncias e em todos os tempos a um determinado estado de coisas social ou político. Ao contrário. A República romana era real, mas o Império Romano que a suplantou era-o igualmente. A monarquia francesa tinha se tornado em 1789 tão irreal, ou seja, tão privada de toda necessidade, tão irracional, que teve de ser destruída pela grande revolução, da qual Hegel fala sempre com o maior entusiasmo. Neste caso, portanto, a monarquia era o irreal e a revolução, o real".[8] E os textos dão razão a Engels: no momento do seu declínio, a República romana levava somente uma existência larval, era apenas uma "sombra" da sua precedente realidade (*Ph. G.*, 711); e às vésperas daquela que Hegel define como a "revolução" cristã, o Estado romano "*não constitui mais* nenhuma realidade" (*Wirklichkeit*), mas é apenas "vazia aparência" (*leere Erscheinung*).[9] E também o edifício político da França antes da eclosão da revolução estava em pleno "desfazimento" (*Zerrüttung*) ou, como vimos, "em si mesmo destruído" (*W*, XX, 295-7): portanto, não parece poder se configurar como realidade em sentido forte.

A celebração da excelência do ideal em relação à irremediável opacidade do real podia entusiasmar "liberais mesquinhos", mas Engels era totalmente de outra opinião: um dos maiores méritos de Hegel é ter "escarnecido do modo mais cruel o entusiasmo filisteu, derivado de Schiller por ideais irrealizáveis...".[10] Mais uma vez, somos reconduzidos ao famigerado "Prefácio" à *Filosofia do direito*, no qual se reconhecia plenamente o revolucionário Engels, que via na celebração de ideais irrealizáveis, na celebração da excelência do sujeito moral em contraposição à irremediável opacidade do real, um motivo de evasão e, em última análise, um instrumento de conservação.

Pode-se, naturalmente, não subscrever a interpretação de Engels, mas é preciso notar, de qualquer modo, que ela parece ser confirmada também por autores de orientação política oposta. A afirmação da racionalidade do real era particularmente chocante para os ideólogos da evasão do vale de lágrimas da realidade mundana e política e para os *laudatores temporis acti*. Stahl, por exemplo, denuncia o fato de que a escola hegeliana, partindo do pressuposto da presença da razão e do divino na realidade e na história, pretende que "o presente, o atual deve ser sempre o melhor; portanto, o mundo moderno é absolutamente melhor do que a Idade Média...".[11] Não havia o famigerado "Prefácio" sido tomado como alvo por aqueles que desprezam "o *presente* como *alguma coisa de inútil*" (W, VII, 25)?

Também nos dias de hoje, as mais diversas partes salientam a ligação que subsiste entre o dito famigerado de Hegel e a visão marxiana da objetividade do processo revolucionário.[12] Mas essa ligação é sublinhada apenas para denunciar, na categoria de necessidade histórica, a fonte de toda iniquidade e perversão moral. Trata-se, na realidade, de uma categoria já presente na tradição liberal. Basta pensar particularmente em Tocqueville, para o qual "o desenvolvimento gradual da igualdade das condições" não só é um processo histórico irreversível, mas é algo "providencial". A linguagem é explicitamente religiosa. Não por acaso, o autor de *A Democracia na América* declara ter escrito sua obra "sob a impressão de uma espécie de terror religioso, surgido na minha alma à vista desta revolução irresistível". Decerto, o processo histórico em ação deve ser guiado e controlado, e todavia nele se lê "o caráter sagrado da vontade do senhor soberano", de modo que "querer deter o caminho da democracia seria como lutar contra o próprio Deus".[13]

O que diferencia Tocqueville de Hegel (e de Marx) é o mal-estar que o primeiro sente, apesar de tudo, em relação ao processo histórico do qual também reconhece o caráter irresistível, a ternura com a qual fala do ocaso, também irrevogável, do antigo regime.[14] Hegel, ao contrário, identifica-se plenamente com o real-racional do processo histórico, que é ao mesmo tempo a realização cada vez mais rica seja da liberdade, seja da igualdade (como veremos, o progresso é para Hegel cadenciado pela subsunção de cada ser humano, inclusive o ex-escravo, na categoria de homem enquanto tal, dotado de direitos inalienáveis). E esse processo histórico é irreversível porque os homens, no longo prazo, não permitem mais que lhes seja retirada a conquistada dignidade humana e moral: "Se o simples arbítrio do príncipe fosse lei, e ele quisesse introduzir a escravidão, teríamos consciência de que isso não poderia caminhar bem. Cada qual sabe que não pode ser escravo... Isto assumiu o significado de uma condição natural (*Natursein*)" (*W*, XVIII, 121-2). A afirmação da racionalidade estratégica do processo histórico está intimamente ligada a uma filosofia da história de algum modo democrática: progressivamente, é a humanidade, na sua totalidade, que acede ao reconhecimento da própria humanidade e liberdade e que considera esse reconhecimento um dado imutável. A própria individualidade genial é tal na medida em que exprime as necessidades do próprio tempo, não certamente quando pretende proceder a uma criação *ex nihilo*!

Tocqueville assimila o processo histórico ao natural. Para demonstrar o caráter "providencial" do primeiro, a "Introdução" à *A Democracia na América* observa: "Não é necessário que seja Deus em pessoa a falar para descobrir os sinais seguros da sua vontade; basta examinar o caminho habitual da natureza e a tendência constante dos eventos. Sei, sem a necessidade de que o Criador me diga, que os astros seguem no espaço as órbitas que o seu dedo traçou". Pois bem, é possível observar no âmbito histórico essa mesma regularidade e inexorabilidade a propósito do "gradual desenvolvimento da igualdade das condições".[15]

Hegel, ao contrário, distingue nitidamente processo histórico de processo natural, e a categoria de necessidade histórica não remete à natureza propriamente dita, mas à "segunda natureza" (*Rph.*, § 4), que é certamente o resultado da história, portanto da liberdade do homem. Todavia, é um resultado não revogável pelo "arbítrio do príncipe" ou por qualquer individualidade que se presume genial e que pretende plasmar ao próprio gosto a história e a massa dos homens.

A crítica que de muitas partes é hoje dirigida a Hegel (e a Marx) é a crítica feita no seu tempo por Stahl e pelo publicismo reacionário, tomando como alvo não apenas Hegel, mas a revolução liberal--democrática no seu conjunto, vista como a consequência lógica e inevitável da filosofia hegeliana: "Se o homem pode compreender assim tão plenamente o espírito do mundo, como Hegel pretende tê-lo compreendido ... por que o homem não deveria ter ele mesmo a capacidade de substituir-se ao espírito do mundo?".[16] A revolução que em 1848 tinha varrido da Alemanha o antigo regime é vista aqui como estreitamente ligada à filosofia hegeliana da história e à afirmação da racionalidade do real, da realidade que se produziu historicamente. Para os críticos contemporâneos e reacionários de Hegel, pôr em discussão os resultados da Revolução Francesa (e das outras revoluções que haviam se desenrolado na sua esteira) exigia a liquidação da tese hegeliana da racionalidade do real, a qual, portanto, não tem sentido ser considerada, como o faz Ilting, uma concessão espúria e meramente pragmática à política da Restauração.

2 O poder do príncipe

O segundo tema que confirmaria a tese da reviravolta política radical representada pelos *Princípios* é o do poder do príncipe, nitidamente mais acentuado no texto publicado do que nas lições. Sobretudo a descoberta recente do curso de filosofia do direito de Heidelberg confirmaria que, com respeito à originária concepção liberal, os *Princípios* seriam expressão de uma acomodação oportunista à política da Restauração e à nova situação que se criara após Karlsbad e a "caça aos demagogos", de modo que se passaria de uma posição muito próxima daquela liberal ("O rei reina, mas não governa") à teorização até mesmo da monarquia de direito divino.[17]

Mais do que passar em revista, ainda uma vez, os trechos paralelos das diversas *Filosofias do direito*,[18] é melhor deter-se um momento no significado real do problema que o intérprete é chamado a dirimir. Precisamente, não estamos na presença de um mas de dois problemas certamente ligados, e todavia diferentes. O primeiro é aquele relativo à preeminência da personalidade do monarca ou das instituições políticas. A tradição de pensamento conservadora ou reacionária destaca as qualidades subjetivas do príncipe, a excelência moral da sua pessoa, como a garantia mais válida do bem-estar e da autêntica liberdade dos súditos ou cidadãos. É uma visão que, desviando a atenção da objetividade das instituições políticas, considera irrelevante ou até equivocada a mudança destas, e por isso mesmo é funcional à defesa do *status quo*. Nesse sentido, os primeiros críticos de Hegel censuram-no por não ter compreendido que, no centro da realidade e da história da Prússia, está a livre "personalidade", e não as rígidas e mortas instituições da monarquia constitucional. Independentemente das declarações individuais acerca da maior ou menor amplitude do poder do príncipe, independentemente, portanto, do *Acréscimo* que assimila o papel do monarca ao de um simples pontinho no i, a filosofia política hegeliana é condenada porque representa "a vitória completa da objetividade sobre a subjetividade" (*Mat.*, I, 262).

Esses críticos reacionários de Hegel não estavam errados. O primado das instituições e da política sobre a suposta excelência da personalidade do monarca, sobre, portanto, a retórica das suas boas intenções, caracteriza Hegel em todo o ciclo da sua evolução, ocupa o centro da sua filosofia política e está bem presente também no texto publicado da *Filosofia do direito*. Aqui, de fato, podemos ler: tem-se "despotismo" quando "a vontade particular enquanto tal ... vale como lei ou está no lugar da lei" (§ 278 A), e isto mesmo se se tratasse da "vontade particular" de um monarca excelente. É "insuficiente a virtude dos chefes de Estado" e é, ao contrário, "necessária uma forma da lei racional diversa daquela forma que é caracterizada apenas pela *disposição de alma*" (§ 273 A). Mais tarde, Schelling, para condenar a revolução de julho desencadeada em defesa da *Charte*, à reivindicação de um texto constitucional contrapõe exatamente a "*disposição de alma* mais íntima", a "lei escrita no coração".[19] Para Hegel, ao contrário, quando a vida do Estado apoia-se numa personalidade privilegiada e depende do seu "beneplácito", isso significa que a monarquia não é moderna e desenvolvida, ou seja, constitucional, mas é ainda feudal, e no seu interior as relações não se fundamentam na "objetividade" da lei, mas na "representação" e "opinião" (§ 273 A), no "beneplácito" de indivíduos singulares (§ 278 A). *Belieben, Vorstellung, Meinung*: Hegel marca com termos negativos aquela *Persönlichkeit* que era a palavra de ordem com a qual os defensores do absolutismo procuravam contrastar as reivindicações liberais e constitucionais. Em um Estado moderno – sublinham os *Princípios* –, certamente os cargos estatais são ocupados por indivíduos particulares, mas estes estão subordinados à função e não podem fazer valer a "personalidade imediata", a "personalidade particular" (§ 277); o despotismo da "vontade particular" é substituído pelo "estado de direito, constitucional" (§ 278 A).

Independentemente das avaliações e das opções políticas do momento, é claro que essa visão é radicalmente antagônica não apenas à ideologia da reação feudal e romântica, mas também à teorização do absolutismo monárquico. Ainda uma vez, os primeiros críticos de Hegel estão plenamente conscientes disso e o atacam nestes termos: "É o espírito maligno em pessoa que nos últimos e mais recentes tempos introduziu na vida política dos povos e dos Estados aqueles documentos de papel ou de pergaminho que se chamam constituições ou a lei enquanto tal; e são servidores somente da potência do mal aqueles filósofos que se empenham em justificar esse conjunto de estatutos e leis como o absoluto, como o que é conforme a ideia suprema" (*Mat.*, I, 263). A visão filosófica de Hegel aparece homogênea ao movimento constitucional. Aliás, parece configurar-se, na Alemanha da época, como a sua mais coerente fundação teórica.

Uma vez esclarecida a preeminência das instituições, outra coisa é o problema das relações entre as diversas esferas e os diferentes poderes do organismo estatal. É um dado de fato que, mesmo com oscilações e diferenças significativas entre as diversas obras e as diversas lições, Hegel confere um destaque notável ao poder do príncipe, e isso por uma circunstância muito concreta, que não nos parece ter sido adequadamente considerada pelos diversos participantes do debate acerca do "liberalismo" de Hegel, fossem eles favoráveis ou contrários a essa tese. O filósofo é obrigado a teorizar a monarquia constitucional em um momento no qual muitas vezes a Corte ou o governo exprimiam posições mais avançadas do que aquelas expressas pelos corpos representativos ou pela maioria deles. Assim era na França nos tempos da *Chambre introuvable*, dominada pelos ultrarreacionários fanaticamente devotados ao culto do antigo regime; assim era também em Württemberg, onde a intransigência da oposição da Dieta ao "veneno" das ideias revolucionárias de origem francesa e à constituição muito avançada emanada pelo rei de Württemberg era alimentada nada menos que por Metternich, e onde a Dieta não hesitava em dirigir apelos à Santa Aliança para que interviesse no conflito constitucional para restabelecer as instituições dos bons tempos antigos,[20] assim era em parte na Prússia, onde, ao menos aos olhos de Hegel, havia o perigo de que a oposição teutômana se desenvolvesse como um movimento reacionário de massa.[21]

Se, de um lado, em conformidade com o conjunto da sua orientação filosófica, Hegel era levado a reduzir drasticamente o papel da personalidade do monarca até a assimilá-lo a uma espécie de pontinho no i, por outro, com um olho dirigido à situação política concreta, era impossível excluir o príncipe do poder legislativo. Podia-se deixar o poder legislativo na França ao arbítrio da *Chambre introuvable* ou daqueles *ultras* que também em Württemberg, nos anos seguintes à eclosão da Revolução Francesa, "não aprenderam nem esqueceram nada" (*W*, IV, 507)? Que sentido haveria em limitar drasticamente o poder do príncipe, quando, na situação concreta do tempo, a única esperança era aquela de uma constituição *octroyée* ao exemplo da *Charte* francesa?

Por outro lado, uma coisa é a transformação em sentido constitucional da monarquia, outra é o funcionamento de uma monarquia constitucional já consolidada. Não por acaso, a redução do papel do príncipe a uma espécie de pontinho no i é teorizada por Hegel, no curso de 1822-1823, com referência somente a uma "organização desenvolvida", e nesse mesmo contexto salienta-se que pode haver situações nas quais "a personalidade [do monarca] é o elemento decisivo", mas então "um tal Estado não está bem construído" (*V. Rph.*, III, 763 e 765). As declarações que redimensionam de forma mais radical o papel político-constitucional do rei fazem frequentemente referência à experiência da Inglaterra. É o caso da "resposta" à objeção de Frederico Guilherme III à teoria do pontinho no i: "na Inglaterra ... um monarca não tem mais o que fazer senão promulgar a última decisão, e também nisso é limitado" (*V. Rph.*, IV, 677-8);[22] a mesma situação verifica-se nas lições de 1817-1818 (§ 133 A). Todavia, na realidade concreta da Prússia e da Alemanha da época, e numa certa medida até da França, Hegel repõe as suas esperanças em uma iniciativa constitucional da monarquia, e desse ponto de vista há uma substancial continuidade de Heidelberg a Berlim. Segundo o escrito sobre a Dieta, não existe "espetáculo laico mais grandioso" do que aquele com o qual o monarca renova o seu poder em sentido constitucional (W, IV, 468); o primeiro curso de filosofia do direito declara que, em caso de desacordo entre a ordem político-constitucional, de um lado, e o espírito do tempo e do povo, do outro, a "revolução" tornada desse modo inevitável "pode proceder ou do príncipe ou do povo" (Rph., I, § 146 A). Mas ainda o curso de 1824-1825 afirma que a necessária renovação político-constitucional pode ocorrer ou "mediante a livre vontade do príncipe ou então..." (V. Rph., IV, 697): a primeira hipótese a ser tomada em consideração é sempre também a de uma revolução-reforma do alto. Pelo menos nesse sentido, o papel do príncipe continua a ser sublinhado ininterruptamente. Mas a perspectiva filosófica geral é sempre também a de uma monarquia constitucional, cuja estrutura ordenada e cujo funcionamento institucional deixem bem pouco espaço à particularidade e acidentalidade do monarca. No curso de Heidelberg encontramos a afirmação de que "na Inglaterra o rei também é este último ponto culminante, mas, através do inteiro da constituição, ele decai quase a um nada" (Rph. I, § 133 A). Mas, por sua vez, também o texto publicado afirma que, em um Estado bem ordenado, cada "esfera" deve ser "determinada pela *finalidade do inteiro*" e dela dependente (§ 278 A). É claro o ulterior elemento de continuidade representado pela preeminência do inteiro, de acordo com o qual os vários órgãos e poderes do Estado não podem ser "autônomos e estáveis nem por si nem na vontade particular dos indivíduos" (§ 278).

Não pretendemos negar as oscilações e as diferenças entre um curso e o outro postas em evidência por Ilting. Consideramos, porém, que, para avaliá-las adequadamente e traçar um balanço correto da evolução de Hegel a esse respeito, é preciso levar em conta múltiplos fatores: 1. há uma diversidade de planos entre a visão filosófica geral (trata-se aqui, fundamentalmente, de responder à pergunta acerca dos requisitos e das modalidades de funcionamento de uma monarquia constitucional organicamente desenvolvida e afinal consolidada) e a definição das tarefas políticas mais imediatas (trata-se aqui, ao contrário, de responder à pergunta sobre as modalidades do processo suscetível de levar a Prússia e outros Estados da Alemanha a configurar-se e a funcionar como monarquia constitucional); 2. é necessário, além disso, evitar tratar precipitadamente como contrapostas declarações que, mediante um trabalho perspicaz de decifração e decodificação do texto publicado (cujo ditado é submetido a uma atenta autocensura), podem resultar em fundamental consonância. Desse ponto de vista, dir-se-ia que Ilting não leva inteiramente em conta a sua descoberta de um Hegel obrigado a haver-se com os raios do poder e com a censura: para demonstrar a tese da "reviravolta", procede a um confronto um pouco mecânico entre duas grandezas reciprocamente heterogêneas, como o são o conjunto de lições, de um lado, e o texto publicado, do outro; 3. os resíduos e as dissonâncias que, apesar de tudo isso, resultassem e efetivamente resultam não devem ser atribuídos, unilateral e exclusivamente, ao desejo e à necessidade de "acomodação" destinada a evitar as descargas do poder, mas, em primeiro lugar, a uma convicta avaliação que o filósofo faz da nova situação política que se veio objetivamente a verificar. Em outras palavras, diante da radical involução ideológica e política que, ao menos aos olhos de Hegel, parecia afetar o "partido" teutômano, o autor dos *Princípios de filosofia do direito* considera ter de repor mais do que nunca as suas esperanças de renovação político-constitucional em uma iniciativa do alto, e é levado a justificar e até mesmo a invocar a repressão do poder contra um movimento que já ia assumindo traços decididamente reacionários.

É portanto apressado relacionar a afirmação hegeliana do papel do príncipe no âmbito do próprio processo legislativo com a Restauração e até mesmo com um artigo específico das deliberações do Congresso de Viena.[23] Não se deve perder de vista a complexidade da situação que veio a se criar naqueles anos: Hegel não se deixa enganar pelas palavras de ordem aparentemente "liberais" com as quais os *ultras* procuravam adornar o programa reacionário deles; no contraste entre *Chambre introuvable* e Coroa, não há dúvida de que o filósofo toma claramente posição em favor dessa última, e aliás espera que a Coroa esmague a resistência da *Chambre introuvable*. E esta opção política permanece inalterada, sem oscilações de nenhum gênero, de Heidelberg a Berlim, ela, porém, em uma situação específica e determinada, não implica de modo algum uma tomada de posição em favor do absolutismo monárquico e tampouco da monarquia de direito divino. Não, nas condições dadas, a vitória da Coroa era o pressuposto para não rescindir totalmente o fio que ligava o presente ao patrimônio histórico da Revolução Francesa, o pressuposto para um ulterior avanço do movimento liberal e constitucional.

Talvez escape aos intérpretes hodiernos de Hegel o caráter complexo e contraditório da situação, mas ele era muito bem percebido pela concreção histórica do filósofo e também pelo realismo político dos ideólogos da Restauração. Ainda em 1831, Franz von Baader descrevia nestes termos os aspectos paradoxais que a luta política do tempo apresentava: "Não se pode deixar de admirar o delicado sentimento de lealdade dos nossos liberais: embora não negligenciem nenhuma ocasião para insinuar que as casas reinantes são depositárias de um poder recebido somente em empréstimo e que pode sempre ser revogado, falam logo de rebelião no caso em que uma camada social por eles malvista procure, de modo legal, fazer valer os próprios direitos...".

Não era, portanto, apenas Hegel que defendia a Coroa contra as pretensões de uma nobreza nostálgica e obstinada, mesmo se essa última tivesse conseguido conquistar o controle das Câmaras; uma atitude análoga assumiam, segundo o testemunho de Baader, também os "nossos liberais". E no que diz respeito à França dos anos da Restauração, Chateaubriand, que se orgulha de ter sido o primeiro a formular o princípio, posteriormente assumido pela tradição liberal, segundo o qual *le Roi règne et ne gouverne pas*, observa depois que, naquele momento, "os próprios liberais me combatiam".[24] Naquela situação histórica determinada, a distinção entre progresso e reação se configurava de modo totalmente diverso de como imaginam os ingênuos liberais hodiernos. Mas retornemos a Baader. O ideólogo da Restauração concluía assim o seu raciocínio: "A revolução (*der Revolutionismus*) pode proceder seja de cima para baixo seja de baixo para cima".[25] Os que defendem a Coroa na luta contra os *ultras* da nobreza e da *Chambre introuvable* eram, portanto, considerados não apenas "liberais", mas também "revolucionários".

É então absurdo querer medir o liberalismo de Hegel com aquele de um autor como Chateaubriand, porta-voz da "oposição dos *ultraroyalistes* contra o rei e contra os governos moderados por ele inspirados" e da tendência dos *ultras*, "em maioria na *Câmara introuvable*, fazendo do parlamento um elemento que condicione em sentido intransigente a política do governo".[26] Se, portanto, fosse verdade, como afirma Ilting,[27] que o curso de filosofia do direito de Heidelberg colocaria Hegel nas proximidades imediatas de Chateaubriand, seria preciso concluir então que os *Princípios*, reafirmando o poder do príncipe e tomando, portanto, a devida distância das posições dos *ultraroyalistes*, representariam não uma capitulação em relação à Restauração, mas uma elaboração mais madura e mais realisticamente atenta dos dados efetivos da situação e da luta política. Tratar-se-ia de uma tomada de distância em relação a um autor que, na sua batalha de "liberdade", fazia intervir De Bonald e o primeiro Lamennais e, no plano social, como ele mesmo sublinhou nas suas memórias, fazia intervir "as grandes famílias da França", a "feudalidade" e os "princípios da Igreja".[28] Sim, Chateaubriand defendia as Câmaras (ou melhor, a *Chambre introuvable*), mas essa defesa era funcional à reivindicação da retomada dos privilégios da aristocracia, da restituição ao clero do "controle do ensino", da "posse dos registros do estado civil", até mesmo da "propriedade",[29] estava em função de um programa que pretendia "defender corajosamente a religião contra a impiedade",[30] ou seja, contra as ideias modernas; estava em função, enfim, de um programa reacionário, contrastado pela Coroa e por aqueles governos que, segundo Chateaubriand, eram culpados por ter agido "no sentido dos interesses revolucionários".[31] Chateaubriand não apenas procede a uma apaixonada celebração da Vendeia contrarrevolucionária e acusa os governos de "cruel ingratidão" diante dela, mas, com o advento ao trono de Carlos X, bate-se pela retomada da cerimônia secular ligada à crença da origem divina do poder monárquico, da "unção" sagrada do novo rei,[32] aquela cerimônia contra a qual Hegel polemiza porque nela enxerga e denuncia a pretensão de legitimar e consagrar "o arbítrio dos príncipes", o absolutismo monárquico (*Ph. G.*, 917). Decerto, caso se queira, pode-se considerar Chateaubriand mais "liberal" que Hegel ou que o Hegel dos *Princípios*, mas isso demonstra que estamos tratando com uma categoria inadequada para a compreensão da dialética histórica, incapaz de nos fazer colher, na situação cada vez mais concreta, a distinção entre progresso e reação. De tal problema nos ocuparemos amplamente a seguir. Mas, por enquanto, na ulterior caracterização do "liberalismo" de Chateaubriand, é preciso notar que ele, se defende a *Chambre introuvable* contra a Coroa e o governo, ao mesmo tempo exige que a Câmara seja decididamente protegida das críticas provenientes dos jornais e vindas de baixo, considerando, portanto, o governo responsável pelos "delitos da imprensa".[33]

Em todo caso, os que defendem as prerrogativas da Coroa na polêmica contra o "liberalismo" à Chateaubriand são também (quem o evidencia é o próprio Ilting) liberais, como Royer-Collard, Guizot etc. E, como Hegel, também esses liberais "doutrinários" faziam a distinção entre visão filosófica geral e opção política imediata. Royer-Collard, em clara polêmica contra o "liberalismo" instrumental dos *ultras*, eleva a "princípio fundamental e sacro" as teses segundo as quais "é o rei que governa". Guizot, nas suas memórias, explica que a questão central do momento era impedir que a "direita" conquistasse o poder. E um historiador que nos é contemporâneo explica que, naquele momento, o poder da Coroa era a garantia da "liberdade real".[34] E, com esse termo, somos objetivamente reconduzidos a Hegel, que, como veremos detalhadamente em seguida, insistirá na necessidade de nunca perder de vista a "liberdade real", insiste com força em todo o ciclo da sua evolução, ainda uma vez sem soluções de continuidade, de Heidelberg a Berlim.

Convém citar, neste contexto, outros dois autores. Em 1843, Marx atribui ao mérito da *Rheinische Zeitung* não ter defendido sempre e de qualquer forma as Câmaras ou as Dietas (*Stände*) contra o governo, como faz o "liberalismo vulgar", mas de ter distinguido caso por caso, sem hesitar, em determinadas circunstâncias, em sublinhar "a geral sabedoria do governo contra o egoísmo privado das Câmaras".³⁵ Trata-se de um escrito que tenta, inutilmente, desviar os raios do poder da gazeta por ele dirigida, e portanto é inegável o elemento de autocensura, o que ainda uma vez nos reconduz às imediatas vizinhanças dos *Princípios de filosofia do direito*; mas seria um grave erro negligenciar a lição de concretude histórica e política que de algum modo emerge dessa página de Marx e que nos reconduz ela mesma a Hegel.

Mas eis agora um autor muito distante de Hegel (e de Marx). Após a revolução de julho, Ludwig Börne lamenta o fato de que a Câmara dos Deputados, graças à lei eleitoral então vigente, seja constituída, na prática, apenas de "ricos" que, como é natural, têm "sentimentos aristocratas". Se também "o governo, que é mais liberal que as Câmaras", tivesse de dissolvê-las, o mecanismo eleitoral reproduziria inevitavelmente a situação precedente. Talvez – parece sugerir o democrata radical – "o rei devesse promulgar mediante ordenações uma lei eleitoral" nova. Só que os franceses não estão dispostos a tolerar o "golpe de força", mesmo se este estiver em função da "liberdade". E então: "Não vejo como o governo poderia dar ajuda a si mesmo e ao país senão com um golpe de Estado, e um golpe de Estado, mesmo se em nome da liberdade, recolocaria tudo em jogo".³⁶

Naturalmente, não temos nenhuma intenção de cotejar autores tão diversos. Queremos apenas sublinhar que é absurdo querer medir o liberalismo de Hegel a partir do liberalismo de Chateaubriand prescindindo da análise da situação concreta e que é absurdo, além disso, relacionar os *Princípios* com a Restauração em geral e mais ainda com a política derivada das *Deliberações* de Karlsbad, visto que os *Princípios* exprimem uma problemática que não só é anterior a tais *Deliberações*, mas que remete também às teses de ambientes liberais e democratas e até mesmo radical-democratas, empenhados na luta contra a direita extremada e reacionária e contra a ideologia da Restauração, entre cujos defensores, ao contrário, é fácil alinhar o "liberal" Chateaubriand. A tomada em posição a favor do poder do príncipe é tão minimamente a expressão de acomodação iliberal que corresponde plenamente à visão que surge da filosofia da história, como veremos mais adiante.

3 Uma, duas, nenhuma reviravolta

Naturalmente, resta ainda para ser explicada em detalhes a evolução de Hegel, mas alguns elementos de continuidade são evidentes, e o próprio Ilting não pode deixar de sublinhá-los: a polêmica anticontratualista e o "princípio monárquico" (interpretados em sentido filo-absolutista).[37] Na realidade, a tese da reviravolta parece volatilizar-se graças aos próprios textos que Ilting descobriu e sobre os quais, de alguma forma, chamou com força a atenção. Abramos a *Enciclopédia* de Heidelberg no § 438: o "príncipe" é definido ali como "o cume pessoal deliberativo e decisivo" do "governo". E não apenas o texto publicado, mas também as anotações manuscritas referentes a esse parágrafo seguem na mesma direção e se exprimem de modo inequívoco: "O poder do príncipe é a vontade decisiva"; "o poder do príncipe é certamente *em si* a coisa melhor" (*V. Rph.*, I, 193). E, no curso de 1824-1825, podemos ler: "O poder do príncipe é o elemento decisivo, o poder governamental é aquele executivo, *pouvoir exécutif*. Na errada visão francesa, o poder do príncipe é somente aquele executivo; mas este, ao invés, é sempre aquele decisivo, também no que diz respeito às leis; executivo é o poder governamental" (*V. Rph.*, IV, 689).

E então? Significativamente, um discípulo de Ilting, que o evoca explícita e constantemente, contrapõe, no que diz respeito à visão do poder do príncipe, a *Enciclopédia* de Heidelberg ao primeiro curso de filosofia do direito, no âmbito do qual, pela primeira vez, seria formulada "a separação entre poder do príncipe e poder do governo", com a atribuição a este último de um peso decisivo, de acordo com a doutrina e a práxis da monarquia constitucional. "Não é casual que Hegel mude de posição depois do seu primeiro encontro com Cousin. Tal encontro remonta ao verão de 1817..."[38] As reviravoltas de Hegel não seriam, então, uma mas duas, duas reviravoltas, porém de caráter qualitativamente diverso, sendo a primeira motivada pela lógica imanente, interna à evolução do pensamento, e a outra sendo ditada, ao contrário, por preocupações estranhas [*allotrie*] à lógica do discurso filosófico. Além disso, com a segunda reviravolta, Hegel teria fundamentalmente voltado às posições precedentes à primeira, visto que a *Enciclopédia* de Heidelberg atribui ao príncipe poderes não muito diversos daqueles que lhe atribui o texto publicado da *Filosofia do direito*. Aliás, neste ponto, para completar, seria preciso supor uma terceira reviravolta, porque, nos cursos de filosofia do direito de 1822-1823 e de 1824-1825, Hegel renegaria as substanciosas concessões feitas à política da Restauração, aliás, a total identificação com ela do texto publicado,[39] e voltaria às posições precedentes à segunda reviravolta. No total, duas reviravoltas de caráter mais propriamente teorético e uma de caráter eminentemente pragmático. Talvez seja um pouco demais.

Tanto mais que elas parecem cada vez se deslocar e se configurar de modo diverso. A "segunda reviravolta" data-se com Karlsbad ou é preciso antecipá-la, visto que a atribuição de um papel decisivo ao poder do príncipe já está fundamentada nas anotações manuscritas à *Enciclopédia* de Heidelberg, pouco posteriores ao curso de filosofia do direito de 1817-1818? Afirma-se que, no tocante à limitação do poder do príncipe e, em geral, à visão do Estado e da autoridade política, Hegel não teria jamais alcançado "a mesma profundidade" que caracteriza o curso de Heidelberg.[40] Mas, então, acaba por se despedaçar ou passar para segundo plano, de algum modo, a contraposição entre texto publicado e texto "autêntico", ao passo que se torna central a contraposição entre a filosofia do direito de 1817-1818 e as outras filosofias do direito, inclusive a que resulta da própria *Enciclopédia* de Heidelberg e das anotações à mão a elas acrescentadas. E, principalmente, não tem mais sentido definir como "originária" (e portanto autêntica) a filosofia do direito de 1817-1818: ela não só é precedida no tempo pela *Enciclopédia* de Heidelberg, mas sobretudo vem a se encontrar em uma posição fundamentalmente isolada com respeito a todos os outros textos e, portanto, eventualmente, a se configurar como "inautêntica". A tese de Ilting entra definitivamente em crise no momento mesmo em que alguém se preocupa em desenvolvê-la e aprofundá-la.

Com respeito às teses das diversas reviravoltas, procuramos formular uma hipótese mais "econômica". Permanecendo firme o princípio da preeminência das instituições e do seu correto funcionamento, com respeito à conclamada excelência da "personalidade" do monarca absoluto ou de alguma forma não vinculado pelo ordenamento constitucional, e permanecendo firme, por outro lado, a simpatia com a qual é vista a "revolução pelo alto" (a intervenção ativa, e se necessário, enérgica, da Coroa para dobrar a resistência dos *ultra* nostálgicos do bom tempo antigo e de eventuais movimentos reacionários), permanecendo firmes esses dois polos, as propostas específicas e concretas variam em relação quer aos desenvolvimentos da situação objetiva, quer à trabalhosa reflexão do filósofo sobre tal situação. Não se deve esquecer que o momento histórico no qual é publicado o texto da *Filosofia do direito* caracteriza-se, na Espanha, pelo irromper dos bandos reacionários [*sanfediste*] contra o governo revolucionário na França, pela retomada maciça da agitação dos *ultras* em seguida à indignação provocada pelo assassinato do duque de Berry na Alemanha, pela guinada antissemita e reacionária, pelo menos aos olhos de Hegel, do movimento teutômano. A publicação dos *Princípios* coincide portanto com um momento em que, usando as palavras do publicista liberal De Pradt, "a coragem não consiste mais em atacar os governos, mas em defendê-los". Trata-se de uma observação que Hegel transcreve e implicitamente subscreve (*B. Schr.*, 699), em uma anotação privada que não pode, portanto, ser suspeita de responder às exigências de "acomodação".

Decerto, com tal tomada de posição, corre-se o risco de ser tachado de servo do poder pelos próprios adversários políticos. É o que acontece em Berlim. Mas, já em Heidelberg, Hegel se dava conta de que, ao se posicionar contra a Dieta nostálgica e reacionária, ou pelo menos assim considerada por ele, poderia ser acusado de "estupidez cortesã, de se deixar deslumbrar como um escravo, e de nutrir recônditos propósitos" (*W*, IV, 469). Mas, significativamente, quem denuncia Hegel como um servo do poder é também um autor como Börne,[41] que, em uma situação concreta, colocou-se claramente ao lado do governo (como já havia ocorrido ao filósofo por ele tão severamente criticado), e até mesmo aventou vagamente um golpe de força monárquico contra a oposição. Não por isso Börne se transforma em um seguidor do absolutismo monárquico. Naturalmente, é apenas um exemplo, mas que é preciso levar em consideração, principalmente quando se trata de avaliar um filósofo que teorizou explicitamente a subordinação da "liberdade formal" à "liberdade real".

Para voltar à tese da reviravolta "acomodatícia" de 1820, desejamos fazer uma última observação: se tal tese fosse verdadeira, com a publicação da *Filosofia do direito* deveríamos assistir a um deslocamento radical da frente de luta e das partes em causa. Mas não é assim. Notoriamente, Paulus rompe com Hegel não após a publicação da *Filosofia do direito*, mas depois do escrito sobre a Dieta.[42] Na sua recensão aos *Princípios*, Paulus se escandaliza com a condenação da monarquia eletiva (*Mat.*, I, 63), mas tal condenação é de antiga data: o curso de filosofia do direito de Heidelberg, detendo-se nas desgraças da Polônia (§ 120 A e § 163 A), critica implicitamente a situação constitucional do país. Para não dizer que, antes ainda, a constatação dolorosa da dissolução da Alemanha implica claramente um juízo fortemente negativo sobre o império eletivo. Paulus considera contraditória a teorização da monarquia constitucional com a condenação da monarquia eletiva e com a enérgica afirmação – que os *Princípios* fazem – do papel do príncipe, pelo fato de que, historicamente, a monarquia constitucional ter-se-ia desenvolvido sempre de baixo para cima (*Mat.*, I, 63). Para Hegel, é exatamente o contrário: "O fato de os príncipes não serem mais eleitos" constitui uma etapa importante "no desenvolvimento da história em direção a uma constituição racional, em direção à monarquia constitucional" (*V. Rph.*, IV, 688). A monarquia eletiva remetia ao poder extraordinário dos barões feudais, e ao submeter e despedaçar tal poder a Coroa tinha desempenhado um papel progressista e moderno. Trata-se de uma tese central, como veremos, da filosofia hegeliana da história, e não de um único texto publicado, contestado por "oportunismo".

De qualquer modo, à objeção de Paulus, Hegel já havia respondido antecipadamente em Heidelberg, quando tinha estabelecido uma linha precisa de continuidade, não entre a Revolução Francesa e a ação da Dieta de Württemberg, mas, ao contrário, entre a Revolução Francesa e a ação reformadora do príncipe: "Se, então, a reivindicar os direitos da razão estava a maioria dos Estados Gerais franceses e o partido do povo, ao passo que o governo estava do lado dos privilegiados, em Württemberg, ao contrário, foi o rei a pôr a sua constituição no terreno do direito público racional, e a Dieta se erigiu como tutora do positivo e dos privilégios" (*W*, IV, 507).

Considerações análogas podem ser feitas sobre a relação com Fries, que institui uma linha precisa de continuidade entre o "servilismo" mostrado por Hegel primeiro diante de Napoleão, depois por ocasião do conflito constitucional em Württemberg; e finalmente por ocasião da crise provocada pelo assassinato de Kotzebue (*HB*, 221).

Mas, também do ponto de vista de Hegel, os seus adversários se apresentam como coerentemente hostis à Revolução Francesa, contra a qual tinham vociferado os membros da Dieta,[43] mas contra a qual vociferavam ainda mais os teutômanos. Na Dieta de Württemberg, "os membros da nobreza ... chegavam até ao ridículo de não querer reconhecer a abdicação do imperador romano" (*W*, IV, 495), demonstrando, portanto, estar agarrados ao positivo; mas de modo não muito diferente, se comportavam os teutômanos, com sua tormentosa nostalgia pelas antigas glórias imperiais da Alemanha.

Poder-se-ia objetar que a publicação da *Filosofia do direito* provoca a ruptura com Thaden, mas é precisamente esse último que esclarece os reais motivos da divergência com Hegel. Thaden (*Mat.*, I, 76-7) é decididamente contrário à "nova campanha" iniciada contra os *Volkstümler*, ou seja, contra os cantores do originário e incorruptível *Volkstum* germânico, isto é, contra os teutômanos. Mas, contra essa "nova campanha", Thaden tinha posto Hegel em alerta antes ainda da publicação da *Filosofia do direito* (*B*, II, 224). Também neste caso, acaba vindo à tona, portanto, a continuidade.

Parece-nos, então, que constitui um grave mal-entendido interpretar a polêmica desencadeada pelos *Princípios* como a inesperada rebelião da opinião pública liberal. Mas é liberal Hugo, que justifica a escravidão e que, precisamente por isso, é duramente atacado pela *Filosofia do direito* (§ 3 A)? É liberal Savigny – entre os primeiros a tomar posição, na sua correspondência, contra a obra em questão e o seu autor (*HB*, 230) –, chefe daquela escola histórica que o jovem Marx assimila a Haller e Stahl e trata como sendo "a teoria alemã do *ancien régime* francês"?[44] É liberal aquele Savigny que havia definido como um "câncer" o código napoleônico e que, transformado em ministro logo após a reviravolta reacionária de Frederico Guilherme IV, torna-se um dos alvos mais odiados do movimento liberal e constitucional?[45] Na realidade, a formação das forças em campo é muito mais compósita.

Também aqui é possível notar, apesar das aparentes concordâncias, uma substancial diversidade de abordagem entre Ilting e D'Hondt: o primeiro recupera um Hegel "diverso", expungindo, de algum modo, o texto publicado da *Filosofia do direito*, mas deixando indiscutível e intacto o pressuposto de que as críticas a essa obra provenham dos ambientes liberais indignados com a acomodação de Hegel ao absolutismo monárquico; o segundo recupera Hegel em sentido progressista, contestando que os seus críticos e antagonistas devam ser considerados liberais, e procura, aliás, demonstrar, embora com nuanças e distinções, que se trata fundamentalmente de reacionários (nessa direção, quem se lançou mais que todos foi Avineri).[46]

Mas desse modo oferece-se o flanco à fácil objeção dos liquidadores liberais de Hegel que, com referência a Fries e aos outros "demagogos" atingidos pela repressão, observam triunfantes: "Somente a desesperada necessidade de impor uma tese predeterminada, e não a investigação autêntica, pode conduzir alguém a acreditar que os arquitetos da Santa Aliança tivessem perseguido a *Burschenschaft* enquanto esta era reacionária".[47] E aqui surge um pressuposto que, paradoxalmente, é comum a críticos e defensores de Hegel, segundo o qual a disposição das forças em campo é arbitrariamente simplificada e tudo acaba por ser reduzido ao contraste entre liberais e reacionários, sem levar em conta as contradições que atravessam seja o movimento de contestação e de oposição ao poder, seja o próprio poder, e sem levar em conta, ainda, a complexidade do contencioso, que não diz respeito apenas à postura em relação ao absolutismo monárquico, mas também, e, em primeiro lugar, à questão nacional alemã, ao balanço histórico etc. Na realidade, como procuramos demonstrar anteriormente, a publicação da *Filosofia do direito* marca o início da luta frontal, em primeiro lugar, entre duas frações do movimento de contestação e de oposição à política da Restauração, uma luta que já vinha se delineando nos anos precedentes e que depois assiste à contraposição entre, de um lado, Hegel e o "partido filosófico" e, de outro, pelo "partido teutômano".[48]

Seja como for, para confirmar a insustentabilidade da tese que vê os *Princípios de filosofia do direito* atacados pelos liberais, faço uma última observação: conforme a interpretação de Ilting, com os cursos de filosofia do direito de 1822-1823 e de 1824-1825, Hegel teria abandonado a acomodação à política da Restauração para voltar às suas originárias e autênticas concepções liberais. No entanto, apesar da grande difusão que os cursos já conheciam, a polêmica não se aplaca e não se atenua de modo algum; o filósofo voltado a ser "liberal" continua sendo atacado com inalterada aspereza por seus adversários.

Neste ponto, podemos talvez concluir, formulando uma hipótese a ser verificada posteriormente: Ilting, que com a sua infatigável atividade de editor e de intérprete teve o mérito de mostrar a grave debilidade da liquidação "liberal" de Hegel (segundo uma tradição que vai, com ênfases cada vez mais diversas, de Rudolf Haym a Norberto Bobbio), não conseguiu ir até o fundo no seu trabalho de revisão, porque, apesar de todas as novidades por ele introduzidas, continuou a usar, de modo fundamentalmente acrítico, as categorias e os esquemas da tradição liberal.

Notas

1 Essa tese, já presente in *Hegel diverso*, foi confirmada, segundo Ilting, pela recente descoberta dos cursos de 1817-1818 e de 1819-1820; cf. *Zur Genese der Hegelschen "Rechtsphilosophie"*, in *Philosophische Rundschau*, 1983, n.3-4, p.161-209.

2 Como foi confirmado pela recentíssima descoberta de um manuscrito que muito provavelmente é a transcrição do curso de filosofia do direito de 1821-1822 (o único que até agora faltava) e que traz o dito em questão sem variantes apreciáveis com respeito aos *Princípios*: "O racional é real e o real é racional" (*Das Vernünftige ist wirklich und das Wirkliche ist vernünftig*). Sobre esse curso, do qual H. Hoppe está preparando a edição crítica, remetemos a P. Becchi, *Hegelsche Vorlesungsnachschriften und noch kein Ende?*, in *Materiali per una storia della cultura giuridica*, XVI, 1, 1986.

3 *Hegel und seine Zeit*, op. cit., p.66-7.
4 Carta ao pai de 10.11.1837, in *MEW*, Ergänzungsband I, p.4-8 (*MEOC*, I, p.9-14). A racionalidade do real é celebrada pelo jovem Marx não apenas em prosa, mas também em versos, embora sejam medíocres: "Kant e Fichte vagabundeavam com prazer entre as nuvens:/ procuravam lá em cima um país longínquo./ Eu, ao contrário, procuro apenas aferrar com destreza/ o que encontrei pelo caminho!", trad. ital. de L. Firpo in K. Marx, *Scritti politici giovanili*, Torino, 1950, p.490.
5 V. I. Lenin, *Quaderni filosofici*, organizado por I. Ambrogio, Roma, 1969, p.283 e 309-10; para as citações de Hegel, cf. *W.*, XIX, 110-1 e XII.
6 Idem, p.98.
7 *Quaderni del carcere*, ed. crítica organizada por V. Gerratana, Torino, 1975, p.1417.
8 *MEW*, v.XXI, p.266.
9 G. W. F. Hegel, *Religionsphilosophie, Bd I: Die Vorlesung von 1820*, organizada por K. H. Ilting, Napoli, 1978, p.641.
10 *MEW*, v.XXI, p.281.
11 F. J. Stahl, *Die Philosophie des Rechts*, 1878 (reedição fac-similar, Hildesheim, 1963), v.II, l, p.52n.
12 Com particular clareza por K. O. Apel, *Die Konflikte unserer Zeit und das Erfordernis einer ethisch-politischen Grundorientierung*, in *Praktische Philosophie/ Ethik*, organizado por K. O. Apel e outros, Frankfurt-am-Main, 1980, p.285.
13 A. de Tocqueville, *La democrazia in America*, in *Scritti politici*, organizado por N. Matteucci, Torino, 1968, v.II, p.19.
14 "Naquele tempo podiam-se encontrar na sociedade injustiça e miséria, mas não degradação espiritual": *La democrazia in America*, op. cit., p.21; com grande agudeza Sainte-Beuve compara Tocqueville com o Eneias de Virgílio, que com a razão observa a Roma da democracia, enquanto com o sentimento se tortura de nostalgia por Dido do antigo regime (retomado por K. Pisa, *Alexis de Tocqueville prophet des Massenzeitalters*, Stuttgart, 1984, p.120). De resto, é o próprio Tocqueville que confessa: "Pelas instituições democráticas tenho um gosto intelectual [*un goût de tête*], mas sou aristocrata por instinto, ou seja, desprezo e temo a multidão" (é uma nota escrita por volta de novembro de 1841, in *Œuvres complètes*, organizado por J. P. Meyer, Paris, 1985, v.III, 2, p.87).
15 A. de Tocqueville, *La democrazia in America*, op. cit., p.19.
16 F. J. Stahl, *Die Philosophie des Rechts*, op. cit., v.I, p.489.
17 *Zur Genese...*, op. cit.; na sua edição do texto publicado da *Filosofia do direito*, para o § 279, Ilting faz uso, entre outros, do seguinte subtítulo: "A indeduzibilidade do poder monárquico: A monarquia de direito divino" (*V. Rph.*, II, p.741).
18 Obviamente, além dos trabalhos de Ilting, remetemos em particular a H. Ottmann, *Hegels Rechtsphilosophie und das Problem der Akkomodation*, op.

cit., e a P. Becchi, Contributi..., op. cit., p.161-90 e *Im Schatten der Entscheidung. Hegels unterschiedliche Ansätze in seiner Lehre zur fürstlichen Gewalt*, in *Archiv für Rechts-und Sozialphilosophie*, LXXII, n.2, 1986, p.231-45.

19 F. J. W. Schelling, *Sämmtliche Werke*, op. cit., v.IX, p.423-4.

20 Cf. C. Cesa, *Hegel filosofo politico*, op. cit., p.143. Hegel condena o fato de que "a Dieta invocou a garantia de potência ... a Viena" e a tal comportamento contrapõe aquele decoroso e respeitoso da própria independência assumido pela França, embora derrotada (*W*, IV, p.580-1).

21 Em Berlim, Hegel transcreve alguns trechos do publicista francês De Pradt, que defende a revolução espanhola e condena aqueles que, em nome do respeito pelas tradições historicamente transmitidas, gostariam de voltar aos tempos "da *Bula de Ouro*, de Carlos V, de Vitiza". À transcrição segue o comentário: mas é este exatamente o "pensamento dos demagogos teutônicos" (*altdeutsch*; *B. Schr.*, p.699). Os teutômanos são, portanto, fundamentalmente assimilados aos bandos reacionários [*sanfediste*]: a respeito, cf. *Hegel und das deutsche Erbe*, op. cit., VII, 11-3.

22 Cf. K. H. Ilting, *Hegel diverso*, op. cit., p.40.

23 Idem, p.121; P. Becchi, *Contributi*..., op. cit., p.164-5.

24 *Mémoires d'outre-tombe*, organizado por P. Clarac, Paris, 1973 (1849), v.II, p.448 e 464.

25 *Sämtliche Werke*, organizado por J. Hoffmann, J. Hamburger e outros, Leipzig, 1851 (reedição fac-similar, Aalen, 1963), v.VI, p.61-2.

26 Assim se exprime G. Verucci, *La Restaurazione*, in *Storia delle idee politiche, economiche e sociali*, dirigida por L. Firpo, Torino, v.IV, 2, 1975, p.902-3.

27 *Zur Genese*..., op. cit., p.191.

28 *Mémoires*..., op. cit., v.II, p.459.

29 G. Verucci, op. cit., p.903-4.

30 *Mémoires*..., op. cit., v.II, p.513.

31 Citação retomada por G. Verucci, op. cit., p.903.

32 *De la Vendée* e *Le roi est mort: vive le roi!*, in *Mélanges politiques et littéraires*, Paris, 1850, p.143 e 152-3.

33 *De la monarchie selon la Charte*, in *Mélanges politiques et littéraires*, op. cit., p.237.

34 *Zur Genese*..., op. cit., p.190-1; as citações são retomadas por Ilting. É verdade que, nesse debate, Constant toma uma posição diversa daquela de Royer-Collard & Guizot, mas isso confirma o caráter complexo e contraditório da situação que veio a se criar: os princípios gerais da teoria política liberal se apresentavam defasados com respeito às exigências políticas imediatas, daí as diversas e contrastantes respostas dadas pelos expoentes do movimento liberal.

35 *MEW*, Ergänzungsband I, p.424 (MEOC, I, p.380).

36 L. Börne, *Sämtliche Schriften*, organizado por I. e P. Rippmann, Dreieich, 1977, v.III, p.113 e 189.
37 *Hegel diverso*, op. cit., p.119-22.
38 P. Becchi, *Contributi...*, op. cit., p.176.
39 Com os *Princípios*, "Hegel demonstra pôr-se totalmente nas posições da política da Restauração de Metternich": P. Becchi, *Im Schatten...*, op. cit., p.233.
40 P. Becchi, *Im Schatten...*, op. cit., p.239.
41 *Sämtliche Schriften*, op. cit., v.III, p.170.
42 Cf. *B*, II, 148-9 e 175-6, e a nota correspondente de Hoffmeister.
43 Para dar um exemplo, um membro da Dieta fala dos revolucionários franceses como da "perigosa seita dos inovadores que causaram tantas desgraças ao mundo": veja a anotação acrescentada por C. Cesa à p.189 da já citada edição dos *Scritti politici* de Hegel.
44 *MEW*, v.I, p.85 e 81 (*MEOC*, I, p.214 e 209).
45 Após a revolta dos tecelões na Silésia, em 1844, Varnhagen ataca em particular "o indigno ministro Savigny", que se utilizava da repressão sem piedade, e tudo isso porque "aqueles celerados não querem morrer de fome em silêncio, perturbam a tranquilidade das Excelências, aborrecem o rei": a anotação de diário é referida in L. Kronberg, R. Schloesser, *Weber-Revolte 1844*, Köln, 1979, p.283.
46 Cf. J. D'Hondt, *Hegel nel suo tempo*, op. cit., p.95-128, e S. Avineri, *La teoria hegeliana dello Stato*, trad it., Roma/Bari, 1973; para a crítica da tese de Avineri que vê Fries e sócios como reacionários e predecessores do fascismo, remetemos ao nosso *Fichte, la resistenza antinapoleonica e la filosofia classica tedesca*, in *Studi storici*, 1983, n.1-2, p.189-216.
47 S. Hook, *Hegel rehabilitated*, in *Hegel's political philosophy*, organizado por W. Kaufmann, New York, 1970, p.94. Ao referir esse trecho, a única objeção que Ilting faz (*Hegel diverso*, op. cit., p.114) é que Hook, fazendo da *Filosofia do direito* a expressão teórica da política da Restauração, não leva em consideração os cursos de filosofia do direito anteriores e sucessivos aos *Princípios*.
48 *Hegel und das deutsche Erbe*, op. cit., VII.

CAPÍTULO 3

CONTRATUALISMO E ESTADO MODERNO

1 Anticontratualismo = antiliberalismo?

Para demonstrar o fato de que críticos e defensores "liberais" de Hegel utilizam as mesmas categorias interpretativas (extraídas do liberalismo hodierno e absolutizadas de forma arbitrária e sub-repticiamente), pode-se apresentar um exemplo esclarecedor. Para Bobbio, a recusa da teoria contratualista constitui a confirmação de que Hegel situa-se em posições conservadoras e hostis ao liberalismo.[1] Por sua vez, Ilting, embora empenhado numa interpretação liberal de Hegel, vê, na polêmica anticontratualista, um recuo do filósofo em relação aos seus princípios liberais.[2] A tese de Bobbio é apenas redimensionada: restando válido o pressuposto tácito e não demonstrado (anticontratualismo = antiliberalismo), aquilo que, em um caso, é a comprovação orgânica de posições de recusa do liberalismo configura-se, no outro, como uma incoerência ou uma concessão ocasional.

Naturalmente, é a tese de Bobbio que se mostra mais sólida, uma vez que a polêmica anticontratualista caracteriza Hegel em todo o ciclo de sua evolução. De qualquer forma, é comum a críticos e defensores liberais do filósofo a ausência de uma reconstrução do concreto significado histórico e dos concretos conteúdos político-sociais do contratualismo contra o qual se volta a polêmica de Hegel.

Poder-se-ia começar com uma pergunta: existiam naqueles tempos (para não falar dos atuais) teorias contratualistas de tipo conservador ou reacionário? Abramos a *Enciclopédia* de Heidelberg: o § 440 polemiza contra a visão da "constituição" como "um contrato, isto é, o acordo *arbitrário* de diferentes pessoas sobre uma coisa *arbitrária* e *acidental*". Com relação a essa visão, a anotação manuscrita relativa ao parágrafo em questão contrapõe o "superior direito natural" a uma "mudança da constituição", até mesmo à "revolução" (V. *Rph.*, I, 197). Eram exatamente esses os termos do conflito constitucional em Württemberg. A Dieta, empenhada na celebração ideológica dos bons tempos antigos, via, na introdução de uma nova constituição, uma violação do precedente contrato estipulado entre príncipe e nobreza. Que a polêmica anticontratualista tenha como alvo a ideologia feudal e reacionária, bem como a concepção patrimonial do Estado, resulta explicitamente do texto de Hegel. É no âmbito do feudo que pode ter sentido o contrato entre "príncipe e território, ambos proprietários e possessores de privilégios especiais" acima dos quais existe o imperador, chamado a intervir em caso de violação ou de interpretação conflitante do contrato em questão (W, IV, 504). É na Idade Média que os "direitos tinham a natureza de propriedade privada, sobre os quais se podia, portanto, estipular um contrato" (V. *Rph.*, III, 269).

É verdade que a teoria contratualista teve uma revivescência "também em época mais recente", na onda da justa polêmica contra a "representação", estranha à razão, da monarquia de direito divino. E, todavia, a teoria contratualista continua errada ao querer aplicar, no âmbito das relações estatais, "normas jurídicas do direito privado" (W, IV, 504-5). Hegel descreve com eficácia o choque entre as contrapostas teorias do contrato, em um apontamento preparatório do curso de filosofia do direito de 1824-1825: "Mudar o contrato nos dias de hoje é [assim afirmam os teóricos da reação e os nostálgicos dos bons tempos antigos] vontade unilateral, não é direito, mas violência. O contrato já foi estipulado há muito tempo. Não – afirmam aqueles [os que propugnam pela modificação da constituição em nome de um contratualismo liberal--democrático] –, não é um contrato, mas violência: somente *agora* trata-se de estabelecer a relação contratual; a idade veneranda [dos institutos jurídicos existentes] não nos vincula". Mas, nesse segundo caso, a teoria do contrato está em contradição com a tese da necessária "submissão à maioria" (*AL*, § 75; *V. Rph.*, II, 303-5).

Com a polêmica anticontratualista, Hegel não pretende, de modo algum, dissociar-se dos objetivos reformadores e constitucionais, mas salientar a absoluta inadequação do contratualismo como plataforma teórica de um programa de renovação político-constitucional. Eventualmente, com uma fórmula esquemática, mas substancialmente correta, poder-se-ia dizer que o contratualismo liberal--democrático é criticado enquanto faz, em última análise, o jogo da reação. E, de fato, o contratualismo à maneira de Rousseau errava em pôr-se sobre o mesmo terreno do direito privado, caro aos teóricos da concepção patrimonial do Estado: "Por mais divergentes que possam parecer esses dois pontos, eles têm em comum o fato de transferirem as determinações da propriedade privada para uma esfera de natureza totalmente diversa e superior". Permanecendo no terreno do contratualismo, não se consegue confutar eficazmente e liquidar a visão triunfante na Idade Média, mas ainda difícil de desaparecer, que faz de direitos e cargos públicos "uma imediata propriedade privada de indivíduos particulares, em contraposição ao direito do príncipe e do Estado" (*Rph.*, § 75 A). A polêmica anticontratualista é tão pouco uma concessão ao absolutismo que na superação do contratualismo e da concepção privatista do Estado Hegel vê uma "enorme revolução" (*V. Rph.*, III, 270), ou um "enorme progresso" (V. Rph, IV, 253); e está tão distante de se configurar como uma concessão às relações de força e ao espírito da Restauração que a celebração da "revolução" em questão está presente não apenas nos cursos de 1822-1823 ou de 1824-1825 já citados mas também nas anotações privadas sempre relativas ao § 75: "Ao redor disso [ao redor da superação da concepção privatista e contratualista do Estado] gira toda a passagem dos velhos aos novos tempos, a revolução do mundo, a saber, não apenas aquela estrondosa, mas a revolução que todos os Estados realizaram" (*V. Rph.*, II, 303).

A polêmica anticontratualista não comporta de modo algum uma justificativa do absolutismo ou a negação dos direitos individuais, mas apenas uma fundação teórica diferente deles: "As obrigações do cidadão em relação ao Estado, assim como as obrigações do Estado em relação ao cidadão, não derivam de um contrato" – declara Hegel, sempre comentando o § 75 (*V. Rph.*, III, 269), dedicado à polêmica anticontratualista. E essa polêmica – sempre no curso de 1822-1823 que estamos citando agora – é motivada pela defesa e celebração de "bens universais e inalienáveis", que não podem ser objeto de compra e venda e, portanto, de um contrato (*V. Rph.*, III, 271). No escrito sobre a Dieta, a polêmica anticontratualista tem tão claramente como alvo a reação e os nostálgicos dos bons tempos antigos que se conjuga estreitamente com a colocação em discussão do positivo: a Dieta "enrijeceu-se exclusivamente na posição formal de exigir um antigo direito para a razão, o qual tinha sido positivo e sancionado por um contrato"; as antigas relações políticas são consideradas intocáveis, porque tudo é "contratualmente definido"; a "lei fundamental" é sacra e inviolável, porque ela não é senão o "contrato fundamental" (*W*, IV, 506 e 510).

A Dieta inseria-se, assim, em uma precisa tradição reacionária. Não por acaso, o Burke traduzido por Gentz tinha afirmado, na polêmica contra o arbítrio e a fúria legislativa da Revolução Francesa, que toda mudança político-constitucional deve ser objeto de uma "negociação" (*Negotiation; compromise* no original inglês), deve acontecer mediante "contrato" e sem violar unilateralmente o "contrato" (*Vertrag; convention* no original inglês) precedentemente estipulado.[3] Desse ponto de vista, a teoria contratualista, longe de significar reforma e mudança, é sinônimo, ao contrário, de conservação e imobilismo. Ainda uma vez, Burke é esclarecedor. É possível modificar a forma institucional do Estado e passar, por exemplo, da monarquia à república? Sim, afirmam os revolucionários franceses, evocando a vontade do povo ou da maioria do povo; "e se a maioria de qualquer outro povo, suponhamos o inglês, deseja efetuar a mesma mudança, tem idêntico direito". Uma vez assim configurado o ponto de vista do movimento revolucionário na França (e na Inglaterra), eis a tese que Burke contrapõe a ele: "Sim, dizemos nós, o mesmo direito. Ou seja, ninguém, nem os poucos nem os muitos, têm direito de agir segundo a sua própria e absoluta vontade em assuntos relacionados com o dever, os mandatos, os compromissos e as obrigações. Uma vez fixada em um pacto a constituição de um país, não há poder ou força que possa alterá-la sem prévia ruptura do acordo ou com o consenso de todas as partes interessadas. Essa é a verdadeira natureza de um *contrato*".[4]

A ideia de contrato e do necessário respeito a ele configura-se como a legitimação ideológica da conservação do *status quo*. O "contrato" é o selo da inviolabilidade do ordenamento político e social existente, visto que ele "não vincula apenas os vivos, mas os vivos, os mortos e aqueles que ainda não nasceram".[5]

Falamos da polêmica de Burke contra a Revolução Francesa e da luta da Dieta de Württemberg em defesa dos bons tempos antigos. Mas, se passarmos à Prússia, veremos que também aqui a luta da reação contra as reformas antifeudais da era Stein-Hardenberg desenvolve-se sob o signo de palavras de ordem contratualistas: "Contratos [*Contrakte*] podem ser dissolvidos somente através de contratos [*Contrakte*], ao passo que, em todos os casos dúbios, deve prevalecer a situação presente enquanto experimentada por longos séculos".[6] A tal contratualismo cegamente enraizado no positivo de um "contrato" que, afinal, já teve o seu tempo, Hegel contrapõe a lição da Revolução Francesa e dos sucessivos "vinte e cinco anos" de conturbações e de renovação política e constitucional (W, IV, 506-7).

2 Contratualismo e jusnaturalismo

Seria um grande erro interpretar a polêmica de Hegel contra o contratualismo como a afirmação da incondicionalidade do poder, contra cuja intromissão e cujos abusos o sujeito não teria nenhum direito de se opor. A recusa do contratualismo não é de *per se* a recusa do jusnaturalismo. De modo algum. Existem direitos inalienáveis e imprescritíveis? A resposta de Hegel não é apenas inequívoca, mas também marcada por uma significativa gravidade:

"São, portanto, inalienáveis aqueles bens, ou melhor, aquelas determinações substanciais, assim como é imprescritível o direito a elas, que constituem a minha pessoa mais própria e a essência universal da minha autoconsciência, como a minha personalidade em geral, a minha universal vontade livre, a eticidade, a religião" (*Rph.*, § 66).

A liberdade da pessoa é um direito inalienável e imprescritível e não existe ordenamento jurídico positivo que possa anulá-lo: "O direito a tais bens inalienáveis é imprescritível. De fato, o ato pelo qual eu tomo posse da minha personalidade e da minha essência substancial e me constituo como sujeito jurídico e legalmente responsável, como sujeito moral, religioso, retira essas determinações precisamente da exterioridade que unicamente dava a elas a capacidade de estar sob a posse de outros. Com essa anulação da exterioridade, caem as determinações temporais e todas as razões que podem ser extraídas do consenso precedente ou da minha precedente capacidade de suportar. Esse retorno de mim a mim mesmo, com o qual me constituo como ideia, como pessoa jurídica e moral, anula a relação precedente e a injustiça [*Unrecht*] que eu e o outro cometemos em relação ao meu conceito e à minha razão, por ter tolerado que fosse tratada e por ter tratado a infinita existência da autoconsciência como alguma coisa de exterior" (§ 66 A).

Qualquer contrato ou direito positivo que viole as liberdades fundamentais da pessoa é, na realidade, *Unrecht*, e portanto resulta como o restabelecimento do direito "o ato pelo qual eu tomo posse da minha personalidade". Hegel pensa, em primeiro lugar, na escravidão, mas não é preciso negligenciar que a ela associa não apenas a "servidão da gleba", mas também "a incapacidade de possuir propriedade, a não liberdade da mesma", portanto as persistentes relações de propriedade feudal, bem como a coação religiosa e a negação da liberdade de consciência, seja como for configurada (§ 66 A). Precisamente na medida em que é negado como sujeito jurídico, o escravo não tem obrigações jurídicas e pode imediatamente retomar a sua liberdade, sem ter de resgatá-la do senhor, seja qual for o título que esse último pretende alegar.

O apreço para com a tradição jusnaturalista é explícito: "o fato de que o Estado tenha se tornado pensante é obra do Iluminismo jusnaturalista", que soube pôr em discussão o positivo consagrado nos "velhos pergaminhos" (*Ph. G.*, 917-8). Pelo menos em um caso a *Enciclopédia* parece assumir a linguagem dos revolucionários franceses, quando celebra a luta dos escravos pelo reconhecimento dos seus "eternos direitos de homem" (§ 433 Z). Em outro lugar, fala-se de "direito inalienável do homem" (*W*, I, 190), "direito eterno" (*Ph. G.*, 904), de "eterno direito da razão" (*W*, IV, 469). Mas essa é a exceção, não a regra, pois a crítica de Hegel ao jusnaturalismo e à ideologia revolucionária francesa é precisamente a seguinte: a liberdade da pessoa, os direitos do homem são certamente inalienáveis, mas não por isso eternos, porque, antes de serem sancionados por contrato originário, são o resultado de um longo e atormentado processo histórico. O jusnaturalismo é criticado, como se sabe, pelo fato de que o estado de natureza que pretende evocar é uma condição na qual não tem lugar o direito, mas apenas a violência. Mas há outra observação crítica à qual talvez se tenha prestado pouca atenção até agora: não apenas os "direitos naturais" são um resultado do processo histórico, mas também o são os sujeitos desses direitos naturais. Sim, o próprio conceito de homem enquanto homem é o resultado de enormes conturbações históricas: na Antiguidade clássica e nas colônias do mundo moderno, não são subsumidos na categoria de homem os escravos; no que diz respeito a Roma, também as mulheres e as crianças são consideradas e tratadas da mesma forma que os escravos.[7]

Portanto, é preciso entender os direitos naturais não como se remetessem a um mítico estado de natureza, mas como expressão da natureza, da determinação mais própria do homem (*W*, XX, 507), o qual é verdadeiramente livre em si, mas se torna por si somente depois de um longo e complexo processo histórico: "Deve-se ver como algo grandioso o fato de que, hoje, o homem, enquanto homem, é considerado titular de direitos, de modo que o ser humano é alguma coisa de superior ao seu *status*. Entre os Israelitas, somente os Hebreus tinham direitos; entre os Gregos, somente os Gregos livres; entre os Romanos, somente os Romanos, e tinham direitos na sua qualidade de Hebreus, Gregos, Romanos, não na qualidade de homens enquanto tais. Mas agora, como fonte do direito, vigoram princípios universais e, assim, iniciou-se uma nova era no mundo" (*V. Rph.*, III, 98).

Ilting lê nos *Princípios*, e em seu célebre "Prefácio", uma capitulação ao juspositivismo e à consagração do *status quo*. Mas, na realidade, o jusnaturalismo de Hegel não está absolutamente em contradição com a tese da racionalidade do real: os "direitos naturais" não se contrapõem à realidade histórica, da qual, ao contrário, são a expressão mais alta e mais madura.

3 O anticontratualismo liberal

A afirmação da identidade entre anticontratualismo e conservadorismo iliberal é ainda mais absurda porque, além de ignorar a existência de um contratualismo de tipo conservador e reacionário, passa por cima, também, da existência, sempre à época de Hegel, de uma corrente anticontratualista que se coloca, porém, claramente no terreno liberal. Bobbio tem, pelo menos, o mérito de se colocar o problema que surge desse fato, completamente ignorado por Ilting. E, todavia, embora percebido, o problema é fundamentalmente evitado também por Bobbio, com a observação de que, em Hegel, a recusa do contratualismo tem uma fundação não "histórica", mas "lógico-sistemática".[8] Poder-se-ia entender que o anticontratualismo de Hegel deve ser considerado antiliberal, pelo fato de que não se limita a afirmar a irrealidade da hipótese do contrato originário, mas contesta a indébita extensão, à esfera do direito público, de um instituto do direito privado.

Neste ponto, convém proceder a um confronto mais aproximado entre o anticontratualismo de Hegel e o anticontratualismo de um autor coevo, Bentham, cuja inserção na tradição do pensamento liberal é pacífica e incontestada. Em Bentham, a recusa do contratualismo implica também a recusa do jusnaturalismo. É precisamente esse ponto que o liberal francês Constant[9] censura no expoente do liberalismo inglês. Com efeito, ao comentar a *Declaração dos direitos* de 1791, após ter criticado a ideia de "contrato" que a subentende, Bentham prossegue assim: "Não existe nada de similar a direitos naturais, nada de similar a direitos anteriores à fundação da sociedade política, nada de similar a direitos naturais distintos dos legais". E, portanto: "Falar de *direitos naturais* é pura insensatez; falar de direitos naturais e imprescritíveis é uma insensatez retórica, insensatez ao quadrado".[10] Em Hegel, ao contrário, a recusa da teoria contratualista não comporta absolutamente a colocação em discussão da existência de direitos inalienáveis e imprescritíveis, e isso graças à distinção que se faz entre os dois diferentes significados do termo "natureza". Decerto, não existem direitos fundados no estado de natureza, pois este é o reino da violência generalizada; e, portanto, é imprópria a ideia de um "contrato" estipulado com a finalidade de garantir direitos existentes já no estado de natureza. Isso vale tanto para Bentham quanto para Hegel. Mas esse último identifica um segundo e diverso significado do termo "natureza", que significa a determinação substancial e irrenunciável do homem.

Em polêmica com Bentham, que ironizava a ininterrupta violação e alienação dos direitos considerados "inalienáveis", Constant observa: "Mas, afirmando que esses direitos são inalienáveis e imprescritíveis, afirma-se simplesmente que não devem ser alienados, não devem ser prescritos; fala-se do que deve ser, não do que é".[11] Essa afirmação poderia muito bem ter sido subscrita por Hegel, embora com a advertência de que esse dever ser é não a expressão de uma exigência da consciência privada, de um postulado intimisticamente afirmado pela moralidade do indivíduo singular, mas o resultado objetivo de um processo histórico, indiscutível, que não pode mais ser percorrido ao avesso. Precisamente por causa da racionalidade do real, na sua dimensão estratégica, sabemos que a liberdade, a não escravidão, tornou-se uma "condição natural", contra a qual acabaria, em última análise, por naufragar o "arbítrio do príncipe" (W, XVIII, 121-2). A liberdade é, sim, um direito natural e inalienável, mas de uma natureza produzida pela história, de uma "segunda natureza". A liberdade e os direitos inalienáveis não estão atrás, mas são o resultado do progresso, da luta complexa e contraditória do homem para edificar um mundo no qual possa realizar-se e reconhecer-se. E é nessa "segunda natureza" que o homem toma "consciência da sua liberdade e racionalidade subjetiva"

(*Ph. G.*, 256-7). Mas o fato de que, agora, os direitos naturais remetam, não à primeira, mas sim à segunda natureza, não significa que tenham perdido seu caráter de inalienabilidade e irrenunciabilidade, porque, ao contrário, somente agora têm um fundamento real e não puramente imaginário.

Portanto, Hegel dificilmente teria podido endossar a afirmação que Bentham faz no momento em que contrapõe o seu princípio da utilidade à teoria jusnaturalista: "Não existe direito que não tenha de ser ab-rogado, quando a sua ab-rogação seja vantajosa para a sociedade".[12] Se Bentham, a partir da refutação da ideia de estado de natureza e de contrato, procede até à refutação do jusnaturalismo, Hegel, ao contrário, procede a uma diversa e mais eficaz fundação desse último, superando as dificuldades da teoria tradicional tornadas evidentes também pelas críticas *à la* Bentham. Mas, desse ponto de vista, um liberal como Constant está mais perto de Hegel que de Bentham. E é preciso acrescentar que, se a polêmica anticontratualista (e antijusnaturalista) do liberal inglês tem como alvo polêmico os revolucionários franceses, acusados de recorrer a "sofismas anárquicos", em Hegel a polêmica anticontratualista (funcional à refundação do jusnaturalismo) tem como alvo polêmico, em primeiro lugar, os teóricos da reação feudal.

4 Celebração da natureza e ideologia da reação

Há outro elemento, contudo, a ser levado em consideração. Desde os tempos de Rousseau, havia notoriamente mudado o real significado político-social do recurso à ideia de estado de natureza: se antes tal ideia constituía um elemento de contestação do ordenamento existente (pense-se no célebre ataque do *Contrato social*: "O homem nasceu livre, e por toda parte encontra-se a ferros"), nos anos da Restauração a celebração da excelência desse mítico estado de natureza era parte integrante da luta contra a ideia de progresso, à qual era contraposta a tese do processo histórico como inelutável decadência a partir de uma condição de perfeição originária. Para Hegel, em relação ao estado de natureza "não pode ser dito nada de mais verdadeiro a não ser *que é preciso sair dele*" (*Enc.*, § 502 A). Mas, significativamente, em termos análogos, Hegel se exprime a propósito do Éden no qual o homem teria vivido antes da queda no pecado original: "O paraíso é um parque no qual podem permanecer somente os animais, não os homens" (*Ph. G.*, 728); exatamente como no estado de natureza. Em um caso e no outro, o problema é o da "superação da mera naturalidade" (*W*, XIX, 499). Sobre a representação do estado de natureza, a ideologia da Restauração começa a projetar a sombra do Éden precedente: sim, a queda no pecado original, mas, em última análise, o processo histórico. O acerto de contas com a tese da decadência (tese que comportava a condenação do mundo moderno, do mundo nascido do Iluminismo e da Revolução Francesa) exigia a redefinição do jusnaturalismo; a recuperação do patrimônio de liberdade da tradição jusnaturalista não podia senão proceder simultaneamente com crítica da ideia de estado de natureza e de contrato originário como momento da passagem ao estado social.

Neste, como em outros casos, é claro o vício de fundo de uma historiografia atenta somente à história das ideias na sua abstrata pureza, sem levar em consideração que a continuidade formal pode ocultar a mais radical diversidade de conteúdos político-sociais, ou seja, em última análise, a mais radical diversidade de concreto significado histórico. Hegel procede à releitura da teoria contratualista ou da tradição jusnaturalista não em um espaço asséptico, mas confrontando-se constantemente com os problemas do seu tempo, e a preocupação não é a de proceder à construção solitária do sistema mas, em primeiro lugar, a de intervir no debate e nas lutas reais.

Que sentido podia ter o apelo do estado de natureza, quando, a partir da Revolução Francesa, a natureza torna-se o cavalo de batalha da cultura da reação? São os anos nos quais, em polêmica contra o ideal de *égalité*, desenvolve-se a armadura teórica que, mais tarde, confluirá na ideologia do "darwinismo social". A "abstrata" reivindicação da igualdade jurídica (declara Burke) viola "a ordem natural das coisas", a "ordem social natural"; aliás, mancha-se da "mais abominável das usurpações", aquela em detrimento, exatamente, das "prerrogativas da natureza".[13] Elementos já mais diretos de "darwinismo social" podem ser encontrados em um autor contra o qual Hegel está empenhado em uma polêmica explícita e dura. A *Filosofia do direito* rechaça com força a afirmação de Haller, segundo a qual é lei da natureza que "o maior expulse o menor, o mais forte expulse o mais fraco", e faz parte da "ordem divina, eterna, imutável ... que o mais forte domine, deva dominar e sempre dominará". Em Haller, a evocação à natureza é a celebração, para dizê-lo com Hegel, da "violência natural contingente" (§ 258 A).[14] E ideias do gênero começavam a ter notável difusão na Alemanha; vinte anos depois da *Filosofia do direito*, um discípulo de Hegel, polemizando contra um dos mais respeitáveis órgãos de imprensa da reação, segundo o qual a "natureza" demonstraria que a "igualdade" está em contradição com o "sistema de Deus", sente a necessidade de fazer um alerta, aproveitando claramente a lição do mestre: "Uma abstrata aplicação dos conceitos da natureza à filosofia prática somente pode levar ao direito do mais forte...".[15]

Dado esse novo quadro político e cultural, compreende-se que as categorias centrais do jusnaturalismo comecem a entrar em crise já com Kant: se "tudo o que acontece ou pode acontecer se reduz a puro mecanicismo da natureza" – declara em *Pela paz perpétua*, então é claro que "a ideia de direito está vazia de sentido".[16] Os que evocavam a natureza eram, afinal, os teóricos da reação. Essa consciência que já começa a surgir em Kant adquire um particular relevo em Hegel, testemunha dos ulteriores desenvolvimentos da luta político-ideológica, e que, precisamente no curso da luta contra a cultura da reação, é levado a fazer as contas com a fraqueza da visão da história típica da tradição jusnaturalista e dos protagonistas, ou de alguns dos protagonistas, da Revolução Francesa. No âmbito dessa visão, era difícil ou impossível formular uma ideia de progresso, entendido não como o restabelecimento dos direitos naturais e, portanto, em última análise, como processo às avessas, mas como desenvolvimento, como produção de uma condição social nova e mais alta. "A natureza retomará os seus direitos", proclamava Saint-Just[17] com uma palavra de ordem que, em si, podia tranquilamente ser subscrita por um teórico da reação como Haller, embora, como é evidente, atribuindo à "natureza" um significado diverso e oposto.

Rechaçando aquele tipo de darwinismo social *ante litteram* que os ideólogos da reação iam desenvolvendo em polêmica, sobretudo contra a proclamação revolucionária da *égalité*, Hegel elabora uma ideia de progresso como superação da imediaticidade, como história. A partir desse resultado, não a natureza de algum modo configurada, mas "a sociedade é a condição única na qual o direito tem a sua realidade" (*Enc.*, § 502 A). A sociedade ou, para ser mais preciso, o Estado. O Estado é a superação do estado de natureza e da violência e da prepotência que o caracterizam. "Unicamente com o reconhecimento de que a ideia de liberdade é verdadeira apenas enquanto Estado" ocorre a superação da escravidão e, portanto, o reconhecimento recíproco (*Rph.*, § 57 A). E a esse parágrafo se remete um dos parágrafos finais da *Filosofia do direito*: a "luta formal pelo reconhecimento", a luta do escravo para ser reconhecido, por sua vez, como sujeito de direitos, se dá "antes da história real" (§ 349 A). Até quando houver escravidão, até quando não houver reconhecimento recíproco, não existirá propriamente Estado. Os escravos da Antiguidade clássica eram excluídos do Estado. Entre os senhores e os seus escravos, existe na prática – tinha dito Rousseau – o estado de guerra, estado que tanto para Rousseau como para Hegel coincide com o estado de natureza.

É importante sublinhar que, também nas desigualdades mais injuriosas da sociedade civil, a *Filosofia do direito* vê um resquício do estado de natureza (§ 200 A). Mas dessa configuração da natureza como lugar de violência generalizada e de generalizada ausência de direito, dessa tomada de distância em relação àquele jusnaturalismo que fundava a reivindicação de direitos inalienáveis mediante a evocação à natureza, de tudo isso deriva em Hegel não a anulação e tampouco a restrição da esfera dos direitos inalienáveis do sujeito, mas o seu convicto alargamento. Na sociedade civil, existe um resquício do estado de natureza por causa do contraste que continua a subsistir entre opulência, de um lado, e miséria desesperada, de outro, pelo fato de que, em última análise, não é reconhecido o "direito à vida" do faminto (*Rph.* I, § 118 A).

Sim, a natureza é o reino da opressão, do domínio do mais forte, como sustentava o publicismo contrarrevolucionário e os teóricos do "darwinismo social" *ante litteram*, mas à natureza Hegel contrapõe a "liberdade do espírito" e a "igual dignidade e independência" dos homens e dos cidadãos (W, XX, 227). *Freiheit, gleiche Würde* e *Selbständigkeit*: parece a reproposição do trinômio oriundo da Revolução Francesa, mas esses direitos (ao lado dos quais começa a surgir um direito completamente novo, que é aquele à vida) configuram-se como inalienáveis, como inseparáveis da "natureza", do conceito de homem, enquanto resultado de um longo parto histórico, de um longo e atormentado processo histórico que não pode mais ser percorrido às avessas. Ora, pela primeira vez com Hegel a inalienabilidade remete não à natureza, mas à história universal que elaborou e acumulou um irrenunciável patrimônio comum para todos os homens, para o homem enquanto tal.

Desse ponto de vista, a crítica hegeliana do jusnaturalismo não só não pode de modo algum ser confundida com a crítica de reação,[18] mas é diametralmente oposta a ela. Partamos desta última. A Revolução Francesa proclamava os direitos do homem? Mas eis que Burke nega o próprio conceito de homem: "Os ingleses exigem os direitos que lhes competem enquanto ingleses, mas não querem saber de 'abstratos princípios' concernentes aos 'direitos do homem'".[19] Ainda mais radical é a tomada de posição de De Maistre: o "erro teórico" de fundo "que orientou os franceses no caminho errado desde o primeiro instante da sua revolução" é o conceito de homem: "Eu vi, na minha vida, franceses, italianos, russos etc.; sei também, graças a Montesquieu, *que se pode ser persa*; mas, quanto ao *homem*, declaro não tê-lo encontrado na minha vida; se existe, está escondido".[20] Para Hegel, no entanto, é exatamente a elaboração do conceito de homem que representa um progresso decisivo na história da humanidade. Se o alvo principal da polêmica de Burke são os princípios gerais, Hegel atribui já como mérito do Iluminismo ter feito valer tais princípios (*Ph. G.*, 919-20); e estes, embora devam ser depurados do "abstracionismo" jacobino, constituem uma etapa essencial da marcha da liberdade. O nominalismo permite a Burke justificar a escravidão nas colônias ou pelo menos condenar juntamente com os "supostos direitos do homem" também a tese da "absoluta igualdade da raça humana"; condenar, portanto, aqueles que, em nome de "princípios abstratos" e gerais, exigem a imediata abolição da escravidão na esteira do comportamento assumido pela França revolucionária. Hegel vê, na permanência da escravidão, um resíduo inaceitável de nominalismo antropológico, aquém daquele conceito universal de homem elaborado pela história universal, com a contribuição decisiva da Revolução Francesa.[21]

Se Burke associa pejorativamente os "filósofos" aos "republicanos" e "jacobinos",[22] Hegel celebra, na filosofia, a universalidade da razão, dos conceitos e das categorias por ela elaborados. O contratualismo de Burke é em função da luta contra o jusnaturalismo. Ao conceito de direito do qual o indivíduo é titular pelo próprio fato de ser homem (e tal *pathos* jusnaturalista está presente também em Hegel, embora com uma diferente fundamentação teórica) é, de fato, contraposto o conceito de direito adquirido por sujeitos específicos na base de uma história, de uma tradição, de um contrato peculiar, recebidos e transmitidos "do mesmo modo como nós gozamos e transmitimos as nossas propriedades e as nossas vidas".[23] Contrato, sucessão hereditária, propriedade: é a confusão entre direito privado e direito público, a persistência da concepção patrimonial do Estado e do direito denunciada por Hegel, o qual rechaça o contratualismo precisamente para recuperar e refundar o jusnaturalismo.

5 Hegel e o contratualismo feudal e protoburguês

Mas que significado pode ter, nos nossos dias, a polêmica de Hegel contra o contratualismo? O problema é levantado por Bobbio, que responde: "O Estado é, hoje, mais do que a realidade de uma vontade substancial, o mediador e o garante das contratações entre as grandes organizações, partidos, sindicatos, empresas". A polêmica anticontratualista de Hegel, além de ser expressão de organicismo perigoso e tendencialmente totalitário, é, de qualquer modo, inatual. "Quando falo de contrato ou de negociação, refiro-me precisamente àquele instituto de direito privado que Hegel caracterizava como procedente do arbítrio de dois contraentes, da constituição de uma vontade apenas comum, e não universal."[24]

Na realidade, recusar as aquisições teóricas e políticas da batalha conduzida por Hegel contra o contratualismo em primeiro lugar conservador ou reacionário, querer seriamente recuperar e reconsiderar este último, significaria recolocar em discussão os resultados da Revolução Francesa e até mesmo do desenvolvimento histórico moderno. Do ponto de vista de Hegel, o nascimento do mundo moderno é marcado pela progressiva separação entre a esfera do direito público e a espera do direito privado (e, neste sentido, pela progressiva restrição do âmbito de aplicação e de validade do instituto do contrato).

Eis de que modo a *Filosofia da história* descreve o funcionamento da sociedade feudal: no seu âmago existe uma espécie de contrato entre vassalo e feudatário, com os dois contraentes prometendo e trocando, um, obediência e fidelidade, e o outro, proteção e segurança (*Ph. G.*, 785-7). Nesse estágio de desenvolvimento da sociedade está ausente uma organização objetiva de direito para a manutenção da ordem e a administração da justiça; não existem propriamente cargos públicos. E eis no mundo moderno a primeira e fundamental restrição da esfera do contrato: as obrigações legais e a proteção da lei têm um caráter universal, não são objeto de troca no âmbito de um contrato entre particulares.

Mas a visão privatista do Estado se prolonga ou apresenta resquícios que vão muito além da queda do mundo feudal propriamente dito: "No direito privado [os ingleses] permaneceram tremendamente atrás: adquire uma grande, quase absoluta importância a propriedade. Pense-se apenas nos morgados, razão pela qual para os filhos mais jovens são comprados postos militares e eclesiásticos. Até nas eleições os eleitores vendem os próprios votos" (*Ph. G.*, 935). Eis que os cargos públicos continuam a ser objeto de contrato, de compra e venda, às vezes explícita e declarada, outras por debaixo do pano. E eis o segundo nível da polêmica anticontratualista de Hegel: o seu alvo é, com certeza, a venalidade dos cargos públicos, com referência aos encargos judiciários, defendidos por respeitadíssimos expoentes da tradição liberal, como

Montesquieu e Hume, mas que, muito antes de Hegel, fora denunciada como uma manifestação de barbárie por obra, por exemplo, de Voltaire.[25]

A restrição do âmbito de aplicação do instituto do contrato apresenta, enfim, um terceiro nível, que é o da individuação de bens ou "determinações substanciais" (liberdade da pessoa, liberdade de consciência), que em caso algum podem ser objeto de compra e venda e que, portanto, o Estado é obrigado a garantir mesmo contra eventuais contratos "livremente" estipulados. É interessante notar que, em Hegel, a condenação da escravidão procede simultaneamente ao desenvolvimento da polêmica anticontratualista. Um "contrato" que sanciona a escravidão seria "nulo em si", e o escravo teria de qualquer maneira, sempre do seu lado, "o direito divino, imprescritível", para recobrar a sua liberdade. Considerações análogas valem para um "contrato" que alienasse a liberdade de consciência ou a moralidade do indivíduo (*Rph.*, III, 78). O instituto do contrato começa a manifestar os seus limites já no plano do direito privado. Ainda uma vez, a polêmica anticontratualista revela-se atravessada pelo *pathos* da liberdade e, na defesa dos direitos inalienáveis, Hegel é bem mais radical que a tradição liberal, que, às vezes (pense-se em Locke), parece justificar a escravidão nas colônias com argumentos "contratualistas".[26]

A alienação de tais bens ou determinações pode ocorrer também de modo indireto. Entre os germânicos, também o assassínio "era expiado com uma pena pecuniária" (*Ph. G.*, 728-83), e, todavia: "Não existe propriamente direito em uma situação na qual um crime não é perseguido a não ser com uma indenização. Onde é depositada uma soma de dinheiro pela mutilação, pelo assassínio de um homem, o homem para o qual é depositada a indenização é privado de direitos, é somente coisa exterior" (*V. Rph.*, IV, 282). Também aqui assiste-se a uma troca, a uma espécie de contrato segundo o qual o depósito de uma soma de dinheiro a quem teve de sofrer um delito contra a pessoa (ou aos seus parentes) assegura a impunidade e a liberdade aos autores do delito.

Mas agora convém enfrentar o problema em termos mais gerais. Existe uma radical diferença entre o contratualismo individuado (e indiretamente celebrado) por Bobbio como uma característica do Estado moderno e da liberdade dos modernos, e o contratualismo denunciado por Hegel. Basta refletir sobre o fato de que os contraentes do pacto, o *pactum subjectionis*, pressuposto do contratualismo de tipo feudal ou de tipo protoburguês, eram respectivamente, de um lado, os barões ou os proprietários e, de outro, o soberano e o governo, o qual, longe de desempenhar aquele papel de mediação que Bobbio atribui ao Estado moderno, é explicitamente entendido como o mandatário, como um órgão que está vinculado por contrato originário para servir como porta-voz, executor, "comitê de negócios" dos barões ou proprietários que com ele estipularam o pacto. É um fato que emerge com clareza dos clássicos do liberalismo. "Os pobres" – afirma aquela espécie de manifesto do liberalismo que é o *Discurso da liberdade dos antigos comparada àquela dos modernos* – "fazem por si os seus negócios; os ricos assumem os intendentes." E esse é o governo. "Mas, a menos que sejam insensatos, os ricos, que têm intendentes, examinam com atenção e severidade se os intendentes fazem o dever deles." Constant lança-se a uma configuração do poder político que não é muito diferente, com exceção do juízo de valor, daquela que surge das páginas de Marx e que vê no governo, embora legitimado pelo parlamento, um simples comitê de negócios da burguesia. Constant declara explicitamente que a riqueza é e deve ser o árbitro do poder político e que nesta dependência incontestável e indiscutível do governo com relação aos proprietários reside a própria essência da liberdade moderna: "O crédito não tinha a mesma influência junto aos antigos; seus governos eram mais fortes do que os privados; os privados são mais fortes do que os poderes políticos da nossa época; a riqueza é uma potência mais disponível a qualquer instante, mais aplicável a qualquer interesse e, portanto, muito mais real e mais bem obedecida".[27] Locke já havia esclarecido que "a conservação da propriedade", ou seja, das relações de propriedade existentes legitimadas enquanto naturais, é "a finalidade do governo e a razão pela qual os homens entram em sociedade";[28] e, portanto, se o governo não respeita o contrato que o vincula aos proprietários e que faz dele um órgão dos seus interesses e da sua vontade, eis que os outros signatários do pacto se consideram livres de qualquer obrigação contratual e retomam a própria liberdade.

Também essa chantagem é formulada explicitamente. Para Constant, do contrato originário estão excluídos os despossuídos [*nullatenenti*], aliás, todos os não proprietários no sentido mais amplo do termo. E basta que os não proprietários sejam admitidos nas "assembleias representativas" para que "as leis mais sábias" sejam "consideradas suspeitas e, portanto, desobedecidas", ao passo que o monopólio das assembleias representativas por parte dos proprietários "ganharia o consenso popular [isto é, dos proprietários que se identificam com o povo signatário do contrato] também para um governo em algum aspecto defeituoso".[29] Como fundamento do direito ou do fato, de algum modo pacífico e que não pode ser posto em discussão, da desobediência dos proprietários quando se perfila, mesmo que vagamente, a ameaça de uma intervenção do poder legislativo na esfera da propriedade, existe ainda uma vez a teoria contratualista. De fato, "as instituições políticas não são outra coisa senão contratos", e "a natureza dos contratos é a de estabelecer condições fixas"[30] que, evidentemente, não preveem e, aliás, excluem uma inserção, mesmo parcial e limitada, dos não proprietários nas "assembleias representativas". Em tal caso, é o próprio contrato originário que autoriza os proprietários signatários a reagirem com a desobediência a uma sua modificação e violação unilateral. Por isso, é preciso considerar, em última análise, ilegal não apenas qualquer intervenção do poder político na esfera da propriedade, mas também uma modificação da composição das assembleias legislativas, tal que possa abrir caminho à temida intervenção opressora. De fato, dado que "o objetivo necessário dos não proprietários é chegar à propriedade, todos os meios que lhes forem dados, eles os empregarão para esse fim"; e também os direitos políticos "nas mãos do maior número servirão infalivelmente para invadir a propriedade".[31] Ainda que mediada pela influência exercida sobre o poder político, a intervenção dos não proprietários na esfera da propriedade é sempre um ato de violência, uma "invasão". Tanto em um caso como no outro, trata-se da violação inadmissível de uma esfera "contratualmente" garantida e intocável. E, como confirmação de tudo isso, pode ser útil reler o debate que se desenvolve no decorrer do processo de radicalização da Revolução Francesa: nas primeiras intervenções sobre a propriedade burguesa, os setores moderados gritam contra a violação do "pacto social" e, portanto, proclamam a liberdade de ação dos proprietários.[32]

6 Contratualismo e Estado moderno

O contratualismo protoburguês é a consagração do monopólio político dos proprietários e a consagração explícita da subordinação do poder político à defesa dos interesses da propriedade. Mas, se assim é, o contratualismo protoburguês tem pouco ou nada a ver com o "contratualismo" hodierno (assim como configurado por Bobbio), no âmbito do qual o Estado tem a ambição de pôr-se como órgão de mediação entre as várias classes, entre os diversos e contrapostos sujeitos sociais. É preciso discutir até que ponto tal ambição se realiza, mas permanece o fato de que ela, de qualquer modo, pressupõe no Estado um mínimo de transcendência com relação aos diversos e contrastantes interesses. Desse ponto de vista, pelo menos no que concerne às suas ambições declaradas, o Estado burguês moderno está muito mais próximo da teoria hegeliana do que do contratualismo protoburguês. Ou melhor, o contratualismo de tipo feudal ou protoburguês continua a manifestar-se nos atos de força ou nas ameaças de atos de força com os quais, não poucas vezes, as camadas privilegiadas reagiram ou reagem a intervenções sobre o direito de propriedade, sobre as relações de propriedade e produção, intervenções consideradas iliberais e despóticas.

Sim, a hodierna democracia parlamentar está permeada de tratativas e de contratações, mas não se devem confundir duas definições de contrato totalmente heterogêneas. Examinando o desenvolvimento das contradições entre Norte e Sul, que levarão depois à eclosão da guerra de secessão, Tocqueville nos fornece um exemplo esclarecedor de "contratualismo" no mundo contemporâneo. Eis de que modo os futuros secessionistas definem sua postura em relação às leis da União, consideradas inaceitáveis: "A constituição é um contrato pelo qual os Estados figuram como soberanos. Ora, toda vez que existe um contrato entre partes que não reconhecem um árbitro comum, cada uma delas mantém o direito de julgar por si mesma a extensão das suas obrigações".[33] O "contrato" implica, então, o direito de veto das partes contraentes. Nesse sentido a lei carece de obrigatoriedade [*cogenza*], na medida em que, mesmo depois da sua promulgação, depende, para a execução, do beneplácito das partes que têm o direito de verificar a sua conformidade com o contrato estipulado. Portanto, as partes contraentes são, em última análise, soberanas ou reivindicam uma substancial soberania: assim ocorria na Idade Média, assim ocorria nos clássicos do protoliberalismo, e assim ocorreu nos Estados Unidos no momento da secessão do Sul. Contra esse contratualismo polemiza Hegel, e também o liberal Tocqueville, que observa angustiado a fragmentação dos poderes da União por obra dos contratualistas-secessionistas do Sul.

Bobbio fala, no entanto, de contratualismo moderno no sentido de que o Estado, antes de proceder a uma eventual intervenção legislativa, se esforça para levar em consideração os interesses das várias partes em causa. Estimulando-as e submetendo-as a pressão para que negociem, desempenha de algum modo uma ativa obra de mediação. E, todavia, uma vez promulgada, a lei não passa a depender sistematicamente do beneplácito das partes em causa. A radical diversidade, com respeito ao primeiro, desse segundo tipo de contratualismo surge do próprio texto de Bobbio: o Estado é "o mediador e o *garante* das contratações" entre os diversos sujeitos políticos e sociais. O Estado, portanto, mais do que ser uma das partes contraentes, é o garante *super partes* das contratações entre os diversos sujeitos políticos e sociais. Mas há mais. Escreve ainda Bobbio, a propósito das modalidades de funcionamento do "contrato" no plano político-parlamentar: "Um partido que não tem votos suficientes para levar os seus representantes ao parlamento é um partido que não está legitimado para tomar parte nas tratativas e no contrato social e, portanto, não tem nenhum poder contratual".[34] O Estado não só está *super partes*, mas também define as partes autorizadas a participar da tratativa.

É preciso acrescentar que contra esse segundo tipo de contratualismo não existe nenhuma polêmica por parte de Hegel, o qual, aliás, exige que as várias corporações, associações e comunidades locais estejam diretamente presentes na Câmara Baixa, de modo a exprimir os seus reais interesses e pôr o aparelho governamental e estatal em condições de proceder a uma mediação autêntica e eficaz (*Rph.*, § 308). A ampliação da rede de tratativas e mediações é a confirmação da inatualidade da polêmica anticontratualista de Hegel? Se hoje, contudo, o Estado democrata-parlamentar não é mais, não pode ser mais, o mero conjunto de *vigilantes* da propriedade privada teorizado pelo protoliberalismo, o simples "guardião noturno" dos bens dos proprietários denunciado pelo hegeliano Lassalle.[35] Esse contratualismo entrou em crise no momento em que, por meio de lutas acirradas e complexas, os não proprietários impuseram ao Estado uma série de outras tarefas, com intervenções diretas no campo econômico-social, vistas pelos proprietários como uma indébita extensão da esfera de atividade do Estado para além das tarefas contratualmente definidas. É dessa nova situação que surge a exigência de um constante e penoso trabalho de mediação entre as partes sociais. Do ponto de vista de Hegel, no entanto, é precisamente nesse trabalho de mediação que está a realização do universal. O Estado se constitui como comunidade ética na medida em que não se preocupa apenas com a segurança da propriedade, mas também, como veremos, com a garantia da sustentação, do "bem-estar" dos indivíduos, do "direito ao trabalho" e mesmo do "direito à vida", na medida em que reconhece cada cidadão como titular de direitos inalienáveis, portanto irrenunciáveis e subtraídos à esfera do contrato. Com Hegel, os direitos inalienáveis tendem a assumir um conteúdo material. A condição do faminto é associada àquela do "escravo", e eis que se impõe uma intervenção pública que garanta concretamente o direito inalienável à liberdade. Mas tal intervenção implica inevitavelmente uma restrição imposta ao mercado e à esfera do contrato. A cada intervenção com a qual o Estado vetou ou regulamentou o emprego de crianças nas fábricas (intervenção esta explicitamente solicitada por Hegel), reduziu o horário de trabalho etc., os setores mais retrógrados do capitalismo sempre responderam com altos brados de protesto pela violação da liberdade de contrato: basta ler, nas páginas do *Capital*, a história das lutas que se seguiram à limitação por lei do horário de trabalho a dez horas. No que diz respeito à Prússia de Hegel ou imediatamente posterior à sua morte, o patronato [*padronato*] esbraveja contra "hegelianos" e "socialistas" responsáveis por quererem recorrer à intervenção "artificial" do Estado para limitar o emprego nas fábricas de mulheres e crianças e "organizar o trabalho",[36] e, nessa defesa da "liberdade" de contrato, o patronato é muitas vezes apoiado pela monarquia absolutista. Em 1832, de muitas partes alçaram-se vozes para denunciar a praga do *Trucksystem*, com base no qual os operários superexplorados eram retribuídos não em dinheiro, mas em mercadorias produzidas pela própria fábrica em que trabalhavam. Pois bem, Frederico Guilherme III calou essas vozes com o argumento de que o Estado não tinha o direito de intervir em uma "relação de direito privado", pisoteando ou limitando de modo arbitrário a "liberdade civil".[37] Um monarca absoluto que intervém decididamente no patronato liberal para defender a liberdade de contrato dos perigos de intromissão do poder estatal: eis um paradoxo para os liberais modernos, cuja condenação do estatismo é tão a-histórica a ponto de esquecer que também Adam Smith tinha na sua época considerado "completamente justa e equânime"[38] a intervenção estatal contra aquela praga do *Trucksystem* que, ao contrário, para Frederico Guilherme III, era parte integrante da inviolável esfera do contrato. Mas, se tivesse sabido, o rei prussiano teria podido, ao contrário, evocar Locke, o qual não tem nada a objetar sobre o particular tipo de contrato, ao que parece, livremente estipulado, pelo qual "o fabricante de tecidos, não tendo dinheiro à vista para pagá-los [os operários], fornece-lhes coisas necessárias à vida (trocando assim mercadoria com trabalho), sejam quais forem, boas ou ruins, o operário deve aceitar ao preço fixado pelo seu patrão, ou permanecer desempregado e faminto".[39]

Bobbio vê uma ulterior prova da extensão da esfera do contrato na periódica e solene renovação, frequentemente após lutas prolongadas e, às vezes, ásperas, dos contratos coletivos de trabalho. É preciso compreender bem, no entanto, em que consiste a novidade. Obviamente, não no instituto do contrato, mas sim no seu caráter coletivo. Isso pressupõe a existência de organizações sindicais que, por todo um período histórico, foram proibidas com a argumentação ou o pretexto de que violavam a liberdade do indivíduo de vender no mercado a própria força-trabalho, violavam a esfera de autonomia contratual do indivíduo. Uma violação particularmente clamorosa e intolerável, do ponto de vista dos dadores de trabalho, por ocasião de greves da categoria, com a realização, por parte dos grevistas, de toda uma série de pressões para bloquear ou circunscrever o "peleguismo", para anular ou restringir a esfera de livre contratação extrassindical da força-trabalho. E, portanto, entre o velho e o novo contratualismo não existe a linha de continuidade que Bobbio gostaria de instituir, expurgando como organicista e totalitário o estatismo da tradição hegeliano-marxista. As associações sindicais foram por longo tempo proibidas e perseguidas não em nome do "organicismo" estatal, mas em nome do individualismo liberal.[40] E, portanto, os contratos coletivos de trabalho têm em suas costas precisamente aquilo que Bobbio gostaria de eliminar da história do contratualismo: em primeiro lugar, Marx e as lutas do movimento operário e socialista; mas, em uma certa medida, também Hegel, que teoriza as "corporações", atribuindo-lhes funções não muito diversas daquelas desempenhadas pelo nascente movimento sindical, e que, de qualquer modo, explicitamente polemiza contra o argumento, caro ao individualismo liberal, segundo o qual as associações de ofício constituíam uma violação do "assim chamado *direito natural*" do indivíduo singular de fazer uso das próprias forças (*Rph.*, § 254), contratando a venda destas sem intervenções externas de nenhum gênero, mas fazendo valer exclusivamente a própria liberdade. Eram os anos nos quais, segundo a análise de Marx, os ideólogos do capital à moda de Bentham negavam a realidade da opressão e da exploração sofridas pela classe operária, fazendo referência à liberdade do contrato de trabalho que o indivíduo-operário estipulava com o indivíduo-dador de trabalho.[41] Os autores que compreenderam e sentiram a miséria como questão social não se detiveram, ao contrário, perante a sacralidade e a inviolabilidade do contrato. E, hoje, o contrato entre indivíduo singular e indivíduo singular celebrado pelos teóricos protoliberais não existe mais: essa "liberdade" contratual é limitada, de um lado, pela legislação estatal e, de outro, pelas associações sindicais (bem como pelas associações patronais que, todavia, sempre existiram). É esta a hodierna realidade contratual do mundo do trabalho, e tal realidade não poderia ser compreendida sem Hegel e a sua polêmica anticontratualista, sem a via que de Hegel conduz a Marx.

Notas

1 *Studi hegeliani*, Torino, 1981, p.XVII, 95-7 e 108-13.
2 *Hegel diverso*, op. cit., p.119.
3 E. Burke, *Betrachtungen über die französische Revolution in der deutschen Übertragung von Friedrich Gentz*, organizado por L. Iser. Introdução de D. Henrich, Frankfurt-am-Main, 1967, p.72 e 106. Para o original cf. *The Works of the right honourable Edmund Burke*, London, 1826, v.I, p.82 e 121 (trad. ital. *Riflessioni sulla rivoluzione francese*, in E. Burke, *Scritti politici*, organizado por A. Martelloni, Torino, 1963, p.195 e 223).
4 *Ricorso dai nuovi agli antichi Whigs*, in *Scritti politici*, op. cit., p.533; grifo nosso.
5 *Riflessioni sulla rivoluzione francese*, op. cit., p.268.
6 Carta de F. A. L. von der Marwitz a Haerdenberg (Berlin, 11.2.1811), in *Adam Müllers Lebenszeugnisse*, organizado por J. Baxa, München/Paderborn/Wien, 1966, v.I, p.616.
7 Em Roma, as mulheres "eram escravas", mas esta é uma situação que ainda se perpetua na África (*V. Rph.*, IV, 446). Hegel desenvolve considerações análogas a propósito da relação entre pais e filhos.
8 *Studi hegeliani*, op. cit., p.95.
9 *Mélanges de littérature et de polique*, Louvain, 1830, v.I, p.97.
10 *Anarchical Fallacies*, trad. ital. in J. Bentham, *Il libro dei sofismi*, organizado por L. Formigari, Roma, 1981, p.123-4.
11 *Mélanges...*, op. cit., v.I, p.100.
12 J. Bentham, op. cit., p.125-6.
13 E. Burke, *Riflessioni sulla Rivoluzione francese*, op. cit., p.210.
14 Não por acaso, ainda nos primórdios do nosso século, Haller evocará, na celebração da "luta racial", uma das figuras centrais do "darwinismo social": cf. L. Gumplowicz, *Der Rassenkampf*, Innsbruck, 1928, cit. por G. Lukács, *La distruzione della ragione*, trad. ital. Torino, 1959, p.699.
15 Assim, na polêmica contra o *Berliner Politisches Wochenblatt*, K. Rosenkranz, *Königsberger Skizzen*, Danzig, 1842, v.II, p.170 e 174.
16 *Gesammelte Schriften*, op. cit., v.VIII, p.372.

17 Discurso à Convenção de 24.4.1793, in L. A. L. de Saint-Just, *Terrore e libertà, Discorsi e rapporti*, organizado por A. Soboul, trad. ital., Roma, 2.ed., 1966, p.100.
18 Como faz Bobbio, que aproxima Hegel de Burke: *Il contratto sociale oggi*, Napoli, 1980, p.23.
19 *Riflessioni sulla Rivoluzione francese*, op. cit., p.191.
20 J. de Maistre, *Considerazioni sulla Francia*, trad. ital., Roma, 1985, p.47.
21 E. Burke, *The Works...*, op. cit., v.VII, p.129 e v.IX, p.281. A pretensão de K. R. Popper (*La società e i suoi nemici*, trad. ital., Roma, 2.ed., 1981, v.I, p.57-9 e 300 e v.II, p.382) em querer fazer do "nominalismo metodológico" o pressuposto necessário da sociedade aberta e liberal resulta arbitrariamente generalizante e "holística": além dos corifeus, da luta contra o jusnaturalismo e da Revolução Francesa, o nominalismo se tornará, depois, a bandeira dos teóricos abertos e brutais do racismo, tais como Gumplowicz e Chamberlain (cf. G. Lukács, *La distruzione della ragione*, op. cit., p.699 e 718) e do nazismo escarnecedor da própria categoria de "humanidade".
22 *The Works...*, op. cit., v.VII, p.298.
23 *Riflessioni sulla Rivoluzione francese*, op. cit., p.191-3.
24 *Studi hegeliani*, op. cit., p.113.
25 Voltaire, A. B. C., primeira conversação. Para Montesquieu, ao contrário, a venalidade dos cargos públicos desempenha uma função positiva e antidespótica (*Spirito delle leggi*, v.19); tal argumentação é subscrita por Hume em uma carta de 10 de abril de 1749 (citada in Montesquieu, *Œuvres complètes*, organizado por A. Masson, Paris, 1950-1955, v.III, p.1218-9).
26 O primeiro dos *Dois tratados sobre o governo* (§ 130) fala como de um fato óbvio e pacífico dos "plantadores das Índias ocidentais" que possuem escravos e cavalos com base nos direitos adquiridos com regular compra e venda. A legitimação da escravidão nas colônias é de qualquer modo inequívoca. A propósito do comércio colonial com a África, podemos ler: "As mercadorias [*commodities*] que provêm desses países são: ouro, marfim e escravos". E a propósito da Carolina: "Todo homem livre da Carolina deve ter poder e autoridade absoluta sobre os seus escravos negros, seja qual for a opinião e a religião deles" (*The Works of John Locke*, London, 1823, reedição fac-similar, Aalen, 1963, v.X, p.414 e 196). Por outro lado, foi assinalado que Locke tinha sólidos investimentos não apenas no comércio da seda, mas também no de escravos: M. Cranston, *John Locke. A Biography*, 2.ed., London, 1959, p.115.
27 *Principi di politica*, op. cit., p.235-6.
28 *Secondo Trattato*, trad. ital. de L. Formigari, Roma, 1974, § 138.
29 *Principi di politica*, op. cit., p.101.
30 *Des réactions politiques*, in *Cours de politique constitutionelle*, Bruxelles, 3.ed., 1837, p.491.
31 *Principi di politica*, op. cit., p.101.

32 No lado oposto, Marat declara que "a noção de pacto social não tende realmente senão a dissolver a república"; cf. A. Saitta, *Costituenti e costituzioni della Francia moderna*, Torino, 1952, p.104-5.
33 *La democrazia in America*, organizado por N. Matteucci, trad. ital. Torino, 1968, v.II, p.459.
34 *Il Contratto sociale oggi*, op. cit., p.25 e 39-40.
35 *Ausgewähtle Texte*, organizado por Th. Ramm, Stuttgart, 1962, p.167ss.
36 Assim se exprime o grande capitalista e liberal renano David Hansemann, cujas intervenções são citadas por J. Droz, *Le libéralisme rhénan, 1815-1848*, Paris, 1940, p.242-3.
37 J. Kuczynski, *Die Geschichte der Lage der Arbeiter unter dem Kapitalismus*, Berlin, 1960, v.I, p.271.
38 *Indagine sulla natura e le cause della ricchezza delle nazioni*, I, X, 2.
39 J. Locke, *Considerazioni sulle conseguenze della riduzione dell'interesse*, organizado por F. Fagiani, trad. ital., Bologna, 1978, p.76.
40 A Lei Le Chapelier, de 1791, proibia as coalizões operárias em polêmica contra os "supostos interesses comuns" e em nome do "livre exercício da indústria e do trabalho" por parte do indivíduo: J. Jaurès, *Storia socialista della Rivoluzione francese*, trad. ital., Milano, 1953, v.II, p.249-50.
41 *MEW*, v.XXIII, p.189-90.

CAPÍTULO 4

CONSERVADOR OU LIBERAL? UM FALSO DILEMA

1 O dilema de Bobbio

Para além do exemplo do contratualismo, no entanto, chegou o momento de enfrentar o problema nos seus termos gerais. Em resumo, Hegel é ou não liberal? O outro ângulo do dilema assim pressuposto é aquele segundo o qual estaríamos perante um filósofo da Restauração ou, seja como for, de um conservador.

Nesse ponto, qualquer resposta é errada, porque, na realidade, o que está gravemente incorreto é a própria formulação do problema. Pode ser útil começar por Bobbio: "Hegel não é um reacionário, mas tampouco, quando escreve a *Filosofia do direito*, um liberal: é pura e simplesmente um conservador, enquanto considera mais o Estado que o indivíduo, mais a autoridade que a liberdade, mais a onipotência da lei que a irresistibilidade dos direitos subjetivos, mais a coesão do todo que a independência das partes, mais a obediência que a resistência, mais o vértice da pirâmide (o monarca) que a base (o povo)".[1]

Bobbio tem o mérito de reunir aqui, de modo sintético e claro, as objeções que são dirigidas a Hegel, do ponto de vista do liberalismo moderno. E é digno de nota que, com muita frequência, esse quadro conceitual não é colocado em discussão sequer pelos intérpretes empenhados em demonstrar o liberalismo do filósofo. Procede-se, geralmente, contrapondo citação a citação e, no ardor da guerra das citações, perde-se de vista o essencial: a Hegel são dirigidas perguntas que, por sua imprecisão e abstratividade formal, já foram consideradas pelo filósofo mal formuladas e desviadas. Entre todos, exemplar é o dilema que sobressai da demonstração que Bobbio faz do "conservadorismo" de Hegel: autoridade ou liberdade? Mas o filósofo, ao qual se gostaria de obrigar a fornecer uma resposta clara a essa tosca alternativa, já havia distinguido liberdade formal de liberdade real (como veremos detalhadamente em um outro parágrafo), já havia esclarecido que o termo "liberdade" pode também ser um adorno ideológico para enfeitar ou encobrir "interesses privados", além do mais míopes e retrógrados. Obviamente, o posicionamento teórico de Hegel pode ser considerado inaceitável, mas não pode ser tranquilamente ignorado em nome da obstinação de dirigir ao filósofo uma pergunta por ele considerada mal formulada.

Mas, para percebermos a superioridade do posicionamento do filósofo com respeito àquele do intérprete, convém examinar de maneira detalhada os dilemas e as alternativas minuciosamente arroladas por Bobbio, investigando, em primeiro lugar, sua validade num plano histórico-político de caráter mais geral, antes ainda de verificar as respostas que surgem do texto de Hegel.

2 Autoridade e liberdade

Hegel deve ser considerado conservador em vez de liberal pelo fato de que "preza ... mais a autoridade do que a liberdade".

Assim formulado, na total abstração da concretitude dos conteúdos histórico-políticos, o dilema soa vagamente tautológico, mas tal tautologia acaba por assumir, sub-repticiamente, um valor apologético, pelo fato de que julga o liberalismo exclusivamente com base na consciência que ele tem de si mesmo, a partir das excelentes intenções que asseguram ter os seus expoentes: o liberalismo é ... o querer da liberdade; e, portanto, os que se opõem ou se mostram desconfiados em relação ao liberalismo, não podem ser por definição senão os inimigos ou os amigos tíbios da liberdade. Na melhor das hipóteses, Hegel pode ser considerado um conservador. Naturalmente, sobre os termos reais do contencioso entre Hegel e os seus críticos, sabemos, tanto quanto antes, somente que, ao longo do caminho, o liberalismo ou liberismo foi assumido, sem nenhuma demonstração, como a última novidade da sabedoria política, o tribunal supremo perante o qual é chamado a comparecer e a desculpar-se o "estatismo" autoritário de ontem e de hoje.

A chave de leitura sugerida por Bobbio e pela historiografia liberal é inadequada e não serve para compreender os grandes debates que acompanham o desenvolvimento do pensamento moderno. Como se sabe, Voltaire é um opositor feroz, na França, dos parlamentos reacionários e, no embate entre estes e a monarquia absoluta, toma claramente posição por esta última, da qual, ao menos, espera-se a supressão da "vergonhosa venalidade dos cargos de justiça" e dos aspectos mais odiosos do privilégio aristocrático.[2] Montesquieu, ao contrário, juntamente com a venalidade dos cargos, defende também os parlamentos aristocráticos, um dos corpos intermediários essenciais para impedir o despotismo e conter o poder central.[3] Devemos dizer, então, que Montesquieu é liberal e Voltaire conservador ou iliberal? Decerto, este é o esquema sugerido de algum modo por Tocqueville, que, a propósito, critica duramente Voltaire, visto como prova da pouca familiaridade que os franceses e os próprios iluministas tinham com o espírito de liberdade. Mas da requisitória do próprio Tocqueville acaba surgindo, depois, uma chave de leitura diversa e bem mais persuasiva: a tomada de posição de Voltaire contra aquela instituição do antigo regime que eram os parlamentos é a expressão da desastrosa carga antiaristocrática e igualitária que caracteriza a tradição política francesa, propensa, em todo o ciclo de sua evolução (da monarquia absoluta ao surgimento do movimento socialista), a sacrificar a liberdade à igualdade.[4] Embora seja no âmbito de uma contraposição bastante discutível, entrevê-se, de algum modo, o real significado político-social da contradição que opõe Voltaire a Montesquieu: o que está em jogo é a postura em relação à aristocracia.

Não por acaso, uma celebração do papel dos parlamentos está presente também em Boulainvilliers, que, certamente, pode ser a seu modo considerado e, às vezes, é considerado um "liberal" e até um precursor do parlamentarismo, pela sua oposição à monarquia absoluta e à função antifeudal por ela desempenhada.[5] Mas o campeão dos privilégios da aristocracia, aliás, da superioridade da vitoriosa "raça" nobiliárquica com respeito à derrotada e fraca "raça" plebeia, Boulainvilliers, em resumo, forneceu verdadeiramente à causa real da liberdade uma contribuição superior àquela dada pelo inimigo implacável dos parlamentos aristocráticos (e da venalidade dos cargos públicos), pelo campeão da luta contra a intolerância e pela liberdade de consciência? É possível compreender a gênese do indivíduo moderno e da liberdade individual moderna sem a contribuição de Voltaire e da sua luta contra o privilégio nobiliárquico defendido por Boulainvilliers (e por Montesquieu) *também* contra a monarquia absoluta?

Mas retornemos, agora, a um autor que nos interessa mais diretamente. A liberdade importava menos a Hegel que aos seus críticos ou antagonistas mais ou menos liberais? Procuremos nos orientar a partir de alguns problemas concretos. "A sociedade civil tem o direito e o dever de obrigar os pais a mandar os filhos à escola"; é justo e necessário que existam "leis pelas quais, a partir de uma certa idade, as crianças devam ser enviadas à escola" (*V. Rph.*, IV, 602-3). A teorização da obrigatoriedade escolar, certamente, colocava em discussão uma "liberdade" tradicional dos pais, a partir desse momento submetidos a uma regulamentação e a um controle, estatal ou social, do qual antes estavam isentos; mas, no outro prato da balança (estamos convencidos de que Bobbio também concordaria com isso), é preciso pôr a liberdade real das crianças, a partir desse momento consideradas titulares de um "direito" à instrução explicitamente sublinhado por Hegel. E a obrigatoriedade escolar leva logo a pensar no trabalho dos menores nas fábricas e na incipiente intervenção estatal para proibi-lo e regulamentá-lo, uma intervenção solicitada por Hegel: "crianças muitos pequenas são obrigadas a trabalhar", mas "o Estado tem a obrigação de proteger as crianças" (*Rph.* I, § 85 A). A intervenção estatal provocava reações escandalizadas dos empresários, mais do que nunca empenhados em celebrar "o espírito prático dos liberais" contra, como já vimos, as "teorias dos hegelianos e socialistas".

Decerto, pode-se dizer que Wilhelm von Humboldt, firme defensor dos "limites do Estado" também no campo educativo e escolar e, com referência ao segundo exemplo, o grande capitalista renano David Hansemann, implacável inimigo do estatismo, sejam mais liberais ou liberistas que Hegel, declaradamente hostil ao "arbítrio" dos pais e também, a julgar pelas tomadas de posição contra o trabalho dos menores nas fábricas, dos capitalistas. E, nesse sentido, mais "liberal" do que Hegel era certamente Benjamin Constant, convicto de que a "educação pública é salutar sobretudo nos países livres", mas, decididamente, contrário à introdução da obrigatoriedade escolar ou, para usar suas próprias palavras, a toda forma de "coação" que violasse "os direitos dos indivíduos", inclusive "aqueles dos pais sobre seus filhos". É verdade, a miséria faz que, nas famílias pobres, as crianças sejam desviadas da escola e encaminhadas a um trabalho precoce, e todavia é preciso, da mesma forma, renunciar a qualquer constrição e esperar que a miséria[6] desapareça: se Constant rechaça a tese da introdução da obrigatoriedade escolar, não leva em consideração, tampouco, a hipótese de uma intervenção estatal contra a praga do trabalho infantil. Não existem, então, dificuldades de falar, a tal propósito, de "liberalismo", mas deve-se acrescentar que desse "liberalismo", com uma linguagem certamente mais exaltada, nos dão provas também os ideólogos da Restauração, a começar por Gentz, que, já no decorrer da luta contra a Revolução Francesa esbraveja contra os projetos pelos quais, a partir de uma certa idade, "os filhos ... devem ser retirados dos pais", para serem enviados à escola, sem refletir sobre o fato de que essa medida opressiva é, além disso, ineficaz, visto que as classes pobres não podiam jamais renunciar ao trabalho precoce dos filhos (também para Gentz é impensável uma intervenção nesse campo do poder político).[7]

Hegel é, portanto, menos liberal ou menos liberista que Humboldt, Hansemann e Constant (para não falar de Gentz), mas essa afirmação pode ser imediatamente traduzida em outra, segundo a qual Hegel, em oposição a Humboldt, Hansemann e Constant, daria mais importância à "autoridade" que à "liberdade"? Não tem sentido lógico estabelecer uma equivalência entre as duas afirmações: a segunda pode ser tranquilamente invertida, visto que Hegel era favorável, contrariamente aos seus antagonistas liberais, a uma redução da "autoridade" dos pais e capitalistas. Vimos que Constant, entre os "direitos dos indivíduos", inclui "os dos pais sobre seus filhos". Kant, mais próximo da tradição liberal que Hegel, chega até o ponto de teorizar um "direito dos pais sobre os seus filhos como se eles fossem uma extensão da própria casa", um direito dos pais de retomar os filhos fujões "como coisas" ou como "animais domésticos que escaparam".[8] Hegel polemiza contra essa redução dos filhos a "coisas", denunciando em Kant a permanência de um resíduo daquela tradição segundo a qual, na antiga Roma, os filhos eram associados a escravos do *pater familias* (*Rph.*, I, § 85 A). A criança, ao contrário, visto que "deve tornar-se membro da sociedade civil, tem, por sua vez, direitos e reivindicações em relação à sociedade, assim como os tinha no âmbito da família" (*V. Rph.*, III, 700). Mas o reconhecimento concreto de tais direitos exige a intervenção ou o controle público. Ao se pronunciar pela introdução da obrigatoriedade escolar e pela proibição ou a limitação do trabalho infantil, Hegel pode ser considerado não liberal, mas, contrariamente ao que sustenta Bobbio, não liberal não pode ser considerado sinônimo de conservador. Basta refletir sobre o fato de que a história deu razão a Hegel, pois o liberalismo mais maduro ou, de qualquer modo, típico dos tempos mais próximos de nós, teorizou ele mesmo a obrigatoriedade escolar: "O Estado ... deve manter um controle vigilante sobre o exercício do poder que, com sua permissão, indivíduos detêm sobre outros indivíduos". John Stuart Mill – é dele que estamos falando – evoca constantemente W. von Humboldt, mas, na realidade, o seu posicionamento faz pensar em Hegel, como resulta também da ulterior polêmica contra as "mal-entendidas noções de liberdade" dos pais arredios ao respeito pela obrigatoriedade escolar,[9] "noções" que levam a pensar na "liberdade formal" criticada também por Hegel.

Em conclusão, se hoje alguém retomasse as palavras de ordem liberais de Humboldt, Hansemann e Constant em defesa da "liberdade" dos pais de não mandar os filhos à escola e da "liberdade" dos capitalistas de empregar nas próprias fábricas também crianças em tenra idade, seria considerado um reacionário da pior espécie, acreditamos também que Bobbio, porém, seria obrigado a recorrer a uma fundamentação "estatalista" do tipo da que ele denuncia em Hegel.

Vimos que o liberal Stuart Mill, ao tratar o tema da "liberdade" e da "autoridade", convida a levar em consideração não apenas as relações entre indivíduo e Estado, mas também aquelas entre indivíduo e indivíduo. E, então, antes de condenar Hegel em nome do liberalismo ou de celebrar a tradição liberal em contraposição a Hegel, deveríamos levar em conta o fato de que Locke, como vimos, reconhece um poder absoluto, fora de qualquer controle estatal, aos plantadores das Índias Ocidentais sobre os seus escravos negros ou então chama o dador de trabalho para exercer um tipo de pátrio poder em relação ao seu *servant* que, de fato, faz parte da família do patrão e é submetido à "normal disciplina" que nela vigora.[10]

Mas mesmo prescindindo das relações entre grupos e classes sociais (em cujo caso a "liberdade" ou a "autoridade" de uns pode estar em contradição com a "liberdade" ou a "autoridade" dos outros), mesmo considerando exclusivamente as relações entre indivíduo e Estado, prescindindo do contexto social e dos concretos conteúdos políticos, não há motivo para considerar a autoapologética do liberalismo um conjunto de afirmações óbvias e indiscutíveis. Um respeitável estudioso escreveu que "na concepção de Locke não subsiste sequer o problema de tratar os desempregados como membros livres e de pleno direito da comunidade política, assim como não havia dúvida de que eles deveriam estar *totalmente submetidos ao Estado*".[11] E, com efeito, a autoridade policial e militar é chamada por Locke para encaminhar, sem demora, os "vagabundos ociosos" aos "trabalhos forçados", até mesmo a embarcá-los por três anos, "sob severa disciplina", como soldados que, no caso de fuga ou de simples afastamento sem permissão, devem ser "punidos como desertores"[12] (portanto, também com a morte).

Não pretendemos intervir no debate sobre Locke, mesmo se o texto aqui citado fale com suficiente clareza. Poder-se-ia, de qualquer modo, objetar que uma notável distância de tempo separa

Locke de Hegel e que, portanto, não tem sentido proceder a um confronto mecânico entre os dois autores. Mas é precisamente a validade de tal objeção que põe em xeque a fundamentação de Bobbio (e não apenas sua) que pretende medir, independentemente dos concretos conteúdos político-sociais, o grau de "liberdade" e "autoridade" presente nos diversos autores. De outro modo, pode ser interessante confrontar Hegel com os seus críticos liberais na Alemanha. Se o autor da *Filosofia do direito*, embora insistindo no momento estatal ou público da solução da questão social, diante da implacabilidade da crise de superprodução e da ineficácia dos seus "remédios", aconselha pelo menos a não coibir a mendicância (§ 245 A), bem diversa é a postura dos seus críticos liberais. Para prevenir, "já na sua origem", qualquer ataque ao direito de propriedade, era necessário encerrar os mendigos e todos aqueles que estivessem desprovidos de meios de subsistência em "casas de trabalho obrigatório", e enclausurá-los por tempo indeterminado, submetendo-os a uma disciplina dura e cruel. É preciso notar que essa medida de internamento podia ser tomada pela magistratura ou podia tranquilamente tratar-se de uma "medida autônoma por parte das autoridades policiais". Não só a postura de Hegel é menos "autoritária" e mais respeitosa da liberdade individual que a dos seus críticos liberais, mas é preciso acrescentar que a repressão por estes últimos exigida contra mendigos e desempregados não é percebida como estando em contradição com a ênfase dada por eles mesmos aos limites da ação do Estado: precisamente porque o Estado não tem nenhuma tarefa ativa de intervenção na solução de uma suposta questão social, precisamente porque cada indivíduo deve ser considerado o único responsável pela própria sorte, é lógico que o Estado rejeite "já na sua origem" a violência que contra o direito de propriedade pode ser exercida por indivíduos ociosos e dissolutos, constitucionalmente incapazes de um trabalho e de uma vida ordenada.[13] A repressão policial é a consequência do "Estado mínimo" e da celebração da centralidade do papel do indivíduo.

É uma dinâmica que também pode ser observada nos teóricos hodiernos do neoliberalismo. Tome-se por exemplo Nozick. Desde que os proprietários possam exibir um "título válido" para a posse, embora na presença das mais gritantes desigualdades, também a fome mais desesperada continua a ser um fato privado relativo ao indivíduo que sofre e ao seu eventual benfeitor, movido piedosamente por sentimentos morais ou religiosos. Não existe questão social e, aliás, o Estado que, partindo do pressuposto da sua existência, pretendesse intervir com instrumentos legislativos para atenuar as desigualdades mais injuriosas, tal Estado, ultrapassando o âmbito "mínimo" que lhe compete, seria injusto e tirânico.[14] Foi o próprio Bobbio a observar que o "Estado mínimo" pode muito bem ser forte.[15] Aliás, nesse caso, é fortíssimo, pelo fato de que considera (não pode não considerar) os protestos provocados pela miséria e pelas desigualdades um simples problema de ordem pública. A coisa aparece ainda mais evidente em um neoliberista como Von Hayek. A única função das instituições políticas é a de "manter a ordem e a lei"; é absurdo falar de "justiça social" (ou seja, considerar injustas determinadas relações econômico-sociais), ao passo que, ao contrário, "a justiça administrada pelos tribunais é extremamente importante".[16] E a justiça não é outra coisa senão a defesa da propriedade, porque – acrescenta Von Hayek citando Locke – "onde há propriedade, não existe injustiça".[17]

Estado mínimo não é sinônimo de Estado frágil. Isso vale para o pensamento liberal, assim como para o pensamento abertamente reacionário. Schelling está entre os filósofos que, com mais força, insistem nos limites da ação do Estado, que deve ser considerado um simples "meio" para garantir ao "indivíduo" o espaço para ocupações superiores e mais nobres.[18] Mas isso não impede Schelling de solicitar, em um certo momento, as maneiras severas e mesmo as "ditaduras" para reprimir a revolução de 1848, e tampouco o impede de saudar, na França, o golpe de Estado de Luís Bonaparte.[19] Considerações análogas podem ser feitas a propósito de Schopenhauer, que, certamente, não tem uma visão mais enfática do Estado que Schelling e, aliás, tem palavras de fogo contra a "apoteose" hegeliana e "filisteia" do Estado,[20] não escondendo, todavia, o entusiasmo por ter podido dar a sua valorosa contribuição à repressão de uma revolução que contava, entre os seus inspiradores e protagonistas, com não poucos hegelianos.[21] E Nietzsche, nos mesmos anos em que, contra o estatalismo socialista, lança a palavra de ordem "Quanto menos Estado, melhor"[22] convoca à luta contra "a cabeça da hidra internacional" (tinha sido recentemente consumada a sangrenta repressão da Comuna de Paris) e claramente subscreve a palavra de ordem que exigia o esmagamento da Internacional operária[23] (socialista e estatalista!).

Em suma, a tradição teórica do Estado mínimo, negando precisamente o aspecto da comunidade política, da comunidade dos *citoyens*, acaba por absolutizar, no Estado, o momento da repressão, da violência organizada para a manutenção das relações de propriedade existentes. E é este segundo aspecto que é atacado pela dura polêmica de Marx, que acusa Hegel de ter ignorado e ocultado esse aspecto do problema com seu idealismo de Estado. Resta, porém, válido que, para ambos os autores, os teóricos do Estado mínimo, os celebradores do "livre" desenvolvimento da sociedade civil para além de qualquer controle e de qualquer intervenção do poder político, são aqueles que exigem que o Estado seja o simples braço armado das camadas privilegiadas.

3 Estado e indivíduo

Segundo Bobbio, Hegel deve ser considerado "conservador" em vez de "liberal", porque "preza mais o Estado que o indivíduo".

Sim, segundo a filosofia hegeliana da história, a subordinação do indivíduo a uma organização jurídica objetivamente definida é um momento essencial da formação do Estado moderno: para os antigos germanos, não havia propriamente "Estado"; "o indivíduo [*Individuum*] isolado é para eles a primeira coisa". Mas essa celebração do indivíduo isolado não coincide de modo algum com a defesa e a garantia dos direitos reais. De fato, visto que não existe organização jurídica objetivamente definida, mesmo no caso de um terrível delito, "se um indivíduo falhou, não é punido pelo Estado, mas deve reconciliar-se com a parte lesada", pagando uma indenização. O resultado é que, na realidade, para os germanos, "um indivíduo não tem nenhum valor" (*Ph. G.*, 783-4). A celebração do indivíduo converteu-se no seu contrário: o processo de formação do Estado moderno, se submete o indivíduo a um ordenamento jurídico objetivo, ao mesmo tempo afirma e defende o seu valor real: o crime que consiste na anulação ou na ofensa grave à vida de um indivíduo não pode mais ser expiado com uma transação de dinheiro ou, de qualquer modo, com um acordo interindividual.

No esquema de Bobbio, contudo, antiestatalismo parece ser sinônimo de liberal. Na realidade, a polêmica antiestatalista está amplamente difundida entre os ideólogos da Restauração, que veem, por exemplo, com Baader, no "panteísmo do Estado" uma herança da época revolucionária e napoleônica. Podemos também definir esses ideólogos como "liberais", como, às vezes, eles mesmos gostavam de fazer (não se definia assim o Lamennais de 1831, não se definia Gregório VII como o "grande patriarca do liberalismo europeu", por ter-se oposto, mesmo em nome da teocracia, aos abusos e usurpações, ao dilatar-se do poder político?).[24] Mas então fica imediatamente clara a inutilidade da categoria do "liberalismo", uma vez que se faça abstração dos reais conteúdos político-sociais e do contexto histórico concreto, de modo que os hodiernos críticos liberais de Hegel se encontrariam eles mesmos em dificuldade caso fossem peremptoriamente chamados a responder se se consideram ou não "liberais" no sentido absolutamente vago e indeterminado do termo. Sentiriam então a necessidade, primeiro, de pronunciar-se, de fazer distinções e determinações, terminando assim por confirmar, involuntária mas objetivamente, a superioridade do posicionamento de Hegel com sua atenção ao concreto configurar-se histórico da "liberdade" e do "liberalismo".

É preciso pôr-se de acordo também sobre o significado de "estatalismo". É verdade que a tradição de pensamento liberal tende a reduzir ao mínimo o papel do Estado. Aliás, em certo sentido, tende mesmo a negar a sua existência, comparando o Estado a uma instituição de direito privado, tal como a sociedade anônima. Em tal direção move-se, segundo uma consolidada interpretação, o pensamento de Locke.[25] A comparação em questão está explícita em Burke: "Na sociedade, todos os homens têm direitos iguais; mas não a coisas iguais. Aquele que pôs apenas cinco xelins nesta empresa tem, em proporção ao seu investimento, o mesmo direito sobre ela do que seu vizinho que aí colocou quinhentas esterlinas e a quem cabe uma proporção mais larga de lucro. Mas não tem direito a um dividendo igual ao produto do capital comum...".[26] A teoria do Estado como sociedade anônima reúne a tradição liberal àquela conservadora e mesmo reacionária. Nós a encontramos em Justus Möser (o qual, inspirando-se na Inglaterra liberal e mercantil, dá o exemplo das Índias Orientais), com o acréscimo significativo e explícito de que o servo da gleba é uma figura perfeitamente normal; é um homem como os outros, com a diferença de que, sendo privado de ações, não tem nem as vantagens nem a responsabilidade de um cidadão com pleno título.[27]

No Estado como sociedade anônima as responsabilidades dos acionistas são estritamente limitadas e não há lugar para a questão social, isto é, não constitui um problema a existência de uma miséria desesperadora ao lado da riqueza mais descarada. A distribuição dos dividendos ocorre de modo proporcional e tanto pior para quem não depositou ações ou depositou-as em medida insuficiente. Com respeito a essa configuração, é certamente mais ampla e comprometida a visão que Hegel tem do Estado, ao qual são conferidas tarefas positivas (mesmo se não bem definidas) de intervenção no campo social, com o fim de garantir a todos o "direito à vida". Essa visão mais ampla e engajada implica, por si mesma, a transfiguração e a consagração da intangibilidade da autoridade política? O "Estado mínimo" é sinônimo de visão crítica do Estado e da autoridade? De modo algum, e o erro de Bobbio é ainda uma vez o de pressupor, quando fala de Hegel, a equivalência de proposições de significado completamente diverso. Hegel nota criticamente que, na Inglaterra, o poder político continua a permanecer firmemente "nas mãos daquela classe" ligada ao "vigente sistema de propriedade" (*B. Schr.*, 480). Dado o peso crescente do "comércio de dinheiro" e dos "bancos", os Estados revelam-se "dependentes desse tráfego de dinheiro em si independente" (*V. Rph.*, IV, 520-1). O Estado serve como instrumento da acumulação privada: "As riquezas se acumulam junto aos proprietários das fábricas. Quando, depois, se trabalha totalmente para o Estado, aquela acumulação de riquezas torna-se ainda mais significativa, graças aos negócios dos fornecedores e dos empresários industriais" (*Rph.*, III, 193-4). Reivindicar ao Estado tarefas de intervenção no campo econômico-social, em vista da realização da comunidade ética, tudo isso não significa, de modo algum, a transfiguração sacral do Estado de fato existente. Aliás, precisamente essa reivindicação leva a se concluir que, quando o contraste de classe é demasiado áspero e demasiado profundas são as desigualdades, tal como as subsistentes na antiga Roma entre patrícios e plebeus, então o Estado é uma "abstração", ao passo que a realidade é definida somente pela "antítese" (*Rph.*, III, 288).

Considerações análogas podem ser feitas a outro autor estranho à tradição liberal. Rousseau, que sente fortemente a questão social, reivindica a imposição de fortes taxas sobre a riqueza e sobre o luxo, com uma extensão das tarefas do poder político que pareceria intolerável a Montesquieu, para o qual a imposição fiscal direta sobre a propriedade já é sinônimo de despotismo. Mas, ao mesmo tempo, Rousseau não hesita em declarar que "a autoridade pública" está totalmente subordinada aos "ricos".[28] Ao passo que a tomada de consciência da miséria como questão social, por um lado, leva a reivindicar uma decisiva intervenção pública para resolvê-la, sem se deter diante do direito de propriedade, por outro lado leva a denunciar a subalternidade do poder político com respeito exatamente à propriedade. Isso vale, obviamente com modalidades diversas, tanto para Rousseau como para Hegel (e também para Marx). O contrário ocorre na tradição de pensamento liberal. O Estado é "mínimo", porque não deve intervir nas relações de propriedade existentes; mas, no restante, a autoridade política não está em discussão. Até mesmo quando com Constant é evidenciada a sua orgânica dependência com respeito à riqueza, isso, longe de constituir motivo de denúncia, vale, no caso, como confirmação do seu correto funcionamento, do seu funcionamento, diríamos, como sociedade anônima, no âmbito da qual o governo é uma espécie de conselheiro-delegado dos proprietários-acionistas.

E, portanto, no que concerne à relação entre poder político e riqueza, Rousseau e Hegel (e Marx) desenvolvem uma configuração bem mais crua e crítica do Estado, e não a tradição liberal. Sob este aspecto, a acusação de "estatismo" poderia ser tranquilamente invertida.

É o destino reservado a categorias que, por sua abstratividade, são suscetíveis de subsumir os conteúdos mais diversos. A linha de continuidade Rousseau-Hegel-Marx pode ser descrita e condenada como expressão de "estatismo" ou de "organicismo".[29] E, certamente, na tradição liberal está ausente o *pathos* da comunidade dos *citoyens*. Como poderia ser diversamente no momento em que Constant associa os não proprietários a residentes estrangeiros privados de direitos políticos?[30] Não pode haver organicismo e *pathos* da comunidade, porque, na realidade, não existe comunidade alguma, visto que proprietários e não proprietários não são sequer subsumíveis sob a única categoria de cidadãos.

Mas reflita-se sobre a outra metáfora à qual recorre Constant para definir os não proprietários: aqueles que são obrigados a trabalhar para viver podem também ser comparados a "crianças" em uma situação de "eterna dependência";[31] e, de outro modo, vimos Locke inserir o *servant* na família do patrão, que sobre ele exerce a autoridade do *pater familias*. Desse ponto de vista, é a tradição liberal que é organicista. E a inversão de posições pode ser compreendida facilmente: a recusa em incluir, de modo igualitário, numa única comunidade de *citoyens*, proprietários e não proprietários, leva, depois, a explicar a necessária obediência desses últimos a regras de cuja formulação não participam, recorrendo à imagem da família, isto é, a uma realidade bem mais organicista do que a comunidade política.[32]

Estatalismo e organicismo se contrapõem, evidentemente, a individualismo. É uma contraposição que subentende sub-repticiamente a equação individualismo = liberdade e que, portanto, remove com desenvoltura a dura repressão que por longo tempo abateu-se sobre as "coligações" operárias, culpadas de violar o princípio da contratação meramente "individual" da relação de trabalho. Também o individualismo pode assumir uma face feroz e, de qualquer modo, não hesitou em encerrar nas prisões os operários obstinada e "organicistamente" ligados às nascentes organizações sindicais. Em todo caso, à categoria de individualismo não cabe sorte melhor que àquelas precedentes. Há ao menos um momento no qual as partes parecem inverter-se quando é Hegel que acusa os liberais de perder de vista o indivíduo ou de querer sacrificá-lo sobre o altar do universal. É o liberalismo ou liberismo que, absolutizando o momento da "tranquila segurança da pessoa e da propriedade", tem sim em vista o universal do correto funcionamento do ordenamento jurídico no seu conjunto, mas perde de vista o "bem-estar do indivíduo", o "bem-estar particular" (*Rph.*, § 230). "Trata-se agora de fazer que o indivíduo seja considerado, enquanto pessoa, também na sua particularidade" (*Rph.*, III, 188). Os teóricos do *laissez-faire* contestam a intervenção do poder político no campo econômico com o argumento de que, abandonada aos seus automatismos, a economia acaba por reencontrar sozinha o ponto de equilíbrio, superando crises e perturbações momentâneas. E eis a resposta de Hegel: "Diz-se: geralmente, o equilíbrio acaba sempre por se restabelecer; isto é certo. Mas aqui tem-se de lidar com o particular não menos que com o geral (tem-se de lidar tanto com o particular quanto com o geral); a coisa, portanto, deve ser resolvida não apenas genericamente, mas são os indivíduos enquanto particularidade que constituem um fim e têm direitos" (*V. Rph.*, III, 699). Ao "estadista que tentasse dirigir os privados", Smith contrapõe a "mão invisível" que acaba providencialmente por produzir a harmonia.[33] E talvez seja uma resposta a essa visão a afirmação das *Lições*: "Deus não provê apenas aos homens em geral; a sua providência diz respeito também ao indivíduo na sua singularidade"; e ainda: "o fim é o indivíduo particular enquanto tal; é preciso prover aos indivíduos, e ninguém pode confiar no princípio segundo o qual as coisas se ajustarão, entrarão no lugar" (*V. Rph.*, III, 699).

Como se vê, nesse caso é Hegel que insiste na centralidade do indivíduo, em polêmica contra a tradição liberal. Para entender esse paradoxo, é preciso levar em consideração que o indivíduo do qual parte a tradição liberal é o proprietário que protesta contra as intrusões do poder político na sua inviolável esfera privada, ao passo que, nessa lição de Hegel, o indivíduo do qual se parte é o plebeu ou o plebeu potencial, que invoca a intervenção do poder político na esfera da economia para que lhe garanta o sustento. Em um caso, é a propriedade a ser defendida; no outro, é a particularidade plebeia ou potencialmente plebeia. E o universal abstrato tomado como alvo, em um caso, é o Estado, o poder político que poderia se tornar instrumento das classes não possuidoras; no outro, são as leis de mercado que consagram as relações de propriedade existentes.

Que a polêmica de Hegel contra a dimensão, por assim dizer, "anti-individualista" do liberalismo tem também sua atualidade pode ser hoje confirmado pelas posições, por exemplo, de Von Hayek. Este, se, por um lado, critica implacavelmente o estatismo sufocador da liberdade do indivíduo (proprietário), por outro, liquida as exigências de justiça social avançadas por indivíduos desfavorecidos, como expressão de injusta "revolta contra a disciplina das normas abstratas", de revolta "tribal" contra a "civilização ocidental". Esta é caracterizada pelo "surgimento gradual de normas de mera conduta aplicáveis universalmente"[34] e contra as quais, portanto, também o indivíduo em condições de grave miséria não tem o direito de protestar.

Ainda uma vez, fazer coincidir o liberalismo com a afirmação da centralidade do indivíduo significa partir da representação autoapologética de determinado movimento político. Vimos que as partes podem facilmente se inverter. Como demonstração desse fato Proudhon dá um exemplo certamente irônico e paradoxal, mas igualmente significativo. São precisamente os liberais que lutam para que a teoria malthusiana se torne uma espécie de doutrina oficial de Estado, que deveria ser ensinada como uma verdade incontroversa, a qual todos devem levar em consideração, desde crianças. Quem propõe esse doutrinamento de Estado é a escola liberal. "Ela que, em qualquer circunstância e em qualquer sede, professa o *deixai fazer, deixai ir*, que acusa os socialistas de substituírem suas convicções por leis da natureza, que protesta contra qualquer intervenção do Estado, que reclama à direita e à esquerda a liberdade, nada além da liberdade, não hesita, quando se trata de fecundidade conjugal, em bradar aos casais: Alto lá! Qual demônio vos impele!."[35] Essa afirmação de Proudhon é do mesmo ano que o *Ensaio sobre a liberdade*, de Stuart Mill. Este último, embora empenhado em denunciar "a grande desgraça constituída por uma inútil extensão do poder do Estado", não hesita, entretanto, em afirmar: "As leis que em muitos países do Continente proíbem o matrimônio, se as partes contraentes não puderem demonstrar ter meios suficientes para manter uma família, não são estranhas aos poderes legítimos do Estado"; elas "não são criticáveis como violações da liberdade".[36] Proudhon tinha razão ao observar que, no contraste entre o liberalismo e os seus críticos, havia ocorrido uma inversão de posições no que diz respeito ao *laissez-faire* do indivíduo...

E, dando um outro exemplo, Tocqueville, pelo menos em 1833, diante do aumento da miséria de massa, não consegue propor outra coisa, para preveni-la, a não ser medidas policiais, gravemente lesivas à liberdade do indivíduo (do indivíduo pobre): "Não se poderia impedir o deslocamento rápido da população, de modo que os homens abandonassem a terra e não passassem à indústria, senão na medida em que essa última possa facilmente responder às necessidades deles?".[37]

4 O direito de resistência

Segundo Bobbio, Hegel deve ser considerado "conservador" mais que "liberal", pelo fato de "prezar ... mais a onipotência da lei que a irresistibilidade dos direitos subjetivos, mais a coesão do todo que a independência das partes, mais a obediência que a resistência".

O conservadorismo de Hegel[38] é demonstrado com base na recusa do direito de resistência, mas uma análoga recusa pode ser lida, por exemplo, num autor que também contribuiu de modo notável para a preparação ideológica da Revolução Francesa, ou seja, Voltaire.[39] Ou, para nos limitarmos à Alemanha, uma análoga recusa do direito de resistência encontramos em Kant, ao passo que, no lado oposto, não hesitam em afirmá-lo os teóricos da contrarrevolução, a partir de Burke e Gentz.[40] E a lista poderia prolongar-se ao infinito, como sempre acontece quando se lida com categorias genéricas absolutamente privadas de concretitude histórica. Basta dizer que mesmo em Hitler pode ser encontrada a afirmação segundo a qual, em casos extremos, "a rebelião de qualquer membro singular" do "povo" torna-se "não só direito, mas obrigação".[41]

Retornemos, contudo, a Hegel. O filósofo percebe perfeitamente a ambiguidade histórica e política do direito em questão: sim, o "direito de insurreição" havia sido "consagrado por algumas das numerosas constituições que foram feitas na França no último decênio", mas a algo de análogo também se referiam a reação e o particularismo feudais responsáveis pelo fato de que a Alemanha não era mais um Estado (*W*, I, 521): "A resistência contra a suprema autoridade régia é chamada de liberdade, e é louvada como legítima e nobre, enquanto se tem diante de si a ideia do arbítrio" (*Ph. G.*, 860). A evocação ao direito de resistência por parte da reação feudal não era um fato meramente histórico. Ainda em plena Restauração, um dos seus mais aguerridos ideólogos, Haller, convoca o povo espanhol à resistência e à revolta contra a "usurpação" representada pela constituição derivada da revolução espanhola e que também era consagrada, pelo menos na aparência, pela aprovação e pelo juramento de fidelidade do próprio rei.[42] Significativamente, a *Filosofia do direito* polemiza contra Haller, que, para justificar sua recusa a códigos e legislações determinadas, essa miscelânea cartácea considerada supérflua ou danosa, remetia, não só à observância da lei da natureza, mas também à "*resistência* contra a injustiça" (nota ao § 258 A).

Se em Hegel a crítica do direito de resistência tem como alvo principalmente a reação feudal, Bentham critica os revolucionários franceses pelo fato de que, com sua *Declaração dos direitos*, objetivam somente "suscitar e alimentar um espírito de resistência a todas as leis, um espírito de insurreição contra todo poder político".[43] A negação do direito de resistência, além do mais com o olhar voltado para a Revolução Francesa, não nos impede, obviamente, de considerar Bentham um liberal. Ainda uma vez, o juízo relativo ao "conservadorismo" de Hegel fundamenta-se na absolutização não da tradição liberal no seu conjunto, mas apenas de um seu filão particular.

Mas retornemos novamente a Hegel. Independentemente dos concretos conteúdos histórico-políticos de cunho reacionário não poucas vezes assumidos pelo direito de resistência, resta verificar o que se pode opor às argumentações mais estritamente teóricas formuladas pelo filósofo. Se o direito à resistência for entendido como imanente ao processo histórico concreto, então não há dúvida a propósito: o superior direito do espírito do mundo com respeito ao Estado é um dado de fato, e é deste ponto de vista que Hegel não condena como atos criminosos e ilegais as grandes revoluções, mas as justifica e as celebra. Decerto, em contraposição aos particularismos, aos arbítrios, aos abusos nobiliárquicos e feudais, Hegel coloca a objetividade e a superioridade do ordenamento estatal, que, porém, deve ser considerado inviolável e sacrossanto do ponto de vista jurídico, e não histórico-universal. O "positivo" historicamente existente pode configurar-se como "violência", e então o "pensamento" que o critica tende ele mesmo a se tornar "violento" (*Ph. G.*, 924): assim se explica e se legitima a eclosão da Revolução Francesa, ou de outras revoluções; porém é uma legitimidade que não pode surgir de uma norma jurídica, mas sim de condições concretas e de uma análise histórica concreta. É uma legitimidade, portanto, que, em última análise, pode ser afirmada e verificada somente *post-factum*...

Se, ao contrário, por direito de resistência se entende um mecanismo de engenharia constitucional que permita legalmente, em circunstâncias determinadas, a que se desobedeça à autoridade constituída, é claro então que se trata de alguma coisa de ilusório: em caso de conflito e de choque agudo, à "*wirkliche Gewalt*", ao poder e à violência real da autoridade constituída, à sua efetiva capacidade de coação, se contraporia apenas a "*mögliche Gewalt*", a capacidade de coação meramente possível e na prática inexistente do direito de resistência. Pode-se então recorrer à "insurreição", que, porém, não constitui certamente um direito do qual a lei possa garantir um exercício tranquilo e imperturbável (*W*, II, 474-5). De um ponto de vista jurídico, não é um direito aquele a cujo exercício estão relacionados riscos gravíssimos; um direito de resistência pode ser buscado não no ordenamento jurídico, mas apenas no "espírito do mundo", isto é, na história.

A esse propósito, Hegel não difere de Locke e dos clássicos do liberalismo europeu de modo tão nítido como poderia parecer; ou melhor, a divergência diz respeito a aspectos que pouco têm a ver com os aspectos aos quais normalmente se faz referência. Sim, Locke teoriza o direito de resistência até as suas últimas consequências, ou seja, até a sublevação armada, muito além da simples desobediência passiva: "quem resiste deve, portanto, ter permissão de ferir". Mas precisamente por isso o recurso à resistência comporta a ocorrência de um "estado de guerra" entre governados e governantes, ou melhor, ex-governantes, portanto o retorno a um estado de natureza em cujo âmbito não existe lugar para normas jurídicas positivas e portanto nem sequer para um direito de resistência legalmente definível: "Quando não existe tribunal terreno que possa resolver conflitos entre os homens, então o juiz é Deus nos céus". A palavra está nas armas, mas do recurso às armas cada um terá de responder "no grande dia, ao juiz supremo de todos os homens".[44] O tribunal divino torna-se, em Hegel, o tribunal da história, mas está, de qualquer modo, claro, em um caso e no outro que, para fazer valer o direito de resistência, não se pode apelar a um tribunal humano ordinário, como para todos os direitos sancionados pela lei, mas apenas ao bom Deus ou ao espírito do mundo.

No âmbito da própria tradição liberal, todavia, assiste-se a uma progressiva redução do alcance do direito de resistência. Se em Locke a resistência era ou podia ser também armada, em Constant não é mais assim: "É dever positivo, geral, sem reservas, não se tornar executor de uma lei toda vez que ela parecer injusta. Essa força não comporta nem subversões, nem revoluções, nem desordens". Não somente não se fala mais de resistência armada, mas o direito de resistência se transformou inadvertidamente em um "dever", ou seja, passou da esfera jurídica à esfera moral. E Constant está consciente das dificuldades que se interpõem ao real exercício de um direito de resistência: "Como limitar o poder a não ser mediante o poder?". Pode-se apelar à força da opinião pública, uma vez que ela tenha sido adequadamente esclarecida.[45] Mas resta o problema de como é possível transformar essa força moral em um poder real (falando em termos hegelianos: como é possível transformar uma *mögliche Gewalt* em uma *wirkliche Gewalt*) e de como é possível realizar essa transformação, evitando, como gostaria Constant, "subversões", "revoluções" e até mesmo "desordens".

De outro modo, a negação do direito de resistência não é absolutamente insólita no liberalismo alemão e baseia-se em argumentações que evocam de perto aquelas desenvolvidas por Hegel. Eis, por exemplo, as observações críticas formuladas por Dahlmann a propósito do eforado; para que possa funcionar, "o poder (*Gewalt*) chamado a vigiar deve querer ser mais forte que o poder governamental".⁴⁶ É a retomada do confronto, feito por Hegel em polêmica exatamente contra a teorização fichtiana do eforado, entre *wirkliche Gewalt* e *mögliche Gewalt*: em última análise, quem decide é o poder real, a organização da força realmente presente e operante. No caso, deve-se acrescentar que, se em Hegel a negação do direito de resistência não comporta absolutamente a negação do direito do espírito do mundo de ir além do ordenamento jurídico existente, e também de desconjuntá-lo totalmente, o teórico liberal é muito mais cauto nesse ponto. Se Hegel, remetendo ao direito do espírito do mundo, pode proceder à defesa e à celebração da Revolução Francesa e de outros momentos de ruptura que marcam o nascimento e o desenvolvimento do mundo moderno, Dahlmann está mais preocupado em condenar e prevenir possíveis sublevações proletárias do que em justificar as revoluções burguesas anteriores: é preciso por isso evitar comportamentos e tomadas de posição suscetíveis de estimular os "estratos inferiores" a pôr em dúvida que "o direito da nossa posse" é "sagrado".⁴⁷

No que concerne ao direito de resistência propriamente dito, as argumentações do teórico liberal estão mais próximas das de Hegel: "No atual ordenamento estatal, a resistência violenta não pode ser sancionada legalmente ... O direito constitucional à resistência armada repousava no direito dos nobres à participação no poder, era parte constitutiva dele e desapareceu com ele ... Até quando camadas privilegiadas detinham uma parte do poder, juravam fidelidade somente com reserva, faziam construir fortalezas, denunciavam a obediência, escolhiam para si um senhor mais complacente".⁴⁸ Como em Hegel, também em Dahlmann o direito de resistência propriamente dito é considerado parte integrante do mundo feudal. E bem se compreende o porquê: somente antes da formação do Estado moderno o feudatário a serviço do "poder real" do soberano está em condições de contrapor um poder não meramente "possível" como no mundo moderno, mas "real" e legalmente reconhecido.

A proclamação, então, que a tradição liberal faz do direito de resistência não é a enunciação ou a reivindicação de uma norma de lei que sancione um direito cujo exercício se reconhece ser muito arriscado e problemático, mas é, fundamentalmente, uma declaração de princípios relativos aos limites do poder político. É um fato que emerge com particular clareza do texto de Constant: a "liberdade" deve ser energicamente defendida, sim, contra os governos que ainda não abandonaram as tradicionais veleidades despóticas, mas em primeiro lugar contra "as massas que reclamam o direito de subjugar a minoria à maioria". E, ao contrário, "tudo o que, no que diz respeito à indústria, permite o livre exercício da indústria rival, é individual e não poderia ser legitimamente submetido ao poder da sociedade".[49] Um poder político que pretendesse interferir no livre desenvolvimento da indústria e nas relações de propriedade cometeria um ato "ilegítimo" e, portanto, provocaria a justa "resistência" dos cidadãos (dos proprietários) atingidos nas suas liberdades (e propriedades).

Que o poder político tenha limites precisos e intransponíveis é claro também para Hegel, como resulta da sua teorização dos direitos inalienáveis, como a liberdade individual, de consciência etc. Mas "como deve permanecer sagrado o limite dentro do qual não é lícito ao poder estatal intrometer-se na vida privada dos cidadãos", da mesma forma é incontestável o direito e o dever do poder político de intervir, por exemplo, para assegurar a instrução a todas as crianças, reduzindo, se necessário, o arbítrio dos pais, de intervir no campo educacional, na saúde etc., em toda aquela esfera que tem "uma mais estrita relação com a finalidade do Estado" (*W*, IV, 372), enfim, de intervir no campo econômico, procurando reduzir os custos sociais da crise. Em determinadas circunstâncias, "o direito de propriedade ... pode e deve ser violado" (*V. Rph.*, IV, 157). Portanto, em Hegel, está ausente aquela declaração de intenções sobre os limites intransponíveis do poder político em relação à propriedade, sobre a absoluta inviolabilidade da propriedade, ou seja, aquela declaração de intenções que, na tradição de pensamento liberal, recebe o nome de "direito de resistência". Aí é preciso ler, porém, não o "conservadorismo" iliberal de Hegel, mas, ao contrário, o peso maior que o interesse pela conservação *social* exerce nos autores da tradição liberal, já por origem social organicamente ligados às camadas possuidoras.

É preciso acrescentar que a declaração de intenções sobre os limites do poder político não impede também aos expoentes mais progressistas da tradição liberal de invocar, em determinadas circunstâncias, o punho de ferro para a manutenção da ordem. A revolução parisiense de junho de 1848 tinha, de algum modo, atrás de si a proclamação do direito de resistência típica da constituição jacobina de 1793, mas isso, obviamente, não impede Tocqueville de recomendar o fuzilamento de qualquer um que fosse surpreendido "em atitude de defesa".[50]

5 Direito da necessidade extrema e direitos subjetivos

Bobbio faz corresponder à dupla de conceitos obediência-resistência (ou seja, negação ou teorização do direito de resistência) a dupla de conceitos obediência à lei-irresistibilidade dos direitos subjetivos. Tal correspondência, todavia, não é tão evidente como à primeira vista poderia parecer. Hegel, que nega sem incertezas o direito de resistência, não hesita, entretanto, em declarar solenemente: "O homem que morre de fome tem o direito absoluto de violar a propriedade de um outro, ele viola a propriedade somente em sentido limitado; no direito advindo da necessidade extrema [*Notrecht*] está entendido que não há violação do direito do outro enquanto direito. O interesse refere-se somente a esse pedacinho de pão; ele não está tratando o outro como pessoa sem direitos. O intelecto abstrato está propenso a considerar absoluta toda violação do direito, mas aquele homem viola somente o particular, não o direito enquanto direito" (*V. Rph.*, IV, 341-2).

Estamos diante, como é sabido, da teorização do *Notrecht*, que não deve ser confundido com o *ius resistentiae* e tampouco se identifica propriamente com o *ius necessitatis* da tradição, que remete a circunstâncias excepcionais provocadas, em geral, por catástrofes naturais (pense-se na casuística escolástica dos dois náufragos agarrados a uma tábua que, todavia, está em condições de garantir a salvação somente de um dos dois). Não, em Hegel, o *Notrecht* remete a conflitos, choques concretos que se verificam a partir das relações sociais existentes. O *Notrecht* tornou-se o direito da necessidade extrema, do faminto que corre o risco de morrer de inanição e, portanto, não somente tem o direito, mas "o direito absoluto" de roubar o pedacinho de pão capaz de assegurar-lhe a sobrevivência, "o direito absoluto" de violar o direito de propriedade, a norma jurídica que condena de todo modo o furto.

Pode ser útil, então, perguntar como se posiciona a tradição de pensamento liberal com relação ao problema em questão. Não parece que em Locke exista uma situação social que possa justificar a violação do direito de propriedade. O assistente de Hegel, Von Henning, sintetizara assim o *Notrecht*: "direito a manter-se em vida" (*V. Rph.*, III, 400). Locke, ao contrário, fala de "direito à sobrevivência", mas apenas para explicar e justificar a gênese da propriedade privada: "Os homens, uma vez nascidos, têm direito à sobrevivência [*right to their preservation*] e, portanto, à comida, à bebida, e a tudo aquilo que a natureza oferece para a sua subsistência".[51] Mas, admitindo que esse direito tenha ainda um sentido no estado social, ele pode ser aplicado sempre e somente em relação à natureza, para justificar o fato de que nada permanece anônimo, mas certamente não em relação à sociedade.

Uma polêmica explícita contra o *Notrecht* lê-se, ao contrário, em um dos mais respeitáveis representantes do liberalismo alemão, cuja tomada de posição merece tanto mais atenção pelo fato de que provém de uma personalidade fortemente crítica em relação a Hegel. Já é significativo que Rotteck fale do "assim chamado *Notrecht*". Além disso, volta ao exemplo que vimos em Hegel: aquele que corre o risco de "morrer por inanição" está autorizado a roubar o pedaço de pão capaz de garantir-lhe a sobrevivência? A resposta é decididamente negativa: em nenhum caso pode existir "um direito a cometer ilegalidade" (*Recht, Unrecht zu tun*). Até mesmo no *casus necessitatis* da tradição, pode-se falar de atenuantes, ou de não punibilidade, pressupondo que a situação objetiva tenha ofuscado a faculdade de entender e querer. Mas o direito de propriedade deve, de qualquer modo, ser respeitado em seu caráter absoluto, mesmo à custa da vida de um homem. Imaginemos um "fugitivo" que, na tentativa desesperada de escapar do agressor, "destrua um recinto e o obstrua, ou então roube um cavalo do pasto para fugir mais rapidamente". Como se comportar em tal caso? Pode-se pressupor o consenso do proprietário prejudicado, mas se este, ao contrário, "se exprimir negativamente", então aquele que se tornou responsável pela violação da propriedade deve ser sempre considerado culpado, mesmo se podem ser-lhe reconhecidas as circunstâncias atenuantes ou a momentânea incapacidade de entender e querer. Em nenhum caso, porém, pode existir um "direito" a violar a propriedade de outrem.[52]

Com respeito ao seu crítico liberal, Hegel tem uma visão muito menos rígida da inviolabilidade da norma jurídica. Para usar a terminologia de Bobbio, a "irresistibilidade do direito subjetivo" à vida e à sobrevivência pode muito bem pôr em discussão a "onipotência da lei". Mas, na realidade, a tese de Bobbio resultaria errada, mesmo se se queira invertê-la. Dado o caráter meramente formal dos dois termos colocados em confronto, isso pode levar a resultados mais contrastantes: para a tradição de pensamento liberal, o direito do proprietário ao gozo imperturbável da sua propriedade é indubitavelmente tão "irresistível" a ponto de poder justificar também a "resistência" em relação a um poder político que pretendesse ultrapassar os seus limites insuperáveis; em Hegel (e muito mais, depois, no movimento protossocialista), o que resulta "irresistível" é o direito subjetivo do faminto que, para garantir a vida, invoca a intervenção do Estado nas relações de propriedade existentes, ou que, em casos extremos, está até mesmo autorizado a violar o direito de propriedade para buscar aquele pedaço de pão capaz de poupar-lhe a morte por inanição.

Locke, que afirma o direito de resistência, cala sobre o *Notrecht*. O contrário acontece em Hegel: a linha de demarcação entre obediência à lei e irresistibilidade dos direitos subjetivos é bem mais tortuosa do que aparece no texto de Bobbio. Pode-se, porém, identificar um fio lógico. A absolutização do direito de propriedade, de um lado, não deixa espaço, na filosofia de Locke, para a teorização do direito da necessidade extrema e, por outro, impõe a teorização do direito de resistência em relação a um poder político que pretendesse afirmar sua transcendência com respeito aos proprietários mandatários: "A razão que leva os homens a se organizarem em sociedade é a preservação da propriedade", e é em vista desse fim que instituem o poder legislativo.⁵³ É claro então que o "povo" (ou seja, na realidade, os proprietários promotores e guardiães do contrato) tem o direito de instituir "um novo legislativo, quando os legisladores transgredirem o mandato usurpando a sua propriedade".⁵⁴ Nesse quadro, o direito à resistência é o direito de defender a propriedade contra as possíveis "usurpações" do poder político. Significativamente, o poder político usurpador é comparado ao bandido: "todos reconhecem que é lícito resistir com a força a quem quer que – conterrâneo ou estrangeiro – atente com a força contra a propriedade de alguém", mas o mesmo princípio vale em relação aos governantes.⁵⁵

Mas o reconhecimento do direito de resistência é tão pouco o reconhecimento de uma iniciativa de baixo que, no tocante à relação entre povo e Câmara dos Pares, Locke não apenas nega ao primeiro qualquer direito de resistência, mas também o direito de suprimir ou mesmo de apenas modificar, na estrutura e no funcionamento, a segunda: "Assim, quando a sociedade confiou o legislativo a uma assembleia de homens e aos seus sucessores, estabelecendo as normas e dando a eles autoridade para designar tais sucessores, o legislativo não pode voltar ao povo enquanto durar o governo, porque, tendo constituído um legislativo dotado do poder de durar indefinidamente, o povo confiou a ele o seu poder político e não pode retomá-lo".⁵⁶ O poder subjetivo do proprietário, na sua "irresistibilidade", pode colocar em discussão, em determinadas circunstâncias, a "onipotência da lei", mas somente para sacrificá-la sobre o altar de uma "onipotência" superior e, aliás, suprema, ou seja, aquela das relações de propriedade existentes. Estas não apenas não podem ser violadas nem pelo faminto nem pelo poder político, como também não podem sequer indiretamente ser enfraquecidas mediante uma reforma que coloque em discussão a existência ou o eficaz funcionamento do baluarte político da propriedade, ou seja, da Câmara dos Lordes.

No lado oposto, Hegel está tão convencido da "irresistibilidade" do direito subjetivo do faminto que não hesita em afirmar, embora no âmbito de um discurso não conjugado ao presente, mas relativo à luta, em Roma, entre patrícios e plebeus, que, com respeito ao problema da busca dos "meios de subsistência", o "direito enquanto tal" é somente uma "abstração". Aliás, nesse contexto, a *Filosofia da história* fala até mesmo de "inútil questão de direito" (*Ph. G.*, 698). Compreende-se então que Hegel fale repetidamente, e procure fazer valer, com relação ao ordenamento jurídico e social existente, o "direito ao trabalho" e o "direito à vida" (*Rph.* I, § 118 A), isto é, direitos subjetivos, os "direitos materiais" (*B. Schr.*, 488) – como são definidos – ignorados pela tradição de pensamento liberal.

Falamos até agora, por conveniência, de tradição liberal sem especificações posteriores; mas é claro que, para a corrente envolvida na polêmica antijusnaturalista, dificilmente se pode falar de direitos subjetivos "irresistíveis". E, de fato, Bentham, após ter negado a existência de direitos naturais e inalienáveis, acrescenta – já o vimos – que "não há direito que não deva ser ab-rogado quando a sua ab-rogação for vantajosa para a sociedade". Irrestibilidade, sem dúvida!

6 Liberdade formal e substancial

Enfim, sempre segundo Bobbio, Hegel deve ser considerado "conservador", em vez de "liberal", na medida em que "preza ... mais o vértice da pirâmide (o monarca) que a base (o povo)".

Na realidade, como logo poderemos ver, longe de estar agarrado de maneira fetichista ao vértice da pirâmide do poder, Hegel celebra todas as revoluções que marcaram o nascimento e o desenvolvimento do mundo moderno. Mas, ao mesmo tempo, está consciente do consenso de massa, "popular", que em determinadas circunstâncias pode ser alcançado por movimentos manifestamente reacionários. Daí a sua insistência em distinguir "liberdade formal" e "liberdade substancial".

A liberdade formal é o momento do consenso subjetivo, e nesse sentido não tem em Hegel nenhum significado negativo. Constitui, aliás, um momento essencial do mundo moderno, da liberdade moderna. "A *liberdade formal* é a elaboração e a realização das leis" (*Ph. G.*, 927). Na Inglaterra, "a liberdade formal, na discussão de todos os assuntos de Estado, tem lugar em sumo grau"; não é um juízo negativo, pois o que Hegel aprecia na Inglaterra é precisamente "o parlamento aberto ao público, o costume das reuniões públicas em todas as classes, a liberdade de imprensa". Mas essas eram apenas as condições favoráveis para realizar "os princípios franceses da liberdade e da igualdade" (*Ph. G.*, 934). A liberdade formal é a condição para a realização da liberdade "objetiva ou *real*". Nesse âmbito estão contidas a liberdade da propriedade e a liberdade da pessoa. Cessa com isso toda iliberdade do vínculo feudal, decaem todas as normas derivadas daquele direito, os dízimos, os cânones. "Da liberdade real fazem parte, além disso, a liberdade dos ofícios, isto é, o fato de que seja concedido ao homem usar das suas forças como quiser, e o livre acesso a todos os cargos estatais" (*Ph. G.*, 927). Portanto, liberdade formal e liberdade substancial não são de *per si* termos contraditórios: "A liberdade tem em si uma dupla determinação. Uma diz respeito ao conteúdo da liberdade, à sua objetividade, à coisa mesma. A outra diz respeito à forma da liberdade, na qual o sujeito se reconhece ativo: pois a exigência da liberdade é que o sujeito tenha aí conhecimento de si e cumpra a própria tarefa, sendo seu interesse que a coisa se realize" (*Ph. G.*, 926).

A liberdade formal deveria ser o veículo da liberdade real. Quando isso se verifica, temos o livre querer da liberdade, isto é, a adesão e o consenso consciente às instituições político-sociais que realizam a liberdade objetiva. Mas, numa determinada situação histórico-política concreta, a liberdade formal pode entrar em choque com aquela real. De fato, "os momentos da liberdade real ... não repousam no sentimento, porque o sentimento deixa também subsistir a servidão da gleba e a escravidão, mas no pensamento e na autoconsciência que o homem tem da própria essência espiritual" (*Ph. G.*, 927). A acidentalidade de sentimentos, costumes e tradições pode fazer com que à liberdade venha a faltar o consenso; a liberdade formal pode negar a real e agarrar-se a institutos que são a negação da liberdade. Um exemplo particularmente clamoroso, do ponto de vista de Hegel, é a Polônia: as contínuas discussões da Dieta são certamente um momento de liberdade formal que, porém, nesse caso específico, é utilizada para perpetuar o excesso de poder dos barões e a servidão da gleba, para perpetuar a iliberdade. Um análogo choque, embora menos áspero e de caráter mais limitado, verifica-se na Inglaterra. A liberdade formal está fora de discussão e, todavia, Idade Média e feudalismo foram invalidados somente em medida muito parcial: "no todo, a constituição inglesa permaneceu a mesma desde os tempos do domínio feudal e se funda quase exclusivamente sobre antigos privilégios". Na teoria, a tradição liberal que a Inglaterra tinha atrás de si deveria ter-lhe permitido realizar mais facilmente que outros países "a liberdade e a igualdade", a liberdade real. Mas, por uma série de razões históricas (orgulho nacionalista etc.), ocorreu o contrário; não por acaso, a Inglaterra dirigiu todas as coalizões antifrancesas (*Ph. G.*, 934). Não somente: a aristocracia que arrancou da Coroa a "liberdade formal" serviu-se desta para impedir incisivas reformas antifeudais, para obstar ou bloquear o processo de realização da "liberdade objetiva", isto é, do "direito racional" (*Enc.*, § 544 A).

Enfim, pode ocorrer que momentos essenciais da liberdade real sejam impostos do alto, com uma série de reformas que invalidam a tradição feudal e estabelecem liberdade da pessoa e liberdade da propriedade (que é liberada dos vínculos feudais); mas a esse desenvolvimento da liberdade real não corresponde, ou corresponde apenas parcialmente e com atraso, o desenvolvimento da liberdade formal. É essa a situação da Alemanha e em particular da Prússia, como vinha se configurando a partir das reformas da era Stein-Hardenberg. Com essas reformas, começa a penetrar a liberdade objetiva (delas data, segundo Engels, o início da revolução burguesa na Prússia e na Alemanha),[57] mas não, simultaneamente, a liberdade formal: Frederico Guilherme III não mantém as suas promessas de renovação constitucional, mesmo se Hegel continua a esperar que a liberdade formal se coloque no mesmo plano daquela substancial, sempre com um processo de reforma do alto, embora estimulado também de baixo por uma restrita opinião pública de intelectuais e funcionários "iluminados", e iluminados graças também à difusão da "filosofia".

É interessante notar que a distinção entre liberdade formal e substancial está presente, de algum modo, na própria tradição liberal, mas com significado diferente e contraposto com respeito àquele há pouco visto. Vejamos Montesquieu: "Em um Estado, existem sempre pessoas ilustres por nascimento, riquezas e honras. Se fossem confundidas com o povo e não tivessem senão uma voz como os demais, a liberdade comum seria então a escravidão delas e elas não teriam interesse algum em defendê-la, visto que a maioria das resoluções seriam contra elas".[58] Tais considerações são desenvolvidas por Montesquieu no capítulo dedicado à constituição da Inglaterra, para sublinhar positivamente o papel exercido nesse país pela aristocracia. É precisamente pelo peso do privilégio feudal que Hegel considera formal a liberdade inglesa que ignora a universalidade dos princípios e, portanto, em última análise, a igualdade; para Tocqueville, ao contrário, é o nivelamento igualitário que corre o risco de esvaziar a liberdade. Liberdade formal e liberdade substancial são a cada vez definidas de modo radicalmente antitético, e todavia é indubitável que essa distinção está presente em ambas as tradições de pensamento aqui postas em confronto.

7 Categorias interpretativas e pressupostos ideológicos

Agora, independentemente de Hegel, pode ser útil retomar as categorias usadas por alguns dos protagonistas do debate político daqueles anos. Isso sempre com o objetivo de verificar a validade histórica do dilema formulado explicitamente por Bobbio, mas tacitamente apropriado também por intérpretes aparentemente muito distantes dele. Liberal ou conservador? Chateaubriand, cujo "liberalismo" Ilting confronta com o de Hegel, se define "conservador", como resulta do fato de que, nos anos da Restauração, dirige um órgão de imprensa de título explícito: *Le Conservateur*.[59] Desse ponto de vista, resta verificar se a indubitável distância dos *Princípios* em relação ao diretor do jornal em questão significa distância do liberalismo ou do conservadorismo.

Ao contrário do liberal, o conservador "preza mais o Estado que o indivíduo, mais a autoridade que a liberdade" etc.? Mas, para

Chateaubriand, a luta se trava entre "*parti royaliste*" e "*parti ministeriel*", e é esse último que, na prática, se identifica com o liberal, enquanto o primeiro, com Chateaubriand à frente, insiste nos limites da coroa e do executivo para conduzir o mais a fundo possível o processo de Restauração. Na Alemanha, Stahl escreve: "Hegel é excessivamente pelo domínio do alto, mais do que pelo livre desenvolvimento de baixo e a partir de dentro. A sua teoria não é nem *ultramonárquica* nem *ultraliberal*, mas sim *ultragovernamental*".[60] Como para Chateaubriand, também para Stahl o ser "ministerial" ou "ultragovernamental" não é absolutamente sinônimo de adesão ao absolutismo monárquico e tampouco às ideias da reação feudal. Nesse meio tempo, a situação política evoluiu: o partido liberal, na sua luta contra os *ultra* nostálgicos do *ancien régime*, não tem mais necessidade de apoiar-se na coroa e no aparelho governamental e burocrático (que, além disso, na Prússia, depois de 1840, ressentem-se fortemente da influência dos Junker) e, assim, na visão de Stahl, os partidos se tornaram três, mas permanece válido que "ministerial" ou "ultragovernamental" não é sinônimo nem de reacionário nem de conservador.

Até aqui, o debate girou sobre a questão mais propriamente política. Se, além disso, enfrentarmos a questão social, as coisas se tornam ainda mais complexas. Se, em Hegel, o termo liberal oscila entre significado positivo e significado negativo, em Saint-Simon tem uma acepção constantemente negativa. E, de fato, aos "liberais" são contrapostos os "industriais", as camadas propriamente produtivas.[61] E Saint-Simon, que contrapõe o princípio da "*organisation*" ao princípio do *laissez-faire, laissez-aller*, é comparado por Constant a De Maistre e Lamennais.[62] Por outro lado, como é sabido, Constant acusa repetidamente Rousseau de ter fornecido, com seu *Contrato social*, armas ao "despotismo".[63] Segundo o teórico liberal, a disposição das forças em luta opõe, portanto, de um lado, o liberalismo e, de outro, o absolutismo e o despotismo, nos quais acabam confluindo tanto a tradição rousseauniana-jacobina quanto o nascente movimento socialista. Esse esquema predomina, dir-se-ia definitivamente, após a revolução de 1848. Para Tocqueville, o jacobinismo (com a sua política econômica de intervenção na propriedade privada) e o "socialismo moderno" não são senão a retomada de motivos típicos do "despotismo monárquico", motivos, além disso, que já encontramos em larga parte na cultura iluminista, e não apenas nos utopistas, como Morelly, mas até nos "economistas", eles também prisioneiros do mito nefasto da "onipotência do Estado".[64] A partir desse momento, tudo o que não pode ser inserido na tradição "liberal" em sentido estrito é sinônimo de despotismo, segundo uma férrea linha de continuidade que vai de Louis XIV a Louis Blanc. Tal esquema triunfa sempre depois de 1848, mesmo na Alemanha, e está muito presente em Rudolf Haym, o autor do requisitório contra Hegel, acusado de ter formulado uma teoria "estatista" incompatível com as necessidades da liberdade moderna. Como se vê, deparamo-nos novamente com a mesma acusação e na mesma linha de demarcação entre liberdade e despotismo.

Ainda nos dias de hoje, Dahrendorf não apenas considera "iliberal" a crítica que o hegeliano Lassalle faz da teoria do Estado como simples guardião da propriedade privada, indiferente ao drama da miséria e à questão social, mas, a partir de Lassalle, vê todo o movimento operário alemão (e não apenas alemão) caracterizado por "traços fundamentalmente iliberais".[65]

E bem se compreende a inserção de Hegel ao lado de autores e movimentos tão diversos: Tocqueville vê a França, profundamente permeada pela cultura iluminista e que se encaminha para a revolução, nutrir uma profunda "paixão pela igualdade", mas não pela "liberdade"; pois bem, essa França almeja como ideal uma sociedade "sem outra aristocracia a não ser aquela dos funcionários públicos, uma administração única e onipotente, guia do Estado e tutora dos privados".[66] Como não pensar no *pathos* com que Hegel saúda a burocracia como "classe universal"? Outra característica da tradição de pensamento "despótica", sempre segundo Tocqueville (mas também para Haym e os liberais-nacionais alemães), é a pretensão de remediar, do alto, a miséria com a intervenção do Estado, por exemplo garantindo o "direito ao trabalho".[67] Mas essa é precisamente a postura tendencial de Hegel, que teoriza uma política estatal claramente intervencionista e que, como vimos, chega inclusive a proclamar o "direito à vida" (mediante o trabalho). Ora, é esse esquema (de Constant, Tocqueville, Haym) que correspondia às exigências imediatas de luta política, enquanto apresentava a burguesia liberal como única verdadeira intérprete da causa da liberdade e do progresso, ao passo que rechaçava, no campo do absolutismo e da reação, todas as outras forças políticas; é esse mesmo esquema propagandista que constitui, em última análise, o pressuposto do dilema (liberal ou conservador?) que continua dominando o debate sobre Hegel.

Desse modo, não é difícil reconhecer a gênese política e ideológica da alternativa formulada por Bobbio: em favor do "vértice da pirâmide (o monarca)" ou da "base (o povo)"? Mas é precisamente uma personalidade como Stahl (cujas orientações políticas já vimos) que formula a alternativa nos termos em que Bobbio a formula. De fato, após ter criticado Hegel como "ultragovernamental", o ideólogo da conservação (e, sob certos aspectos, até mesmo da reação) político-social, denuncia o grave erro do filósofo nestes termos: "Tudo deve ser realizado mediante o ordenado poder objetivo, isto é, através do governo, e o povo aceita isso com consciência e portanto livremente, mas não pode acontecer o contrário, a saber, que a obra se cumpra a partir dos mais íntimos impulsos (da subjetividade) dos indivíduos, das associações, do povo, das corporações, e o governo se limite a dirigir, sancionar ou moderar, e as corporações freiem ou corrijam o governo".[68] Stahl fala de "povo", mas, na realidade, entende as "corporações", ou seja, os "*lobbies*" aristocráticos e burgueses. Hegel, ao contrário, está plenamente consciente de que o apelo ao "povo" pode, de acordo com as circunstâncias, assumir conteúdos diversos e contrastantes: "vontade do povo é uma bela palavra" mas pode, porém, ser "usada com leviandade e mesmo "profanada" (*W*, IV, 528).

No fundo, é por sua concretude histórica, por sua atenção aos conteúdos político-sociais, que Hegel é criticado por Bobbio. Mas, de tal concretude, nos anos da Restauração, davam prova, se não na visão geral da história, de qualquer modo nas imediatas tomadas de posição política, também os expoentes da burguesia liberal, que, como vimos, na maioria das vezes, não subscrevem a limitação do poder da coroa reivindicada pelos *ultras* da reação. Ao menos naquele momento, a burguesia liberal se mostrava plenamente consciente da divisão do "povo" em classes e, portanto, não hesitava em rechaçar as palavras de ordem "liberais" lançadas momentânea e instrumentalmente pela aristocracia feudal. É somente depois da derrota dessa última que a burguesia liberal formula a alternativa nos termos em que Bobbio a formula, procurando absorver no "povo" a classe politicamente derrotada e contrastando as reivindicações sociais do proletariado mediante a redução da luta política do tempo à luta entre liberdade e absolutismo, entre iniciativa de baixo e iniciativa do alto (a temida intervenção do poder político sobre a propriedade), entre indivíduo e Estado.

Por que então não substituir a dupla de conceitos conservador/liberal pela de direita/esquerda? Ao *"centre gauche"*, no qual coloca Royer-Collard, Chateaubriand contrapõe o *"côté droit indépendant"*.[69] Portanto, ele parece fazer tendencialmente coincidir o *"parti ministeriel"* com a esquerda, e o *"parti royaliste"* com a direita. Com base nesses critérios, Hegel deveria ser colocado à esquerda ou na centro-esquerda, dada a sua clara adesão ao *"parti ministeriel"* (e, por outro lado, como já vimos, Cousin aproxima Hegel de Royer-Collard). Mas aqui não se trata de substituir um esquema por outro, e sim de relativizar ambos, tomando consciência dos pressupostos ideológicos que eles comportam, e concentrar a atenção nos concretos conteúdos políticos e sociais das imediatas tomadas de posição e da mais geral visão filosófica de Hegel.

Notas

1 N. Bobbio, *Studi hegeliani*, op. cit., p.189-90.
2 Voltaire, *Il cancelliere Maupeou e i Parlamenti, 1771*, in *Scritti politici*, organizado por R. Fubini, Torino, 1978, p.945-6.
3 *Lo spirito delle leggi*, II, 4.
4 A. De Tocqueville, *L'antico regime e la rivoluzione*, trad. Ital. Organizada por G. Candeloro, Milano, 1981, p.201-3.
5 S. Rotta, *Il pensiero francese da Bayle a Montesquieu*, in *Storia delle idee politiche, economiche e sociali*, op. cit., v.IV, 2, p.202.
6 *Mélanges...*, op. cit., v.II, p.8-9.

7 *Üeber die National-Erziehung in Frankreich*, in F. Gentz, *Ausgewählte Schriften*, organizado por W. Weick, Stuttgart/Leipzig, 1837-1838, v.II, p.182n. e p.185-6.
8 *Gesammelte Schriften*, op. cit., v.VI, p.281-2 (*Metafisica dei costumi. Dottrina del diritto*, § 29).
9 *Saggio sulla libertà*, trad. ital., Milano, 1981, p.140 e 144.
10 *Secondo Trattato*, op. cit., § 85. "Um homem livre se faz servo": assim Locke configura a relação de trabalho do criado ou operário assalariado. Bem mais moderna e mais "liberal" é a configuração da relação de trabalho em Hegel: remetemos à nota introdutória ao cap. III da antologia organizada por nós: G. W. F. Hegel, *Le filosofie del diritto (diritto, proprietà, questione sociale)*, op. cit.
11 C. B. Macpherson, *Libertà e proprietà alle origini del pensiero borghese*, trad. ital., Milano, 1982, p.255.
12 Veja-se o relatório escrito por Locke, em 1697, na qualidade de membro da Commission on Trade e citado in H. R. F. Bourne, *The life of John Locke*, 1876 (reedição fac-similar, Aalen, 1969), v.II, p.377ss.
13 Assim se exprime o liberal *Staatslexikon*, em *Vormärz*, dirigido por C. von Rotteck e C. Welcker: remetemos ao nosso ensaio, *Tra Hegel e Bismarck*, Roma, 1983, p.144-8.
14 R. Nozick, *Anarchia, Stato e utopia. I fondamenti filosofici dello "Stato minimo"*, 1974, trad. ital., Firenze, 1981.
15 N. Bobbio, *Il futuro della democrazia*, Torino, 1984, p.122.
16 *Legge, legislazione e libertà*, trad. ital., Milano, 1986, p.286 e 306.
17 Ibidem, p.509, n.4.
18 F. W. J. Schelling, *Philosophie der Mythologie*, in *Sämmtliche Werke*, Stuttgart/Augsburg, 1856-1861, v.XI, p.541ss.
19 A Revolução de Fevereiro é o resultado da "fraqueza de Luís Filipe": "deixando cair Guizot, ele declarou o jogo vencido e os soldados perderam a confiança!" (assim Schelling, segundo o testemunho de Melchior Meyr: cf. *Schelling im Spiegel seiner Zeitgenossen. Ergänzungsband*, organizado por X. Tilliette, Torino, 1981, p.451). Uma carta do Natal de 1848 chama a triarquia (Áustria, Prússia e Baviera) a estabelecer finalmente a "indispensável ditadura" (cf. König Maximilian II. Von Bayern e Schelling, *Briefwechsel*, organizado por L. Trost e F. Leist, Stuttgart, 1890, p.169; para o apoio ao golpe de Estado de Luís Bonaparte, cf. ibidem, p.209 e 242).
20 Ver em particular *Über die Universitätsphilosophie*, in *Parerga und Paralipomena*.
21 Carta a J. Frauenstädt, de 2.3.1849, in *Der Briefwechsel Arthur Schopenhauer*, organizado por C. Gebhardt, München, 1929, v.I, p.638.
22 F. Nietzsche, *Umano troppo umano*, v.I, p.638.
23 Carta a C. von Gersdorff, de 21.6.1871, in *F. Nietzsche, Briefwechsel. Kritische Gesamtausgabe*, organizado por G. Colli e M. Montinari, v.II, l, Berlin/New

York, 1977, p.203-4; o mote "Ecr[asez] l'Int[ernationale]" está contido na carta de elogio e encorajamento enviada a Nietzsche por Hans von Bülow, em 29.8.1873 (F. Nietzsche, *Briefwechsel*, op. cit., v.II, 4, p.288).

24 Para a polêmica antiestatalista e as palavras de ordem "liberais" dos teóricos da Restauração na Alemanha, cf. *Hegel und das deutsche Erbe*, op. cit., II, 8-9; para a citação de Lamennais, cf. G. Verucci, *La Restaurazione*, in AA.VV., *Storia delle idee politiche, economiche e sociali*, op. cit., v.IV, 2, p.920.

25 H. J. Laski, *Le origini del liberalismo europeo*, trad. ital., Firenze, 1962, p.114; R. H. Tawney, *La religione e la genesi del capitalismo*, trad. ital., in *Opere*, organizado por F. Ferrarotti, Torino, 1975, p.433.

26 *Riflessioni sulla Rivoluzione francese*, op. cit., p.223.

27 Citado por C. Antoni, *La lotta contra la ragione*, Firenze, 1973, p.117.

28 Para Rousseau, ver o verbete *Economia politica*, em *Enciclopédie* de Diderot e D'Alembert, que citamos da antologia organizada por A. Pons, trad. ital., Milano, 1966, p.275; para Montesquieu, *Lo spirito delle leggi*, XIII, 4-7.

29 L. Colletti, *L'equivoco di Lukács*, in *Mondo Operaio*, janeiro de 1986, p.99-103.

30 *Principi di politica*, op. cit., p.99-100.

31 Ibidem.

32 Trata-se de uma dialética que, embora de forma diferente, retorna novamente também nos desenvolvimentos ulteriores da história do liberalismo: em Stuart Mill, os trabalhadores adquiriram certamente os mesmos direitos políticos dos outros cidadãos, e, todavia, no que concerne às "sociedades atrasadas ... a própria raça pode ser considerada menor de idade": *Saggio sulla libertà*, op. cit., p.33. A imagem da família abandonada no plano da metrópole retorna na relação entre metrópole e colônias. Mais do que ao desaparecimento, assistimos aqui ao deslocamento do "organicismo" liberal.

33 *Indagine sulla natura e le cause della ricchezza delle nazioni*, IV, 2.

34 F. A. von Hayek, *Legge, legislazione e libertà*, op. cit., p.345-55.

35 P. J. Proudhon, *La giustizia nella rivoluzione e nella chiesa*, trad. ital., Torino, 1968, p.408.

36 *Saggio sulla libertà*, op. cit., p.147 e 145.

37 A. de Tocqueville, *Mémoire sur le paupérisme*, in *Mémoires de la Sociéte Royale Accadémique de Cherbourg*, Cherbourg, 1833, p.343.

38 É a observação que também Henrich parece dirigir a Hegel: Rph. III, 24; sobre o assunto, ver as pertinentes observações de P. Becchi, *Contributi...*, op. cit., p.186-9.

39 São "teólogos abomináveis" os que teorizam o direito de rebelião contra soberanos considerados hereges, ao passo que Voltaire exige que tais teólogos sejam condenados como "réus de lesa-majestade": *Trattato sulla tolleranza*, XI.

40 Remetemos ao nosso *Autocensura e compromesso...*, op. cit., p.34-122.

41 Citado por G. Lukács, *Schicksalwende. Beiträge zu einer neuen deutschen Ideologie*, Berlin, 1948, p.57.

42 *Analisi della costituzione delle Cortès di Spagna, opera del Signor Carlo Luigi di Haller*, Modena, 1821 (é a tradução da edição francesa organizada pelo próprio autor), p.137-8. Também em Kant, o direito de resistência, inicialmente invocado para justificar a revolução, torna-se muito logo uma arma da reação (cf. *Autocensura e compromesso...*, op. cit., p.34-122).
43 J. Bentham, op. cit., p.125.
44 *Secondo Trattato*, § 235, 241 e 21.
45 *Principi di politica*, op. cit., p.60-l.
46 F. C. Dahlmann, *Die Politik*, Göttingen, 1835, reedição organizada por M. Riechel, Frankfurt-am-Main, 1968, p.177.
47 F. C. Dahlmann, *Zur Verständigung*, 1838, in *Kleine Schriften und Reden*, p.258.
48 F. C. Dahlmann, *Die Politik*, op. cit., p.177-8.
49 *Préface a Mélanges...*, op. cit., v.I, p.VI.
50 *Ricordi*, op. cit., p.448; análogo, apesar das dúvidas angustiantes acerca da oportunidade da intervenção francesa, é o comportamento assumido, na qualidade de ministro do Exterior, em relação aos revolucionários da República Romana: as tropas francesas são chamadas a "atacar com o terror o partido demagógico" (Carta a F. de Corcelle, de 18.7.1849), in *Œuvres complètes*, op. cit., v.XV, 1, p.323).
51 *Secondo Trattato*, op. cit., § 25.
52 C. von Rotteck, *Lehrbuch des Vernunftrechts und der Staatswissenschaften*, Stuttgart, 1840 (reedição fac-similar, Aalen, 1964), v.I, § 37.
53 *Secondo Trattato*, op. cit., § 222.
54 Ibidem, § 226.
55 Ibidem, § 228 e 231.
56 Ibidem, § 243.
57 *MEW*, v.VII, p.539.
58 *Lo spirito delle leggi*, XI, 6.
59 *Mémoires d'outre-tombe*, op. cit., v.II, p.459ss. Foi notado, aliás, que Chateaubriand (com a sua revista que divulga as "ideias da Restauração político-eclesiástica") é o primeiro a conferir ao termo "conservador" seu peculiar significado moderno: K. Mannheim, *Das konservative Denken*, in *Wissenssoziologie, Auswahl aus dem Werk*, organizado por K. H. Wolff, Berlin/Neuwied, 1964, p.417-8.
60 *Die Philosophie des Rechts*, 5.ed., Tübingen, 1878 (reedição fac-similar, Hildesheim, 1963), v.I, p.475.
61 C. H. de Saint-Simon, *Œuvres*, Paris, 1875, v.VIII, p.178ss.
62 *Mélanges...*, op. cit., v.I, p.107-8.
63 *La libertà degli antichi...*, op. cit., p.46.
64 *L'Antico regime e la rivoluzione*, op. cit., trad. ital., Milano, 1981, p.226-9 e 200.

65 R. Dahrendorf, *Sociologia della Germania contemporanea*, trad. ital., Milano, 1968, p.226-7.
66 *L'Antico regime...*, op. cit., p.201-3.
67 Ibidem, p.200.
68 *Die Philosophie des Rechts*, op. cit., v.I, p.475.
69 *Mémoires...*, op. cit., v.II, p.512-3.

CAPÍTULO 5

HEGEL E A TRADIÇÃO LIBERAL: DUAS LEITURAS CONTRAPOSTAS DA HISTÓRIA

1 Hegel e as revoluções

Neste ponto, em vez de continuarmos a nos perguntar se Hegel é liberal ou conservador, é preferível estabelecer um confronto direto com a tradição liberal no que diz respeito, por enquanto, à leitura da história e do processo que levou à formação do mundo moderno. Veremos que, mesmo nos pontos de mais radical afastamento daquela tradição, é bem difícil aproximar as posições de Hegel das dos ambientes conservadores e reacionários.

Entretanto, é claro o antagonismo com relação à cultura da Restauração. Podemos tomar como ponto de partida o juízo sobre a Revolução Francesa. Não nos referimos tanto à celebérrima página que a *Filosofia da história* dedica à "esplêndida aurora" e à "nobre comoção" por ela provocada (*Ph. G.*, 926). Referimo-nos sobretudo ao apontamento berlinense no qual se escarnece do lugar-comum caro à ideologia da Restauração que pretendia tachar esse grande acontecimento histórico nada menos do que como punição infligida por Deus à humanidade para a expiação dos seus pecados. Mas então – comenta ironicamente Hegel – os "pecados" datavam de antes da eclosão da Revolução, e parecem nos remeter ao bom tempo antigo do absolutismo e do feudalismo; em conclusão, trata-se de "frases presunçosas, dificilmente perdoáveis em um frade capuchinho que quer enfeitar com elas a própria ignorância", frases que ignoram completamente os "princípios peculiares que caracterizam a essência da revolução e lhe conferem o poder quase incalculável que tem sobre os espíritos" (*B. Schr.*, 697-8). Em defesa da Revolução Francesa, Hegel é capaz de alternar tons líricos com um sarcasmo que se diria voltairiano, voltado sobretudo contra a pieguice reacionária.

Mas, procedendo em sentido inverso no tempo, pode ser interessante examinar a postura assumida por Hegel em relação às outras revoluções. Comecemos pela Revolução Americana: "Era modestíssima a taxa que o parlamento inglês impusera sobre o chá importado na América, mas a Revolução Americana foi desencadeada pelo sentimento, por parte daqueles habitantes, de que, com aquela soma, em si totalmente insignificante, que a taxa lhes teria custado, teria se perdido também o mais importante dos direitos" (*W*, I, 258). É uma significativa tomada de posição juvenil, que retorna, porém, em termos quase idênticos também no curso de filosofia do direito de 1824-1825 (*V. Rph.*, IV, 616). Uma linha de continuidade é estabelecida entre a Revolução Americana e a Francesa: "Na guerra americana triunfara a ideia da liberdade. O princípio da universalidade dos princípios se reforçara no povo francês e produzira aí a revolução" (*Ph. G.*, 919-20). Não apenas é reconhecido o direito à revolução e à independência dos colonos americanos, mas louva-se calorosamente a luta deles, a luta de um povo que não possui um aparato militar experiente mas é sustentado pelo entusiasmo, contra um exército regular: "As milícias do livre Estado norte-americano se mostraram, na guerra de liberação, tão valorosas quanto os Holandeses sob Filipe II" (*Ph. G.*, 198).

A Inglaterra, implicitamente condenada em relação ao conflito que a opõe à Revolução Americana, é, ao contrário, saudada, quando ela mesma é a protagonista de uma revolução: "Na Inglaterra, as guerras de religião foram ao mesmo tempo lutas constitucionais. Para realizar a liberdade religiosa, era necessário também uma mudança política. A luta foi dirigida contra os reis, visto que eles propendiam em segredo para a religião católica, encontrando aí o princípio do arbítrio absoluto". A Revolução Inglesa dirige-se, portanto, "contra a asserção da absoluta plenitude do poder, segundo o qual os reis eram obrigados a prestar contas somente a Deus (isto é, ao seu confessor)". Também no decorrer dessa revolução verifica-se um processo de radicalização e "fanatização", mas, depois, Cromwell demonstra que bem "sabia o que era governar" (*Ph. G.*, 896-7). Os valores que presidem à *Glorious Revolution* devem ser considerados, afinal, patrimônio da humanidade, como se depreende deste trecho da *História da filosofia*: "Aquilo que Locke fez em outros campos – educação, tolerância, direito natural ou direito público – em geral não nos interessa neste lugar. Faz parte, ao contrário, da cultura geral" (*W, XX,* 221).

Sempre procedendo às avessas na história das revoluções, encontramos a sublevação holandesa contra Filipe II, mas a esse propósito já vimos a comparação com a Revolução Americana. Hegel celebra a Holanda tanto como o país que "pela primeira vez, na Europa, dava o exemplo de tolerância geral, e assegurava a muitos indivíduos um refúgio onde pensar livremente"(*W, XX,* 159), quanto como o país onde a "sublevação representava a quebra do jugo religioso mas ao mesmo tempo também a libertação política da opressão do domínio estrangeiro", isto é, o país cuja luta visava simultaneamente à liberdade de consciência, à liberdade política e à independência nacional: "A Holanda combateu heroicamente os seus opressores. As classes trabalhadoras, as corporações, as sociedades de tiro organizaram milícias e venceram com seu heroico valor a infantaria espanhola, então célebre. Assim como os camponeses enfrentaram os cavaleiros, as cidades resistiram às tropas regulares" (*Ph. G.*, 896). Uma revolução remete a outra. Como antes para a Revolução Americana, agora a Revolução Holandesa é comparada à luta dos cantões suíços para se libertarem do domínio dos Habsburgo. "Os camponeses, armados com maças e foices, foram vitoriosos na luta contra as pretensões da nobreza, armada de couraça, lança e espada e treinada cavaleirosamente nos torneios" (*Ph. G.*, 863).

Não somente a Reforma é analisada e celebrada como revolução, mas também da guerra dos camponeses se faz um julgamento equilibrado: "Os camponeses se sublevaram em massa, para se libertarem da opressão que pesava sobre eles. Mas o mundo não estava ainda maduro para uma transformação política, como consequência da Reforma da Igreja" (*Ph. G.*, 884). Para não falar que é o próprio advento do cristianismo a ser interpretado como revolução, aliás uma "revolução plena", e que não se desenvolve – observe-se – *in interiore homine*, mas que destrói "todo o edifício" da "vida estatal" e da "realidade social" do tempo, cujas condições eram, afinal, decididamente intoleráveis. E a revolução cristã é, além disso, comparada à Revolução Francesa – a cruz é a "insígnia" (*Kokarde*) que acompanha a luta pela derrubada de um ordenamento decrépito e intolerável –,[1] a definitiva justificação e consagração de um acontecimento que os ideólogos da Restauração pretendiam condenar e fazer parecer demoníaco em nome da religião e do cristianismo.

No que diz respeito à Antiguidade clássica, Hegel celebra a revolução dos escravos: nos "Estados livres" da Antiguidade havia a escravidão; "entre os romanos, eclodiram guerras sangrentas, durante as quais os escravos procuraram tornar-se livres e alcançar o reconhecimento dos seus eternos direitos de homens" (*Enc.*, § 433 Z). Também para a outra grande luta que se desenvolve no mundo romano, aquela entre patrícios e plebeus, Hegel não está certamente do lado do poder constituído e da ordem social existente: os Graco tinham "por si a superior justificativa do espírito do mundo" (*Ph. G.*, 708). E também no que diz respeito aos primeiros séculos da república, Hegel justifica ou celebra as revoltas dos plebeus: "A dureza dos patrícios, credores deles, aos quais eles deviam pagar suas dívidas com o trabalho na condição de escravos, obrigou os plebeus a se sublevarem. Muitas vezes rebelaram-se e saíram da cidade. Vez ou outra, recusaram-se a cumprir o serviço militar". Bem longe de teorizar a sacralidade da ordem constituída enquanto tal, Hegel se admira com o fato de que "o senado tenha podido resistir tão longamente a uma maioria encolerizada pela opressão e afligida pela guerra" e vê a razão desse fato no respeito que, apesar de tudo, os plebeus tinham "pela ordem legal e *sagrada*". Era um respeito estimulado pelo interesse da classe dominante, e que Hegel não apenas não compartilha, mas do qual mostra a função ideológica e mistificadora. Cada conquista dos plebeus, obtida por meio da luta e das sublevações já vistas, era representada e tachada pelos patrícios "como uma impiedade, como uma violação do divino. Mas de onde tinham os patrícios adquirido o direito de expulsar os reis e de arrogar-se aqueles direitos que agora consideravam coisas sagradas?" (*Ph. G.*, 697). Os patrícios, que se comportavam como sacros guardiães da ordem estabelecida, não tinham hesitado em violá-la para impor os seus interesses. E, por outro lado, os plebeus, reduzidos à escravidão por causa das suas dívidas, eram titulares, como todos os escravos, dos "eternos direitos do homem" à liberdade.

Portanto, não existe revolução na história da humanidade que não tenha sido apoiada e celebrada por esse filósofo que também tem fama de ser um incurável homem da ordem. Sim – poder-se-ia objetar – mas qual é a postura de Hegel em relação às revoluções das quais ele mesmo, nos anos da maturidade, foi espectador? O pensamento corre naturalmente para a revolução de julho, mas é bom preliminarmente falar um pouco sobre uma revolução – aliás, sobre um ciclo de revoluções – que até agora não atraiu particular atenção dos intérpretes. Estamos falando da primeira onda revolucionária que se verifica depois da Restauração e que põe à prova o sistema político da Santa Aliança, após ter alcançado a Europa partindo da América Latina, sacudida pela luta das colônias espanholas pela independência. As *Lições sobre a filosofia da história* registram favoravelmente os "recentes esforços para a constituição de Estados autônomos" que se verificam na América Latina, e uma posterior tomada indireta de posição a favor do direito das colônias à revolução surge da crua descrição que é feita da dominação colonial: os espanhóis apoderaram-se da América Latina "para dominar e enriquecer, seja mediante cargos políticos, seja com os frutos da opressão. Dependendo de uma metrópole longínqua, o arbítrio dos espanhóis encontrou um campo de ação muito extenso, e com a força, o amor-próprio, eles se impuseram com vantagem sobre os índios. O que existe de nobre e de magnânimo no caráter espanhol não se transferiu para a América" (*Ph. G.*, 201 e 205).

Na onda da sublevação das colônias, a revolução eclode também na Espanha. Hegel transcreve trechos de um autor francês explicitamente empenhado na defesa da revolução espanhola (*B.*

Schr., 698-9), e uma tomada de posição a favor dessa última surge indiretamente também da dura polêmica da *Filosofia do direito* contra a Inquisição, recém-extinta pelo novo governo revolucionário e defendida, ao contrário, por autores como De Maistre e Haller, além dos bandos reacionários [*sanfediste*] espanhóis.[2]

Enfim, a revolução de julho de 1830. Mas também nesse caso, após as primeiras reservas relativas sobretudo à sublevação belga (que se configurava, aparentemente, como uma espécie de reação vendeiana e que, portanto, provocava uma atitude de repulsa bem mais radical em personalidades empenhadas em sentido democrático, como Heine), após as primeiras preocupações amplamente difundidas e absolutamente fundamentadas quanto ao perigo de complicações internacionais e de uma nova guerra contra a França (que teria dado novamente fôlego à corrente gaulófoba, irredutivelmente hostil à tradição política iluminista e revolucionária do Além--Reno),[3] e uma vez estabilizada a situação interna e internacional da França, Hegel aceita com convicção os resultados de uma revolução que havia posto fim à "farsa" da Restauração (*Ph. G.*, 932) e que, ao expulsar pela segunda vez os Bourbon, demonstrava corresponder a uma indispensável exigência e necessidade histórica (*Ph. G.*, 712). O juízo é inequivocadamente positivo. A revolução de julho, consagrando "o princípio da liberdade mundana", fazia da França um país substancialmente protestante, isto é, politicamente moderno (*W*, XVII, 243), e no final confirmava a queda irremediável da monarquia absoluta e de direito divino: "Em nossos dias ... não se considera mais válido aquilo que repousa somente na autoridade. As leis devem ser legitimadas mediante o conceito" (*V. Rph.*, IV, 923-4).

2 Revolução de baixo e revolução do alto

Mas além das revoluções de baixo, existem também as do alto: "As revoluções procedem ou do príncipe ou do povo. Assim, o cardeal Richelieu oprimiu os grandes e alçou o universal sobre eles. Isso era despotismo, mas a opressão dos privilégios dos vassalos era justa" (*Rph*. I, § 146 A). Essa declaração é feita no curso de filosofia do direito de Heidelberg, e portanto Hegel, antes ainda da sua chegada a Berlim, é um "filósofo monarquista", no sentido de que, segundo a análise por ele realizada, na contradição entre príncipe, de um lado, e "povo" e corpos representativos, de outro, o progresso também pode ser representado pelo príncipe. Esse é um ponto firme da sua filosofia da história. É em tal quadro que deve ser inserida a condenação que os *Princípios de filosofia do direito* (§ 281 A) fazem da monarquia eletiva, uma condenação que já no tempo de Hegel suscitava iradas reações e que ainda hoje provoca perplexidade e talvez embaraço em intérpretes empenhados em oferecer uma imagem liberal do filósofo.[4] Mas aquela condenação tem uma rigorosa justificativa filosófica, histórica e política. A referência é, em primeiro lugar, à Polônia, a respeito da qual as *Lições sobre a filosofia da história* contêm uma análise esclarecedora: "A liberdade polaca não era outra coisa senão a liberdade dos barões contra o monarca, liberdade pela qual a nação estava submetida à mais absoluta servidão. O povo tinha, por conseguinte, o mesmo interesse dos reis em combater os barões e, de fato, foi com o rebaixamento dos barões que o povo adquiriu em todo lugar a liberdade. Quando se fala de liberdade, deve-se sempre atentamente observar se não são interesses privados aqueles dos quais se trata" (*Ph. G.*, 902). A Polônia era uma monarquia eletiva, e precisamente esse fato enfraquecia o poder da coroa em relação à obstinada feudalidade. A tomada de posição de Hegel podia e talvez possa ainda escandalizar os ambientes liberais, mas encontra o consenso de Lenin, que nela divisa "germes de materialismo histórico", pela devida atenção reservada às "relações de classe".[5]

De "despotismo" Hegel fala a propósito de Richelieu, mas a supressão dos privilégios feudais – como vimos – "era justa". Sim, "despotismo" e "despótico" podem também assumir uma conotação fundamentalmente positiva: é precisamente a partir do "iluminismo jusnaturalista" que se começou a colocar em discussão e a suprimir os privilégios da tradição feudal e a fazer valer o universal. "Partindo desses princípios, de um lado, foram violados despoticamente [*despotisch*] os direitos privados, mas, de outro, foram realizados, contra o positivo, alguns universais fins de Estado" (*Ph. G.*,

918). Um verdadeiro escândalo esse uso linguístico, para a tradição de pensamento liberal, tanto mais que é, ao contrário, o próprio termo "liberal" que surge às vezes com uma conotação negativa. Um uso linguístico análogo podemos encontrar no jovem Marx: vimos a tomada de distância do "costumeiro *liberalismo*", que enxerga "todo o bem do lado dos corpos representativos [*Stände*] e todo o mal do lado do governo"; por outro lado, o *Manifesto do Partido Comunista* exige "intervenções *despóticas* [*despotisch*] no direito de propriedade e nas relações burguesas de produção".[6]

A linha de continuidade que, no que diz respeito a um certo uso linguístico, traçamos entre os dois autores em questão pode ser facilmente compreendida se se leva em consideração a atenção, comum a ambos, para com os concretos conteúdos político-sociais diversos que a cada vez podem assumir os termos "liberal" e "despótico". Nos anos da Restauração, um dos seus ideólogos, ou seja, Baader, denunciava como "iliberal" a pretensão do Estado de suprimir unilateralmente os tradicionais privilégios e isenções fiscais da nobreza.[7] Nesse sentido, Hegel era deliberadamente "iliberal", assim como o era, por outro lado, o jovem Marx, e "iliberal" é, evidentemente, sinônimo de "despótico", só que o "despotismo" a que Hegel faz referência tinha como alvo os "direitos privados" e os privilégios da tradição feudal, ao passo que o "despotismo" reivindicado pelo *Manifesto do Partido Comunista*, além e mais ainda do que a propriedade feudal, tinha em mira a propriedade e o direito de propriedade burgueses.

A conotação positiva que às vezes assume o termo "despótico" explica-se pelo fato de que, juntamente com as revoluções de baixo, Hegel celebra também as revoluções do alto. Examinou-se o juízo sobre Richelieu. Análogo é o juízo sobre aquela "enorme revolução" da qual participa Frederico II e que levou ao "desaparecimento da determinação da propriedade privada e da posse privada em relação ao Estado" (*V. Rph.*, IV, 253). A linha divisória entre revolução e contrarrevolução, ou entre progresso e reação, e mesmo entre liberdade e opressão, não coincide, de modo algum, com a separação entre iniciativa de baixo e iniciativa do alto: absolutismo iluminado e Revolução Francesa são duas etapas de um único processo revolucionário que levou à destruição do feudalismo e ao nascimento do Estado moderno, duas etapas, portanto, do processo da liberdade. Nessa avaliação, Hegel certamente se afasta da tradição de pensamento liberal, mas mais ainda dos teóricos da Restauração. O papel de destruidor da feudalidade desempenhado historicamente pelo "despotismo" é identificado com clareza por Haller, no âmbito de um libelo atentamente examinado e asperamente contestado por Hegel (*B. Schr.*, 680). Sim, para o ideólogo da contrarrevolução, que gostaria nostalgicamente de proceder às avessas não somente com relação à Revolução Francesa, mas com relação ao mundo moderno na sua totalidade, às avessas, portanto, também do absolutismo iluminado, para o teórico do Estado patrimonial, o caráter público da administração da justiça, que rompe ou limita o arbítrio da aristocracia feudal, também deve ser considerado "como violência inconveniente, como opressão da liberdade e como despotismo" (*Rph.* § 219 A). Se Hegel celebra a revolução tanto de baixo como do alto, os teóricos da Restauração condenam tanto uma quanto a outra: "A revolução – adverte Baader – pode proceder seja de cima para baixo, seja de baixo para cima".[8] E Görres, em um momento no qual, repudiado o seu juvenil entusiasmo jacobino, chegou também à Restauração, lança invectivas contra "essa eterna revolução do despotismo do alto e esse despotismo das ideias revolucionárias de baixo".[9]

Seria, por outro lado, errôneo acreditar que Hegel se limite a inverter o juízo de valor sobre o "despotismo". Esse último teve certamente o mérito de dar uma primeira violenta sacudida no edifício feudal, mas trata-se apenas do primeiro passo na marcha pela liberdade. É inútil enumerar todos os lugares nos quais se procede à condenação do despotismo, e não apenas do oriental, frequentemente assumido como sinônimo de iliberdade e de bárbaro domínio do arbítrio da individualidade acidental do monarca (*Ph. G.*, 759-60). Até mesmo o despotismo específico da monarquia absoluta, que acompanha os albores do mundo moderno, que não é mais absoluta ausência de regras jurídicas mas o primeiro fazer-se valer da legalidade em detrimento do arbítrio dos barões, mesmo tal despotismo está bem longe de desempenhar uma função apenas positiva. Ele pode no máximo realizar a "igualdade das pessoas privadas". Assim, no declínio do mundo antigo e romano, através do poder imperial, "um grande número de escravos foi libertado", mas tal igualdade não apenas não é o todo, mas é bem pouca coisa, pois a "igualdade" introduzida pelo "despotismo" é apenas "aquela abstrata ... a do direito privado" (*Ph. G.*, 692 e 716). É certamente de grande importância o fato de que tinham sido eliminadas primeiro a escravidão e depois, no mundo moderno, a servidão da gleba, mas falta ainda o momento do consenso e da liberdade subjetiva, da participação livre e consciente na coisa pública, e "aquele momento não se pode negligenciar", porque, sem "liberdade subjetiva", temos de lidar somente com a "relação de domínio do despotismo" (*V. Rph.*, IV, 254-5).

A marcha da liberdade não pode não proceder à aquisição dos resultados da Revolução Francesa e ao reconhecimento dos direitos do homem e do cidadão, portanto de uma inviolável liberdade individual, mas resta válido que também o despotismo antifeudal constitui uma etapa dessa marcha. Se esse juízo podia escandalizar os liberais, é, ao contrário, substancialmente aceito por Marx e Engels, que divisam na monarquia absoluta um poder que medeia entre burguesia e nobreza e que, portanto, já está em condições de limitar o poder excessivo dos barões, um momento, portanto, essencial da formação do Estado moderno.[10]

3 As revoluções vistas pela tradição liberal

Vimos que, para Hegel, a atividade de Richelieu se configura como uma revolução do alto enquanto suprime e reprime o excesso de poder dos barões feudais. Muito diversa é a avaliação de Montesquieu: "Esse homem [Richelieu], mesmo se não tivesse tido o despotismo no coração, o teria no cérebro".[11] É preciso notar que tanto Montesquieu como Hegel falam de "despotismo" no tocante a Richelieu, com a diferença de que o primeiro toma posição a favor da resistência liberal da aristocracia diante do absolutismo monárquico, e o segundo a favor do "despotismo" antifeudal do poder central. A tomada de posição de Montesquieu é, fundamentalmente, também a do seu admirador Constant, como vem à tona da condenação do esforço feito por Luís XIV "para destruir a autoridade dos parlamentos, do clero, de todos os órgãos intermediários",[12] para desmantelar os diversos centros de poder da aristocracia feudal. E a tomada de posição de Montesquieu e de Constant é também a de Madame de Staël, que vê Richelieu e a monarquia absoluta destruírem injustamente a liberdade da qual gozava a velha França.[13]

Mas Hegel se destaca da tradição de pensamento liberal não apenas pela sua celebração das revoluções do alto e do "despotismo" revolucionário, mas também pela celebração das revoluções de baixo. O juízo pode parecer paradoxal, mas os fatos falam claramente. Leia-se esta declaração de Montesquieu: "A igualdade de Londres é também a igualdade dos gêntis-homens [*gentiluomini*], e nisso difere da liberdade da Holanda, que é a liberdade da canalha". A revolução holandesa, celebrada por Hegel, cheirava a plebeu (como não pensar no papel desempenhado pelos *Gueux* e no grito de "Viva os mendigos!" que a havia acompanhado e promovido?); Montesquieu, por sua vez, celebra a Inglaterra pelo mesmo motivo pelo qual Hegel a coloca sob estado de acusação: o peso dos "gentis-homens" da aristocracia.

Nesse ponto, torna-se clara também a diversidade de postura em relação à tradição revolucionária inglesa. A admiração de Montesquieu e do pensamento liberal dirige-se apenas para a *Glorious Revolution*, vista e celebrada como fundamentalmente pacífica e indolor; Hegel, ao contrário, embora tomando, obviamente, distância dos niveladores [*Levellers*] e das correntes mais radicais, tem, todavia, palavras de reconhecimento, como vimos, para com Cromwell, que bem "sabia o que era governar" (*Ph. G.*, 897). Montesquieu fala, ao contrário, da execução do rei Stuart como o início de uma longa série de "desventuras"[14] que viram "a nobreza inglesa ... sepultada com Carlos I sob os escombros do trono".[15] Aliás, aos olhos do teórico liberal, o malogro da primeira revolução tem um exemplar valor pedagógico: "Foi um espetáculo muito belo, no século passado, ver os esforços imponentes dos ingleses para estabelecer entre eles a democracia ... Enfim, depois de muitas mudanças, choques e desordens, foi necessário reencontrar a tranquilidade no próprio governo que havia sido banido".[16]

Por sua vez, Locke critica o absolutismo à maneira de Filmer precisamente enquanto capaz de justificar a obediência também com relação a um Cromwell.[17] O quadro de tintas foscas que Hume traça da primeira revolução inglesa é retomado e parafraseado por De Maistre no último capítulo das suas *Considerações sobre a França*, para denunciar a reedição daqueles delitos que se verificaram no decorrer da Revolução Francesa. De um modo geral, é preciso notar como, "na historiografia inglesa, inclusive naquela Whig" do século XVII, a celebração da *Revolução Gloriosa* serve constantemente de contraponto ao duro juízo expresso sobre a primeira revolução.[18] Madame de Staël, que vê a primeira revolução inglesa "emporcalhada" pela execução de Carlos I, compara Cromwell a Robespierre, "invejoso e pérfido".[19] Enfim, Constant parece falar da "inumanidade" e do "delírio" como únicas características das "guerras civis" na Inglaterra, e além disso Cromwell é o "usurpador",[20] com um julgamento que não distingue de modo algum o teórico do liberalismo de um autor como Burke,[21] e que se apoia em uma espécie de legitimismo liberal que, ao contrário, está completamente ausente na filosofia hegeliana da história.

Também no que diz respeito à Revolução Francesa, Hegel é bem mais avançado ou, de qualquer modo, dá provas de uma ausência de preconceitos bem maior do que o publicismo da sua época, e não apenas da sua época: a experiência do terror jacobino é criticada politicamente, em termos bastante severos, mas jamais é demonizada e reduzida a uma simples orgia de sangue. Pense-se no quadro fosco que em 1793 é traçado por Madame de Staël ou Constant.[22] Ainda Tocqueville fala dos *montagnards* como de "célebres facínoras" a serem lembrados apenas por suas "loucuras sanguinárias".[23] Em Hegel, ao contrário, embora no âmbito de uma avaliação de conjunto crítica, não faltam reconhecimentos à obra de Robespierre, de quem o curso de filosofia do direito de Heildelberg ousa dizer até que "cumpriu *facta* universalmente admiráveis" (*Rph.* I, § 133 A). O líder jacobino não era a besta sanguinária da qual falava certamente o publicismo da Restauração, mas, muitas vezes, também os publicistas liberais. Decerto, a virtude [*virtù*] por Robespierre tomada "verdadeiramente a sério" (*Ph. G.*, 930) assumiu uma terrível configuração, tornou-se terror, e todavia "é algo de muito profundo que os homens tenham chegado a tais princípios" (*V. Rph.*, IV, 657). Mais clara ainda é, nesse ponto, a distância de Hegel com relação ao pensamento liberal alemão, pelo menos aquele do pós-1848. Haym, que pretende identificar no autor da *Filosofia do direito* o teórico da Restauração, não só denuncia, juntamente com o terror jacobino, o desdobramento dramático e atormentado da Revolução Francesa, não apenas fala rapidamente "do terror e dos horrores do terrível movimento", mas condena também as ideias de 1789 na sua totalidade: "Não eram as mais nobres e [nem] as mais justas concepções políticas aquelas que tinham vicejado no terreno da Revolução Francesa".[24] E não se trata de uma personalidade isolada, pois Haym dirige nesse momento os *Anais Prussianos*, o órgão do partido liberal ou nacional-liberal alemão.

Em Madame de Staël, não apenas o jacobinismo é objeto de condenação, mas a indébita passagem da revolução política à revolução social, do ideal de liberdade ao de igualdade, e tal passagem já se verifica nas jornadas de 5 e 6 de outubro de 1789, quando o povo parisiense, afligido pela carestia e exasperado pela recusa de Luís XVI de sancionar o decreto de abolição dos privilégios feudais, marcha rumo ao Palácio de Versalhes.[25] Aliás, poder-se-ia dizer que o momento mais alto do processo revolucionário na França é, em Staël, aquele que foi definido como a "revolução aristocrática" ou "nobiliárquica",[26] ou seja, a agitação dos parlamentos (não como organismos representativos mas como corpos judiciários e administrativos) em defesa dos seus privilégios e das suas antigas prerrogativas, agitação que precede a tomada da Bastilha e a intervenção das massas populares que, depois, varrem aquilo que é identificado como um instrumento da aristocracia. E a natureza aristocrática dos parlamentos é reconhecida por Staël, que, porém, escreve: "Em um grande país, nenhuma revolução pode obter êxito, senão quando é iniciada pela classe aristocrática ... Um entusiasmo sincero e desinteressado animava então todos os franceses; existia o espírito público...".[27] Não tinham ainda eclodido os contrapostos interesses materiais; somente depois é que a revolução se torna violenta e plebeia. Para Hegel, ao contrário, o caráter violento assumido pela revolução explica-se pelo fato de que "corte, clero, nobreza, parlamento não queriam ceder os seus privilégios nem pela força nem em nome do direito subsistente em si e por si" (*Ph. G.*, 925-6). Não há nenhum carinho pela oposição aristocrático-liberal.

Um carinho que talvez ainda possa ser percebido em Tocqueville: "Nessa primeira fase da revolução, na qual a guerra não tinha ainda sido declarada entre as classes sociais, a linguagem da nobreza é totalmente similar àquela das outras classes, salvo que vai mais longe e assume um tom mais alto. A oposição das classes apresenta traços republicanos. São as mesmas ideias, com a mesma paixão que anima os corações mais altivos e os espíritos mais acostumados a olhar de frente e de perto para as grandezas humanas". É o momento em que domina "uma única paixão visível, paixão comum", aquela, evidentemente, da liberdade, não a paixão da igualdade, que depois desencadearia a sangrenta "guerra entre as classes".[28]

No que diz respeito a Hegel, é preciso acrescentar que ele justifica a Revolução Francesa enquanto provocada também pela "ambição", pelo "luxo" da classe dominante e pela sua pretensão de continuar a "saquear os cofres estatais e o suor do povo" (*W*, XX, 296-7). Aliás, a *Filosofia da história* configura e celebra a Revolução Francesa, em primeiro lugar, como uma revolução social: "O duro, terrível peso que vexava o povo, a dificuldade do governo para prover a corte dos meios para o luxo e a dissipação, foram a *primeira ocasião do descontentamento*". O grifo é nosso, e serve para sublinhar o fato de que, enquanto na tradição de pensamento liberal a agitação e a pressão social das massas deserdadas constituem o motivo e o momento de degeneração da Revolução Francesa, esquecida, enfim de sua única verdadeira tarefa, isto é, a da *constitutio libertatis*,[29] em Hegel, ao contrário, apresentam-se como um motivo fundamental de explicação e legitimação da Revolução Francesa e também como o momento genético do novo espírito de liberdade. É a partir da indignação social das massas famintas que "o novo espírito tornara-se ativo; a opressão [o *Druck*, o peso de vexações materiais que, como vimos, constituía um ônus intolerável para o povo] levaria ao questionamento. Viu-se que as somas extorquidas com o suor do povo não eram empregadas para fins de Estado, mas desperdiçadas da maneira mais louca [*folle*]". É nesse ponto que "todo o sistema do Estado mostra-se como uma injustiça" (*Ph. G.*, 925).

A diferente postura em relação à Revolução Francesa reflete-se também na diferente atitude em relação a Rousseau e aos outros filósofos que tinham contribuído para a sua preparação ideológica. Constant acusa em primeiro lugar Mably de ter preparado o caminho para Robespierre, propagandeando o princípio segundo o qual "a propriedade é um mal: se não podeis destruí-la, enfraquecei de qualquer modo o seu poder"; mas também Rousseau errou ao inspirar, com "as suas invectivas contra a riqueza e contra a propriedade", a fase mais terrível da Revolução Francesa, ou seja, a agitação social das massas deserdadas e a política jacobina de intervenção na esfera econômica e privada.[30] Esse tipo de crítica está totalmente ausente em Hegel. Aliás, Rousseau é daqueles homens que, "profundamente tocados pela miséria do povo na sua época", sentem e compartilham "a raiva, a rebelião dos homens pela sua miséria, pela contradição entre o que podem exigir e a condição em que se encontram" (*V. Rph.*, IV, 477). A solução de Rousseau certamente não satisfaz Hegel, que todavia atribui ao mérito do primeiro o fato de ter sentido emotivamente e configurado conceitualmente a miséria como questão social, donde "as invectivas contra a riqueza e contra a propriedade", que Constant e a tradição liberal censuram em Rousseau.

Podemos concluir este ponto. Sobre o processo revolucionário mundial que destrói o antigo regime, podem ser indicadas na Alemanha (e na Europa) três posições diversas: 1. a posição reacionária de que, como o Friedrich Schlegel dos anos da Restauração, procede a uma condenação em massa da "doença epidêmica que contagia os povos" e os arrasta num desastroso processo revolucionário;[31] 2. existem, além disso, aqueles que, seguindo o exemplo de Burke, contrapõem, para desacreditá-la, a Revolução Francesa a outras revoluções menos radicais (e é o que, em terra alemã, faz, por exemplo, Gentz, que condena a Revolução Francesa como "revolução total"),[32] ou que salvam a Revolução Francesa na medida em que suprimem dela a luta pela igualdade e as agitações sociais que consideram ausentes nas outras revoluções (Madame de Staël,

Constant etc.). É essa segunda posição que prevalece ainda, de várias formas e com diversas nuanças, no pensamento liberal;[33]
3. enfim, a posição assumida por Hegel e pela filosofia clássica alemã, que julga de maneira abrangentemente positiva o processo revolucionário global que marca a destruição do antigo regime.[34]

4 Patrícios e plebeus

À luz dessas considerações, resulta de todo inútil o esquema que pretenderia contrapor liberais, de um lado, e conservadores-reacionários, de outro, como se essa classificação fosse a única possível. E tal esquema é inútil seja como for: Hegel pode ser visto como um conservador ou reacionário, mas então resta a explicar a sua celebração das revoluções, tanto do alto como de baixo; pode-se, ao contrário, querer "absolvê-lo" como liberal, mas então resta a explicar o abismo, seja no plano dos instrumentos teóricos usados, seja no dos juízos históricos e políticos expressos, que o separam da tradição liberal "clássica". Experimentemos então escolher uma chave interpretativa diferente; tentemos utilizar em vez da dupla de conceitos liberal/conservador, a dupla de conceitos aristocrata/plebeu ou tendencialmente plebeu, e comecemos a experimentar a praticabilidade dessa chave interpretativa, colocando diretamente em confronto a leitura que Montesquieu, de um lado, e Hegel, de outro, fazem da história romana. Comecemos com a transição da monarquia à república. Os dois autores concordam com o fato de que a violência usada contra Lucrécia e a sua morte foram somente a ocasião, não a verdadeira causa, da desordem política em questão.[35] Existe também uma concordância substancial a respeito do caráter aristocrático da transição da monarquia à república; mas, no resto, o juízo de valor é diverso e contraposto. Um indício dessa contraposição é a apreciação da figura de Tarquínio, o Soberbo, o último rei de Roma. Montesquieu: "Tarquínio não foi eleito nem pelo senado nem pelo povo ... exterminou a maior parte dos senadores; não consultou mais aqueles que permaneceram nem os chamou para exprimir suas opiniões. O seu poder aumentou, mas o que havia de odioso nesse poder tornou-se ainda mais; usurpou o poder do povo, fez leis sem ele e contra ele. Teria reunido os três poderes na sua pessoa, mas o povo lembrou-se por um momento de ser ele o legislador e Tarquínio deixou de existir".[36] Hegel: "O último rei, Tarquínio, o Soberbo, consultava pouco o senado sobre os assuntos de Estado e não preenchia a vaga quando um de seus membros morria, agindo enfim como se quisesse gradualmente eliminar por completo essa instituição. Sob esse último rei, Roma alcançou grande prosperidade" (Ph. G., 691). Montesquieu atribui ao "povo" a expulsão dos reis, mas Hegel responde, ou teria podido responder: "*Populus*, naquele tempo, indicava somente os patrícios" (Ph. G., 690).

Com a república, intensifica-se o choque entre patrícios e plebeus. Hegel: "Um segundo privilégio dos patrícios consistia na administração da justiça, o que tornava os plebeus muito mais dependentes, enquanto faltavam leis escritas precisas. Remediou-se o mal com o estabelecimento de uma comissão de dez membros, os decênviros, que devia legislar. O resultado do trabalho deles foi as doze tábuas das leis escritas. Daquela época em diante, a relação de clientela foi desaparecendo sempre mais" (Ph. G. 695). Montesquieu: "No ardor da disputa entre patrícios e plebeus, esses últimos reclamaram a promulgação de leis fixas, para que os julgamentos não fossem mais o resultado de uma vontade caprichosa ou de um poder arbitrário ... Para estabelecê-las, foram nomeados os decênviros. Julgou-se necessário conceder-lhes grande poder, já que deviam preparar leis para partidos quase inconciliáveis ... Dez homens na república tiveram nas mãos sozinhos todo o poder legislativo, todo o poder executivo, todo o poder judiciário. Roma viu-se submetida a uma tirania cruel como aquela de Tarquínio. Quando Tarquínio realizava atos de prepotência, Roma ficava indignada pelo poder usurpado por ele; quando os decênviros praticavam os deles, Roma ficava admirada com o poder que lhes havia conferido".[37] A "tirania dos decênviros" era um obstáculo a ser removido a fim de que Roma pudesse desenvolver a sua grandeza; sob o poder deles, "o Estado pareceu ter perdido a força que o fazia movimentar-se".[38]

Sobre os tribunos da plebe. Montesquieu: "Por causa de uma eterna doença dos homens, os plebeus, que tinham conseguido tribunos para se defender, utilizaram-nos para atacar; atribuíram-se pouco a pouco todas as prerrogativas dos patrícios, o que provocou contínuos protestos. O povo era defendido, ou melhor, instigado pelos seus tribunos".[39] Já vimos, ao contrário, que Hegel celebra a nobreza de espírito dos Graco, também independentemente do juízo acerca das personalidades históricas, e vê na instituição dos tribunos da plebe uma importante vitória não apenas da plebe, mas também da causa da liberdade em seu conjunto. A *Filosofia da história* acrescenta: "O número dos tribunos limitou-se no princípio a dois; mais tarde, eles foram dez, o que, por outro lado, foi muito prejudicial à plebe, pois bastava que o senado conquistasse um deles à sua causa para invalidar, com a oposição de apenas um, a decisão de todos os outros" (*Ph. G.*, 696). Também Montesquieu reconhece que "a contraposição de um tribuno a outro" era uma arma do senado, mas, no todo, a descrição que é feita da luta conduzida por essa instituição contra a agitação da plebe não deixa nenhuma dúvida sobre a direção em que vão as simpatias de Montesquieu: "O senado se defendia com sua sabedoria, sua justiça e o amor que inspirava pela pátria; com seu comportamento benemérito e com uma sábia distribuição dos tesouros da república; com o respeito que o povo tinha pela glória das principais famílias e as virtudes dos grandes personagens".[40]

Montesquieu expressa também grande admiração pela defesa que Sila faz da prerrogativa da aristocracia senatorial. À luz da sucessiva experiência histórica, certamente mostra-se vã tanto a luta quanto a extrema dureza pela qual ela está marcada. E, todavia, Montesquieu não deixa dúvidas acerca do significado político-social da sua tomada de posição: "O povo, entediado pelas leis e pela severidade do senado, sempre objetivou derrubar ambos". E o senado não estava em condições de impedir que "o povo, no seu cego desejo de liberdade", se entregasse "nas mãos de Mário, ou do primeiro tirano que lhe tivesse feito vislumbrar a independência". Com a dureza da ditadura que Sila impôs a favor da aristocracia senatorial, "o povo expiou por todas as afrontas por ele cometidas contra os nobres".[41] Certamente, a identificação de Montesquieu com Sila (a quem, de qualquer modo, deve ser reconhecido o mérito de ter querido "restituir a liberdade" a Roma)[42] não é total, mas poder-se-ia dizer, parafraseando Marx, que o primeiro contesta no segundo sobretudo os métodos plebeus (recurso ao exército, distribuição aos soldados das terras confiscadas dos personagens mais respeitáveis do partido inimigo etc.) com os quais combate os inimigos da aristocracia senatorial.[43] Totalmente oposto é o juízo de Hegel: "Sila retornou depois a Roma, venceu o partido popular comandado por Mário e por Cina, ocupou a cidade e ordenou extermínios sistemáticos de personalidades romanas: 40 senadores e 1.600 cavaleiros foram sacrificados à sua ambição e à sua sede de domínio" (*Ph. G.*, 707). Não restam dúvidas: se nítida é a tomada de posição de Montesquieu a favor da aristocracia senatorial, igualmente clara é a tomada de posição de Hegel a favor do "partido popular". Veremos também o diverso e contraposto juízo sobre Júlio César. Aqui nos limitamos a notar que, para Montesquieu, César não é outra coisa senão o continuador, mais hábil e mais dotado, de Mário, do chefe do partido popular derrotado por Sila e que agora reconquista o poder. E, todavia, de um lado, está o "partido da liberdade" e, do outro, "os ataques de um populacho tão enfurecido quanto cego".[44]

Impõe-se uma conclusão: nas grandes lutas de classe que atravessam a história romana, Montesquieu e Hegel tomam posições regularmente opostas: o primeiro se alinha com a aristocracia, que aos seus olhos encarna a causa da liberdade e da luta contra a tirania; o segundo se alinha com o "partido popular", com a plebe e as instituições que, de algum modo, a protegem.

Convém, no entanto, retornar à análise da queda da monarquia em Roma para perceber todas as implicações de caráter geral. Se a transição da monarquia à república não representa nenhum progresso rumo à liberdade, Hegel fala repetidamente de "progresso da liberdade" e de "extensão da liberdade" a propósito das "legítimas reivindicações" que a plebe consegue impor na luta contra os patrícios e a república aristocrata, a propósito da "intervenção em prejuízo dos interesses dos patrícios" (*Ph. G.*, 696-7). A marcha tortuosa da liberdade parece coincidir com os altos e baixos da luta de classe dos plebeus: um retrocesso é a derrubada da monarquia, que constituía um contrapeso à prepotência aristocrata; um progresso da liberdade é a acolhida, após acirradas lutas, das reivindicações plebeias, não apenas das políticas (instituição do tribunato da plebe, acesso aos cargos públicos etc.), mas também das econômicas e materiais (como, por exemplo, a extinção pelo menos parcial das dívidas), a consecução, portanto, também dos objetivos que, pelos menos em aparência, não modificam o quadro institucional, o âmbito da liberdade formal, mas que todavia comportam um alargamento da liberdade real. E os próprios objetivos políticos a cada vez alcançados não são julgados em abstrato: uma "ampliação" da liberdade consiste na instituição dos tribunos da plebe, mas, como vimos, a decisão de elevar o número deles de dois a dez é um momento de regresso, na medida em que favorece as manobras da aristocracia em detrimento da plebe. Ainda uma vez, é a plebe o sujeito real da marcha da liberdade, para além de todas as modificações e transformações institucionais.

Nessa lúcida visão da história antiga estão contidas implicações de caráter mais geral, e é Hegel mesmo que as indica; ontem como hoje, trata-se não de escolher em abstrato entre monarquia e república, e tampouco entre poder do príncipe e poder dos *Stände*, dos corpos mais ou menos representativos, entre governo e oposição, entre autoridade constituída e liberdade; trata-se, ao contrário, de identificar, a cada vez, os conteúdos político-sociais concretos. Em Esparta e Roma, a república era a liberdade dos patrícios, assim como não poucas vezes no mundo moderno a luta contra o poder monárquico central foi conduzida em nome da fascinante palavra de ordem da liberdade, que porém era fundamentalmente a liberdade dos barões: "Com o desenvolvimento da vida interna do Estado, os patrícios tiveram muito diminuída a sua posição, e os reis procuraram muitas vezes, como ocorreu depois frequentemente também na história europeia da Idade Média, um ponto de apoio no povo para proceder contra eles" (*Ph. G.*, 691).

Hegel compara repetidamente a antiga Roma com a Inglaterra (*Ph. G.*, 693 e 695). A tomada de posição contra os patrícios é, ao mesmo tempo, a tomada de posição contra os barões. Mas também em Montesquieu se pode ler: "Assim como Henrique VII, rei da Inglaterra, aumentou o poder das classes inferiores para diminuir o dos poderosos, Sérvio Túlio, antes dele, havia ampliado os privilégios do povo para enfraquecer o senado".[45] É a mesma comparação estabelecida por Hegel, apenas com uma tomada de posição oposta em favor dos patrícios e dos barões feudais, que se contrapunham às reformas do alto feitas pela Coroa.

5 Monarquia e república

A concretude histórica de que Hegel dá provas diferencia nitidamente o filósofo não apenas com respeito à tradição liberal, mas também em relação à tradição rousseauniano-jacobina, a qual procede a uma leitura da história antiga muitas vezes subalterna e de qualquer modo similar àquela liberal. Limitemo-nos a alguns exemplos. Na época da execução de Luís XVI e da onda de polêmicas e de execrações por ela provocadas, eis que um democrata alemão, empenhado em um esforço de defesa ou de legitimação dos "regicidas" franceses, aproxima, embora com algumas distinções, a execução de Luís XVI não apenas da de Carlos I, da Inglaterra, mas até mesmo da de "Ágis de Esparta".[46] Por outro lado, já em Rousseau existe um retrato com tintas foscas do rei Ágis que, na realidade, foi justiçado pela aristocracia por tentar introduzir reformas democráticas. Segundo Rousseau, a época mais gloriosa de Esparta data do início da república, depois da queda da monarquia.[47] Em Hegel, ao contrário, lemos: "Cleômenes e Ágis são as personalidades mais belas que se conhecem na história", por terem tentado derrubar "uma terrível aristocracia" (*Rph*., I, § 133 A). Ao sentido histórico de Hegel não escapava o fato de que a queda da monarquia em Esparta estava bem longe de constituir um momento de ampliação da liberdade real.

As mesmas considerações valem para a queda da monarquia em Roma. Quando Rousseau celebra "as veneráveis imagens da Antiguidade", faz referência às antigas repúblicas: "Roma e Esparta conduziram a glória humana aos mais altos cumes que se possa alcançar ... Ambas as repúblicas tiveram, no início, reis e depois se tornaram Estados livres".[48] Também Robespierre não apenas celebra constantemente a França republicana, inspirando-se no modelo das repúblicas espartana e romana, mas compara a derrubada da monarquia na França e em Roma: "Tarquínio foi por acaso levado a julgamento?".[49] O fim da monarquia é comparado, na prática, com uma revolução, sempre com o respaldo de Rousseau.[50] Bem diverso é o juízo de Hegel: "Os plebeus não ganharam nada com a expulsão dos reis. Estes tinham, pelo menos na comunidade civil, elevado os plebeus diante dos patrícios e impedido estes de oprimi-los". E, de fato, "os patrícios foram os autores da expulsão dos reis", pois estavam descontentes com as reformas em favor dos plebeus introduzidas pela monarquia (Ph. G., 693 e 690-1). República não é sinônimo de liberdade real: as antigas repúblicas espartana e romana são o resultado de uma contrarrevolução. Ou considere-se a queda da república romana: para Montesquieu, César agiu em nome de uma "causa ímpia" e, portanto, "vergonhosas" são as vitórias que obteve,[51] ao passo que Bruto, "coberto de sangue e de glória", mostrou "ao povo o punhal e a liberdade".[52] Constant fala da "funesta carreira" de César, à qual contrapõe o amor pela liberdade de Bruto.[53] Mas, paradoxalmente, esse é um juízo também dos jacobinos: para Robespierre, César é um tirano empenhado em "oprimir e enganar o povo" simplesmente para satisfazer a sua "pérfida ambição".[54] Saint-Just, para demonstrar a necessidade de julgar e condenar Luís XVI sem dar peso excessivo às formas jurídicas, evoca o exemplo de Bruto: "então o tirano foi imolado em pleno Senado", em nome da "liberdade de Roma".[55] Ainda uma vez, aqui, a leitura de Rousseau exerce sua influência: César é o momento culminante da demonstração de que "as cadeias de Roma" foram forjadas "nos seus exércitos"; além disso, César, que durante a defesa de Catilina, vilipendiando os preceitos da "religião civil", "queria demonstrar o dogma da mortalidade da alma", falava como "mau cidadão", como o demonstram Catão e Cícero.[56] Esse último tema foi retomado por Robespierre no discurso que defende a introdução das festas nacionais e do culto do Ser Supremo: "Observai com qual arte profunda César, defendendo no senado romano os cúmplices de Catilina, avança numa digressão contra o dogma da imortalidade da alma, tanto aquelas ideias lhe pareciam idôneas para apagar no coração dos juízes a energia da virtude, tanto a causa do crime lhe parecia ligada àquela do ateísmo. Cícero, ao contrário, invocava contra os traidores tanto a espada da lei quanto o raio dos deuses".[57]

Algumas décadas mais tarde, Tocqueville procede a uma leitura da história antiga não muito diversa da que havia sido feita pelos líderes jacobinos, em que pese tê-los tachado de "celerados": a derrocada da república romana é a passagem "da liberdade ao despotismo",[58] mesmo se esse despotismo é denunciado pelos jacobinos com o olhar voltado para o antigo regime e por Tocqueville com o olhar voltado, em primeiro lugar, para a ditadura revolucionária e igualitária desembocada sem solução de continuidade, segundo Tocqueville, no regime napoleônico e bonapartista.

De qualquer modo, se na tradição rousseauniano-jacobina, de um lado, e liberal, de outro, César aparece como o opressor da liberdade republicana e Cícero e Bruto como os seus extremos defensores, em Hegel, ao contrário, o quadro é totalmente diverso. Na luta que o opõe a César, o senado, longe de representar o "universal", representa o "particular", ou seja, os interesses da aristocracia: "Pompeu e todos aqueles que o defendiam, içaram a bandeira da *sua dignitas*, da *sua auctoritas*, do *seu* particular domínio, como se tivesse sido o poder da república...". Mas se tratava de uma aparência [*parvenza*], aliás, de uma mistificação. É César que, ao contrário, derrota, mesmo recorrendo à "violência", a "particularidade" e faz valer "o universal" (*Ph. G.*, 711-2).

6 A repressão da aristocracia e a marcha da liberdade

Se, para Madame de Staël, "a aristocracia é melhor" do que a monarquia absoluta,[59] para Hegel, ao contrário, "o ordenamento aristocrático é o pior" (*Ph. G.*, 698). É evidente o distanciamento do filósofo em relação à tradição liberal e a Montesquieu (o teórico, segundo Marx, da "monarquia aristocrata-constitucional").[60] Faz-nos, eventualmente, pensar em Rousseau, também de opinião de que "a aristocracia é o pior entre os poderes soberanos".[61] Seja como for, é nesse quadro que é preciso inserir o juízo fortemente crítico que, ao contrário de Montesquieu, Hegel formula acerca da Inglaterra. O fato é que o desenvolvimento histórico desse país se diferencia nitidamente do da França (que constitui, no caso, o modelo de Hegel): aqui a liberdade política e a igualdade dos direitos dos *citoyens*, sancionadas pela revolução, intervêm depois que o absolutismo monárquico, suprimindo em larga medida o excessivo poder e os privilégios nobiliárquicos, já tinha desempenhado uma função niveladora e, em certa medida, emancipadora. Na Inglaterra, ao contrário, a liberdade, ou melhor, as liberdades, se afirmam na onda da luta da aristocracia contra a Coroa. Hegel submete a uma precisa confrontação o desenvolvimento dos dois países: "De particular importância é o fato de que o rei de França tivesse declarado que os servos da gleba, nos domínios da Coroa, podiam resgatar a si mesmos e a suas terras por baixo preço". Enquanto na França a existência de um forte poder central permitia que se alcançassem tais resultados e que fosse assegurada uma condição de "tranquilidade pública" mediante um duro golpe na "anarquia" feudal, na Inglaterra "os barões obrigaram o rei *João* a jurar a *Magna Charta*, o fundamento da liberdade inglesa, isto é, sobretudo os privilégios da nobreza" (*Ph. G.*, 865-6).

A respeito da *Magna Charta*, que constituía o ponto de referência da tradição liberal, a avaliação de Hegel é constantemente negativa: "Os barões da Inglaterra conseguiram do rei, com a força, a *Magna Charta*, mas os cidadãos nada adquiriram com ela, e permaneceram na sua antiga condição" (*Ph. G.*, 902). A legislação inglesa (declara ainda o ensaio sobre a *Reformbill* – "está fundada inteiramente sobre direitos, liberdades e privilégios particulares que soberanos e parlamentos conferiram, venderam, doaram (ou que lhes foram extorquidos) em circunstâncias particulares: a *Magna Charta*, o *Bill of Rights* ... são concessões extorquidas com a força, graciosos dons, *pacta* etc., e os direitos constitucionais permaneceram vinculados à forma privatista que tinham na origem..." (*B. Schr.*, 468-9). É uma análise que podemos reencontrar em Burke, com juízo de valor invertido: "É impossível não observar como, desde a *Magna Charta* até a *Declaração dos direitos*, tenha sido a política uniforme da nossa constituição erigir e afirmar a nossa liberdade como *herança inalienável* que nos foi transmitida pelos nossos antepassados, e transmissível à nossa posteridade...".[62] É exatamente a forma privatista denunciada por Hegel, cujo juízo de valor é idêntico àquele expresso pelos revolucionários adversários de Burke. Assim, por exemplo, Thomas Paine fala com desprezo da "assim chamada *Magna Charta*" e depois acrescenta: "Consideremos agora o ato designado *Carta dos direitos*. O que é isso, a não ser um contrato estipulado entre as partes do governo para dividir-se os poderes, os lucros e os privilégios?".[63]

Para Hegel, o fio condutor da história moderna e do progresso da liberdade consiste no "processo de submissão da aristocracia" (*Ph. G.*, 902). E a leitura que é feita da história moderna não gravita, como em certos esquemas liberais, ao redor da oposição poder monárquico–liberdade do indivíduo, com o ocultamento, portanto, dos reais sujeitos político-sociais envolvidos na luta. Com muito maior realismo e senso histórico, mais que da Coroa, Hegel fala de aristocracia (os barões e a nobreza), de um lado, e "povo" (que coincide, na prática, com o terceiro Estado), de outro, e do antagonismo entre essas duas classes. A contradição não é tanto liberdade e autoridade, pois há também uma "liberdade dos barões" (*Freiheit der Barone*), que comporta a "absoluta servidão" (*absolute Knechtschaft*) da "nação" (*Nation*; note-se o termo que faz pensar na comunidade dos *citoyens* invocada e celebrada pela Revolução Francesa) e que impede a "libertação dos servos da gleba" (*Befreiung der Hörigen*; *Ph. G.*, 902-3), ou seja, perpetua uma condição que, para Hegel, é substancialmente comparável àquela do escravo (*Rph.*, § 66 A). "Liberdade" [*Freiheit*] e servidão-escravidão [*Knechtschaft*] não se excluem reciprocamente, como na tradição liberal, enquanto termos de uma contradição lógica que, portanto, não possibilita que estejam simultaneamente presentes numa mesma situação. Aqui, ao contrário, estão copresentes, mesmo se unidos em uma relação de contradição, a qual, porém, não é lógica, mas sim real e objetiva. É possível uma confirmação: "O povo ... em toda parte libertou-se [*befreit*] mediante a repressão [*Unterdrückung*] dos barões" (*Ph. G.*, 902). Eis uma dupla de conceitos de significado análogo àquela anteriormente examinada, *Befreiung/Unterdrückung*, só que agora a relação se inverteu, e a emancipação do povo (incluindo os ex-servos da gleba) ocorre simultaneamente à repressão da aristocracia, ou pelo menos com a repressão de seus privilégios. Mas a aristocracia, como já vimos, sente a perda do privilégio, que, por exemplo, fazia dela a única depositária da administração da justiça, "como violência inconveniente, como opressão da liberdade [*Unterdrückung der Freiheit*] e despotismo" (*Rph.*, § 219 A). Assistimos a uma aguda contradição e a uma áspera luta entre dois sujeitos político-sociais, e o povo deve se aliar com a Coroa para alcançar os seus objetivos de liberdade e para fazer com que sejam diminuídos "os direitos privados dos senhores" (*Ph. G.*, 902): "Os reis, apoiando-se nos povos, oprimiram a casta da injustiça; ao contrário, onde se apoiaram nos barões ou onde estes mantiveram a sua liberdade contra os reis, permaneceram imutáveis os direitos, ou melhor, as injustiças positivas" (*positive Rechte oder Unrechte*; *Ph. G.*, 903). É preciso notar, nesse trecho, a violenta carga antifeudal: fala-se da aristocracia não apenas como de uma "casta", mas de uma *Kaste der Ungerechtigkeit*, cujos *Rechte*, celebrados enquanto "positivos" pelos ideólogos da reação e, outras vezes, respeitosamente vistos, com a mesma motivação, por parte de uma certa tradição liberal, são, na realidade, *Unrechte*, ilegalidades ou injustiças que não têm nenhuma razão de ser.

Para reprimir tudo isso, Hegel não hesita em invocar uma revolução do alto ou, seja como for, um reforço dos poderes da Coroa. Uma prova, portanto, do "conservadorismo" do filósofo? Na realidade, a celebração que Staël faz da liberdade da França antes da monarquia absoluta não é outra coisa senão a retomada de um motivo caro ao publicismo aristocrata e nobiliárquico, e em solo francês tal celebração é contrastada por personalidades que tinham participado em posições democrático-radicais do processo revolucionário.[64] Mas convém sobretudo reler a análise lúcida e desapaixonada que brota de uma bela página de Tocqueville: "As nações que se voltam para a democracia começam, portanto, habitualmente, a ampliar as atribuições do poder real. O príncipe inspira menos ciúme e menos temor que os nobres ... A obra-prima da aristocracia inglesa é ter feito com que as classes democráticas da sociedade acreditassem por muito tempo que o inimigo comum delas era o príncipe, conseguindo, portanto, tornar-se a representante de tais classes, em lugar de ser a sua principal adversária".[65] Aqui a contradição principal ocorre não entre autoridade e liberdade, como em Bobbio, e substancialmente também em Ilting, mas entre aristocracia e povo, exatamente como em Hegel: e o apoiar-se no poder monárquico para dobrar a aristocracia não é sinônimo de conservadorismo (como em Bobbio, em Ilting e em todos os participantes do processo anti-histórico voltado a condenar ou absolver Hegel em nome das categorias e dos preconceitos do liberalismo hodierno), mas sim de democratismo, de democratismo plebeu.

7 Anglofobia e anglomania

O exemplo mais clamoroso de vitória da liberdade dos barões em detrimento do poder central e monárquico, mas em detrimento também da liberdade real do "povo", é dado pela Polônia; mas um caso muito similar é representado pela Inglaterra, e Hegel se pronuncia de modo inequívoco por um reforço do poder monárquico: "Em toda parte, é ao rei que o povo deve a sua libertação [*Brefreiung*] da opressão [*Unterdrückung*] dos aristocratas. Na Inglaterra, a opressão subsiste porque o poder régio é irrelevante" (*Ph. G.*, 639). Falou-se às vezes da "anglofobia" de Hegel, e certamente o filósofo não é de modo algum anglomaníaco, mas constitui uma grave distorção fazer coincidir a linha divisória entre anglófobos e anglomaníacos com aquela entre liberais, de um lado, e reacionários ou conservadores, de outro.[66]

Antes ainda da eclosão da Revolução Francesa, Rousseau exprimiu-se muito duramente com relação à Inglaterra:[67] a limitação dos poderes da Coroa por obra de uma aristocracia feudal encerrada na defesa dos seus privilégios, essa característica constante da história política e constitucional inglesa, se, de um lado, enchia de admiração um autor liberal como Montesquieu, de outro, afastava claramente o democrata Rousseau.

Mas é sobretudo após a eclosão da Revolução Francesa que se desenvolve a crítica e a denúncia da Inglaterra: Hegel compartilha a "anglofobia" com numerosos autores de orientação democrática e até mesmo revolucionária, ao passo que não são poucos os teóricos da reação a se colocarem na primeira fila entre os anglomaníacos, porque, aliás, a celebração polêmica do modelo inglês em detrimento do francês é um dos temas recorrentes e privilegiados do publicismo conservador e reacionário, a começar, evidentemente, por Burke e seus seguidores.[68] Não esqueçamos que, até a revolução de 1848, para seus admiradores e adversários, ainda que obviamente com um juízo de valor diverso e contraposto, a Inglaterra era o país que tinha dirigido as coligações contra a França revolucionária e napoleônica. Tratava-se do país – sublinha Engels logo depois da revolução parisiense de fevereiro – onde iam refugiar-se os Bourbon franceses expulsos do trono e onde era lógico que fosse se refugiar também aquele "cripto-Bourbon", Luís Filipe.[69]

Nem sequer, por outro lado, as categorias de anglomania e anglofobia podem ser corretamente utilizadas e feitas valer sem ulteriores esclarecimentos e diferenciações internas: Kant, que olha com evidente simpatia para Smith e para a economia política clássica, que celebra a *Glorious Revolution* e admira Milton, o poeta e o cantor da primeira revolução inglesa, mas que, ao mesmo tempo, toma claramente posição contra a Inglaterra no período da guerra de independência americana e sobretudo da cruzada contrarrevolucionária em oposição à nova França; Kant, que considera a Inglaterra desses anos o baluarte da "escravidão e barbárie" e que tacha o seu primeiro-ministro William Pitt de "inimigo do gênero humano";[70] pois bem, Kant deve ser considerado anglófilo ou anglófobo? Tomadas em sua abstração a-histórica, tais categorias revelam-se completamente inúteis: não se deve esquecer que, em expoentes da anglomania reacionária, a celebração da Inglaterra no seu conjunto não exclui a condenação de certos aspectos específicos mas importantes da tradição e da vida cultural e política inglesas, a condenação, portanto, não apenas do radicalismo da primeira revolução inglesa, mas também, por exemplo, da economia política, considerada, justamente, como subversora do ordenamento feudal e dos bons tempos antigos, enquanto, no lado oposto, nas trilhas de Kant, em Hegel (mas poder-se-ia acrescentar também em Marx e Engels), a condenação e a desvalorização do modelo inglês não excluem a celebração ou, de qualquer forma, a avaliação largamente positiva, já vista, da primeira e da segunda revolução inglesa e da economia política clássica (*Rph.*, § 189 A), e não excluem tampouco a visão admirada e respeitosa da liberdade e da vivacidade dos debates parlamentares ingleses (*V. Rph.*, IV, 707-8).

8 Hegel, a Inglaterra e a tradição liberal

Antes de 1848, mesmo nos autores mais diretamente ligados à tradição liberal, podem ser encontrados temas e alusões críticas em relação à Inglaterra. Leia-se este juízo de Von Rotteck: "Na ciência constitucional do Estado, os franceses estão à frente. No plano teórico, e também no prático, seguem os alemães, que com eles rivalizam. Os ingleses, por causa do apego predominante ao direito histórico, permaneceram visivelmente para trás". Para apreender toda a aspereza do juízo expresso sobre a Inglaterra, é necessário levar em consideração o libelo pronunciado contra o direito histórico: "A primeira origem dos direitos históricos é, em larga ou em grande parte, ilegal. *Ignorância do direito* ou *desprezo do direito* ou então o *cego acaso* lhes conferem existência, a *violência* os faz valer".[71]

As críticas ou as reservas com relação à Inglaterra são uma característica exclusiva da tradição cultural e política alemã? Olhemos então para fora da Alemanha, sempre em relação ao período entre 1789 e 1848. Sim, para Madame de Staël, a Inglaterra constitui "o mais belo monumento de justiça e de grandeza moral".[72] Veremos, a seguir, o que é particularmente admirado na Inglaterra. Mas tomemos um liberal mais sensível às exigências da democracia. No Tocqueville anterior a 1848, a Inglaterra é sinônimo de "sociedade aristocrática", dominada pelos "grandes senhores",[73] e é uma sociedade aristocrática que aparece às vezes à beira da revolução.[74] São juízos críticos não diferentes daqueles de Hegel. Mas mesmo Constant, embora em estreita relação com Madame de Staël, deixa-se às vezes levar por um juízo um tanto severo: "A Inglaterra não é, no fundo, senão uma vasta, opulenta e vigorosa aristocracia. Imensas propriedades reunidas nas mesmas mãos; riquezas colossais concentradas nas mesmas pessoas; uma clientela numerosa e fiel, gravitando ao redor de cada grande proprietário, ao qual confere o uso dos direitos políticos, os quais parecem ter-lhe sido constitucionalmente concedidos somente para que os sacrifique; enfim, como resultado dessa combinação, uma representação nacional composta, de um lado, de assalariados do governo e, de outro, dos eleitos da aristocracia: tal foi, até este momento, a organização da Inglaterra".

A respeito desse quadro nada lisonjeiro, inclusive do ponto de vista constitucional e liberal, acrescenta-se depois o drama da miséria das massas, uma miséria talvez muito mais crua do que no continente e, de qualquer modo, enfrentada com maior brutalidade pelo poder dominante e pelas classes proprietárias: demissões em massa não apenas nas fábricas, mas também no âmbito doméstico, em prejuízo dos ex-clientes, e por obra de uma aristocracia tão sem escrúpulos que corre o risco, segundo Constant, de perder a credibilidade, de cavar a fossa com as próprias mãos. E eis, em consequência da crise, "dez ou talvez vinte mil criados jogados na sarjeta quase no mesmo dia somente na cidade de Londres", e eis "procissões de camponeses" e "bandos de artesãos" percorrendo o país à procura desesperada de comida e de esmolas. Naturalmente, a segurança da propriedade sofre consequências. Verificam-se roubos e até mesmo, provocados pela fome mais negra, "saques parciais e mal organizados". Os responsáveis são punidos com "penas iguais àquelas que teriam merecido por delitos políticos" (ou seja, eram muitas vezes condenados à pena capital como se tivessem organizado uma insurreição). Mas não existia somente a dureza despropositada das penas. Havia "o horrendo expediente de enviar espiões para atiçar os espíritos ignorantes e propor-lhes a revolta para poder depois denunciá-la ... Os miseráveis seduziram aqueles que tiveram a desventura de dar-lhes ouvido e provavelmente acusaram também aqueles que não conseguiram seduzir". Como admirar-se então se em certos estratos da população era possível constatar "uma exaltação quase insurrecional?". A "situação interna da Inglaterra [é] bem mais alarmante do que possa acreditar o continente".[75]

Uma alusão crítica referente ao recurso aos agentes provocadores que a polícia e as classes dominantes faziam na Inglaterra, ou ao "abismo de podridão" que tal prática escancarava, encontra-se também em Hegel (*Rph.*, I, § 119), o qual denuncia ainda a severidade "draconiana", segundo a qual "na Inglaterra todo ladrão é enforcado", com uma absurda equiparação de vida e propriedade (*V. Rph.*, III, 304), por dois crimes "qualitativamente diferentes" como são o assassinato e o roubo (*Rph.* I, § 46). Hegel identifica e denuncia também a origem de classe dessa severidade "draconiana": aos camponeses culpados de caça ilegal são cominadas "as penas mais duras e despropositadas", pelo fato de que "quem fez aquelas leis e depois sentou-se nos tribunais, na qualidade de magistrados e jurados", é a aristocracia, a classe que se reservou o monopólio do direito de caça (*B. Schr.*, 479-81). O filósofo anglófobo assume posições mais liberais que a liberal Inglaterra.

Mas, deixando de lado o juízo crítico sobre a cruel repressão antipopular, os caminhos de Hegel e de Constant voltam imediatamente a divergir. O primeiro não se limita a denunciar a dureza e a cegueira da aristocracia inglesa, mas parece pôr em discussão o seu domínio enquanto tal. Em todo caso, denuncia com força o caráter "formal" da liberdade inglesa, no sentido de que, na prática, é a aristocracia que domina a vida pública e faz uso exclusivo daqueles direitos políticos, que na teoria são reconhecidos para um círculo bem mais amplo.[76]

Também no caso da Inglaterra, Hegel esperava que uma revolução do alto prevenisse uma revolução de baixo, mesmo se esta esperança foi paulatinamente se desvanecendo... E é ao repor a esperança de reforma em uma iniciativa do alto que Hegel diferencia-se nitidamente da tradição liberal. Apesar do quadro realista e cru que traça da Inglaterra sob o domínio, em última análise, da aristocracia, Constant continua a colocar a sua esperança precisamente nessa classe social. A aristocracia inglesa não pode ser equiparada à nobreza feudal francesa do *Ancien Régime*: a primeira aliou-se ao "povo" ao sentir "a necessidade da liberdade"; na França, ao contrário, "os grandes proprietários ... sempre procuraram compartilhar o poder, em vez de limitá-lo: preferiram os privilégios aos direitos e os favores às garantias".[77] Hegel, ao contrário, não estabelece nenhuma diferença substancial entre a nobreza feudal dos dois países: tanto num caso como no outro, a nobreza aspirou a defender e estender as suas *libertates*, as liberdades (e os privilégios) dos barões. A preocupação de Constant é que a aristocracia inglesa, enraizando-se demais e de modo cego nos seus interesses, possa ter o mesmo fim da francesa. Procedendo sem tantos escrúpulos à demissão em massa dos seus criados e clientes, abdicando das suas tarefas de algum modo nacionais, "a aristocracia inglesa fez contra si mesma o que o poder monárquico tinha feito em outros países contra a aristocracia".[78] É claro: Hegel não nutre essa ternura pela aristocracia e, à medida que essa classe continua a dominar a Inglaterra, torna-se decididamente mais "anglófobo" do que Constant.

9 Igualdade e liberdade

Como definitiva confirmação da "anglofobia" de Hegel, Bobbio cita este trecho: "O direito, na Inglaterra, está constituído da pior maneira: existe somente para os ricos, não para os pobres" (*Ph. G.*, 906). Muitos anos mais tarde, Tocqueville, examinando o instituto da caução na América, observa que ele "desfavorece o pobre e favorece o rico", para o qual "todas as penas infligidas pela lei reduzem-se a multas". O que há de mais "aristocrata que uma legislação similar?". E como explicar a sua existência na América? "A explicação" – observa Tocqueville – "deve ser buscada na Inglaterra: as leis que mencionei são inglesas".[79]

O tom de Hegel talvez seja mais plebeu e nos faz pensar em Engels: na Inglaterra, o "favorecimento dos ricos está explicitamente reconhecido também na lei"; até mesmo o "*Habeas-corpus*, ou seja, o direito de todo acusado (salvo o caso de alta traição) de permanecer livre, mediante pagamento de uma fiança, até a abertura do processo, esse direito tão celebrado é, por sua vez, um privilégio dos ricos. O pobre não pode dar nenhuma garantia e deve, portanto, ir para a prisão".[80] Mas o juízo de Hegel e Engels não é confirmado, em uma certa medida, também pela tradição liberal?

Vimos Montesquieu celebrar os gentis-homens ingleses em contraposição à "canalha" holandesa. Após a "degeneração" da Revolução Francesa de "política" em "social", os "gentis-homens" ingleses começam a ser contrapostos ao "populacho" francês. Segundo Madame de Staël, as "classes rudes" que emporcalharam a França e a sua revolução nunca tiveram um peso real na Inglaterra, onde o "império" da "propriedade" é indiscutível.[81] De Constant vimos dúvidas e reservas. Mas um motivo de admiração permanece claro e firme: a Inglaterra é "o país no qual os direitos de cada um são mais garantidos", mas também aquele no qual "as diferenças sociais são mais respeitadas". Como confirmação desse último fato, o teórico liberal cita um episódio que não poderia ser senão confirmado por Hegel, na sua antiaristocrática anglofobia: "Na locanda, vendo-me chegar a pé, acolheram-me de maneira indigna; na Inglaterra, apenas os mendigos e a pior espécie de salteadores, ditos *Footpads*, viajam desse modo ... Com insistência, dando-me ares e queixando-me, consegui na manhã seguinte fazer-me tratar como um *gentleman* e pagar como tal".[82] Já Hume tinha constatado como um fato óbvio: "Um viajante é sempre recebido em uma comitiva, e aí encontra maior ou menor cortesia, conforme o seu séquito ou as suas vestimentas revelem-no de grande ou de modesta fortuna".[83] E, em 1840, Tocqueville, crítico da Inglaterra, refere e subscreve a seguinte observação de um americano: "Os ingleses tratam os servos com uma arrogância e um absolutismo que não podem senão nos deixar admirados; por outro lado, porém, os franceses os tratam, às vezes, com familiaridade ou mostram em relação a eles uma cortesia que não saberíamos conceber. Dir-se-ia que têm medo de mandar. A postura adotada pelo superior ou pelo inferior não é adequada".[84]

A rigidez das "diferenças de classe", admirada na Inglaterra por Hume e Constant, parecia excessiva tanto para Tocqueville quanto para Hegel. Os argumentos usados são bastante similares. O primeiro explica que na Inglaterra faltam "ideias gerais", pelo fato de que as desigualdades são tão nítidas e intransponíveis que existem "tantas diversas humanidades quantas são as classes".[85] Para o segundo, a postura arrogante em relação ao servo, no auge na Prússia ainda feudal, é uma forma de pensamento "abstrato", enquanto prescinde da concretude do homem para fixá-la em uma única e "abstrata" determinação, que é aquela da riqueza ou da classe social. A esse comportamento Hegel contrapõe, com referência à França surgida da revolução, as relações cordiais e mesmo amigáveis, em última análise fundadas na "concretude" da dignidade humana, que vinculam o criado ao seu senhor (W, II, 580). Tocqueville, ao contrário, entre os dois "extremos", o inglês e o francês, escolhe a via intermediária americana.

Poder-se-ia então dizer que Hegel, contrariamente à tradição liberal, dá destaque mais à igualdade do que à liberdade. Usamos o condicional pelo fato de julgarmos a alternativa mal formulada, proposta outra vez também recentemente, razão pela qual, no caso de contraste entre liberdade e igualdade, é necessariamente o primeiro termo a receber prioridade.[86] Hegel, antes ainda de Marx, tem o mérito de ter teorizado a existência de "direitos materiais" (B. Schr., 488) irrenunciáveis, de ter evidenciado o fato de que, levada a um certo nível, a desigualdade anula também a liberdade, a liberdade concreta: a situação de extrema necessidade "invade toda a extensão da realização da liberdade" (V. Rph., IV, 342), comporta a "total ausência de direitos" (Rph., § 127).

Todavia, a tradição de pensamento liberal contrapôs frequentemente a liberdade à igualdade. E assim Tocqueville, depois de 1848, tornando-se mais do que nunca inquieto pelo espectro do socialismo, escreve que "a revolução da Inglaterra foi feita unicamente em vista da liberdade, ao passo que aquela da França foi feita principalmente em vista da igualdade".[87] A crítica de Tocqueville investe também contra a cultura iluminista que prepara a eclosão da Revolução Francesa, uma cultura que, pelo seu *pathos* estatista, é comparada, como sabemos, ao socialismo, e cujo defeito fundamental é identificado no fato de que a uma segura "paixão pela igualdade" corresponde um "amor pela liberdade" muito "incerto".[88] Mas, para Tocqueville, que, obcecado pelo espectro do socialismo, afirma que "quem procura na liberdade alguma coisa fora dela é feito para servir", poder-se-ia responder com a observação formulada por ele mesmo alguns anos antes, perante o espetáculo de uma assustadora miséria de massa e da mais estridente desigualdade, que lhe ofereceu a Inglaterra: "Deste lado, o escravo, lá o senhor, ali a riqueza de alguns, aqui a miséria da maioria".[89] Nesse trecho, a desigualdade extrema é sinônimo de uma substancial escravidão de massa, e o *pathos* da liberdade não tem sentido sem o *pathos* da igualdade.

A contraposição liberdade-igualdade às vezes se apresenta significativamente como contraposição segurança-igualdade. É o que ocorre em Bentham: "Quando a segurança e a igualdade estão em conflito, não é preciso hesitar sequer um instante: quem deve ceder é a igualdade".[90] E também Bentham, como Tocqueville, critica o *pathos* da igualdade que caracteriza a Revolução Francesa.[91] Hegel, ao contrário, não apenas revela clara preferência pela tradição política francesa, mas declara explicitamente que a liberdade-segurança da propriedade e da esfera individual é algo mutilado, sem a "garantia da subsistência" (e tal garantia remete ao valor da igualdade mais que ao da liberdade, ou melhor, tende a garantir aquelas condições mínimas de igualdade, na falta das quais a liberdade se revela completamente abstrata e formal).

Essa paixão pela igualdade parece às vezes alimentar em Hegel a ilusão de que, em relação aos novos *lobbies* industriais, ao "feudalismo moderno", para usar a expressão de um discípulo de Hegel,[92] a Coroa possa desempenhar um papel análogo àquele historicamente desempenhado ao dobrar o excessivo poder da nobreza feudal propriamente dita. Até o fim, Hegel lamenta na Inglaterra a "fraqueza do poder monárquico", a ausência de uma "força" capaz de enfrentar a "enorme riqueza dos privados" (*B. Schr.*, 480 e 473). Devemos então estabelecer uma linha de continuidade com respeito à teorização que, alguns decênios mais tarde, o hegeliano Lassalle, na sua correspondência com Bismarck, fará, embora por um momento, de uma "monarquia popular, social e revolucionária"?[93] O problema em questão é bem mais legítimo do aquele que se expressa na falsa alternativa liberalismo/conservadorismo. E, todavia, além da radical diversidade da situação histórica,[94] não se deve perder de vista o *pathos* jusnaturalista de Hegel, que o leva a afirmar na liberdade do indivíduo um valor absoluto, que desde Jena o leva a identificar como pressuposto irrenunciável da liberdade moderna "o saber-se como absoluto da individualidade, este absoluto ser em si".[95] E essa lição está de algum modo presente no Marx da *Crítica do Programa de Ghota*, que censura com aspereza Lassalle por querer proceder a uma "aliança com os adversários absolutistas e feudais contra a burguesia".[96] Cada progresso posterior pressupunha, ao contrário, a realização do programa revolucionário da burguesia e, portanto, o reconhecimento do "absoluto ser em si" do indivíduo. É essa consciência que talvez falte em Lassalle, o qual, porém, tinha razão em notar: "Os direitos que o liberalismo pretende ... nunca os quer para o indivíduo enquanto tal, mas sempre para um indivíduo que se encontre numa situação particular, que pague certas taxas, seja provido de capitais etc.".[97] Ao evidenciar esse limite particularista de uma certa configuração do conceito de indivíduo, Lassalle era, ao contrário, discípulo de Hegel, para o qual, como sabemos, é precisamente a construção do conceito universal de homem (o de indivíduo) que define o progresso da liberdade, o progresso enquanto tal. A novidade posterior é que o *pathos* jusnaturalista, cujo sentido já foi esclarecido (a natureza agora tornou-se a "segunda natureza"), começa de alguma forma a referir-se, já em Hegel, antes ainda do que em Marx, aos "direitos materiais", com a ignorância dos quais o reconhecimento da qualidade de homem (e de indivíduo) em cada ser humano é puramente formal. Nesse ponto, o problema da garantia da liberdade torna-se terrivelmente mais complexo e não pode mais ser reduzido à definição dos limites do poder político, chamado, ao contrário, por um outro lado, a estar ativo e presente no campo econômico-social.

Notas

1 *Religionsphilosophie. Bd. I: Die Vorlesung von 1821*, organizado por K. H. Ilting, Napoli, 1978, p.641.
2 *Hegel und das deutsche Erbe*, II, 5.
3 Ibidem, V.
4 Ver a recensão de Paulus à *Filosofia del diritto* (Mat., I, 63) e K. H. Ilting, *Hegel diverso*, op. cit., p.119-20.
5 Op. cit., p.313-4.
6 Supra, p.62, e *MEW*, v.IV, p.481 (MEOC, VI, p.505).
7 *Sämtliche Werke*, op. cit., v.V, p.291.
8 Supra, p.60.

9 *Gesammelte Schriften*, organizado por W. Schellberg, Köln, 1926, v.XIII, p.490.
10 Cf. F. Engels, *L'origine della famiglia, della proprietà privata e dello Stato*, cap. IX, mas há numerosos outros lugares, em Marx e Engels, que exprimem o mesmo conceito.
11 *Lo spirito delle leggi*, V, 10.
12 *Dello spirito di conquista e dell'usurpazione nei loro rapporti con la civiltà europea*, trad. ital., Milano, 1961, p.141.
13 *Considérations sur la Révolution française*, organizado por J. Godechot, Paris, 1983, p.85-6.
14 *Della politica*, trad. ital., in Montesquieu, *Le leggi della politica*, organizado por A. Postigliola, Roma, 1979, p.240.
15 *Pensieri*, in *Le leggi della politica*, op. cit., p.541. Até mesmo a referência à *Glorious Revolution* apresenta ambiguidade: "Quantos indivíduos nós vimos, no decorrer dos recentes tumultos, perder a vida e os bens!" (ibidem, p.537-8).
16 *Lo spirito delle leggi*, III, 3.
17 *Primo Trattato*, op. cit., § 79.
18 Cf. A. Martelloni, Introduzione a E. Burke, *Scritti politici*, op. cit., p.20.
19 *Considérations...*, op. cit., p.304-14.
20 *Dello spirito di conquista e dell'usurpazione*, op. cit., p.161 e passim; e *Diari*, trad. ital., Torino, 1969, p.43; não por acaso, no que se refere à "usurpação", para Constant, Cromwell é apenas a prefiguração de Napoleão; em Hegel, ao contrário, é objeto de um juízo histórico completamente diverso.
21 *Mozione di conciliazione con le colonie*, in E. Burke, *Scritti politici*, op. cit., p.113.
22 O Terror é "a época mais horrível" da história da França (*Considérations...*, op. cit., p.307). O quadro da época que Constant traça de 1793 surge da afirmação segundo a qual "a usurpação" de Napoleão, "armada de todas as lembranças assustadoras, herdeira de todas as teorias criminosas", surgiu no curso da Revolução Francesa: *Dello spirito di conquista...*, op. cit., p.157.
23 A. de Tocqueville, *Ricordi*, in *Scritti politici*, op. cit., v.I, p.390 e 414.
24 *Hegel und seine Zeit*, op. cit., p.32 e 262.
25 *Considérations*, op. cit., p.207ss.
26 Assim A. Mathiez, G. Lefèbvre e J. Godechot: ver a nota aposta pelo próprio Godechot à ed. organizada por ele das *Considérations...*, op. cit., p.614, nota 59.
27 *Considérations...*, op. cit., p.114.
28 A. de Tocqueville, *Frammenti e note inedite sulla rivoluzione*, in *Scritti politici*, op. cit., v.I, p.928-9 e 930.
29 É esse o fio condutor de H. Arendt, *Sulla rivoluzione*, trad. ital., Milano, 1983. A força e a radicalidade com que Hegel justifica e celebra a Revolução Francesa, também nos seus aspectos mais hostis ao pensamento liberal, não são levadas em consideração por J. Habermas (*La critica hegeliana della rivoluzione*

francese, in *Prassi politica e teoria critica della società*, trad. ital., Bologna, 1973, p.175-99), o qual, na realidade, continua a ser prisioneiro, na avaliação dos escritos políticos do filósofo, da esquemática alternativa liberal/conservador. Somente assim pode ser compreendida a afirmação segundo a qual em Hegel continuaria a pesar o "estranhamento do espírito ocidental" (que é, depois, a tradição liberal ainda uma vez sub-repticiamente assumida como modelo; *Gli scritti politici di Hegel*, in *Prassi politica...*, op. cit., p.228), mas que outro filósofo ocidental pensou com mais força e profundidade as grandes revoluções que marcaram o ato de nascimento do "Ocidente" contemporâneo?

30 *Dello spirito di conquista...*, op. cit., p.103 n. e 105.
31 F. Schlegel, *Philosophie der Geschichte*, v.I, 9 da ed. crítica citada, p.403-4.
32 "Uma revolução total", acompanhada por uma aguda dilaceração da nação, é "uma operação imoral": F. von Gentz, *Ueber die Moralität in den Staatsrevolutionen*, in *Ausgewählte Schriften*, organizado por W. Weick, Stuttgart/Leipzig, 1836-1837, v.II, p.58.
33 Um clássico, desse ponto de vista, é o já citado *Sulla rivoluzione* de H. Arendt.
34 No que diz respeito a Kant, cf. D. Losurdo, *Autocensura e compromesso...*, op. cit., p.128-36.
35 Ph. G., 692, e C. L. Montesquieu, *Considerazioni sulle cause della grandezza dei romani e della loro decandenza*, trad. ital. de M. Mori, Torino, 1980, p.5.
36 *Lo spirito delle leggi*, XI, 12; cf. também *Considerazioni sulle cause...*, op. cit., p.4-5.
37 *Lo spirito delle leggi*, XI, 15.
38 *Considerazioni sulle cause...*, op. cit., p.8.
39 Ibidem, p.50.
40 Ibidem, p.50-1.
41 *Dialogo tra Silla e Eucrate*, in C. L. Montesquieu, *Le leggi della politica*, op. cit., p.229-30.
42 *Lo spirito delle leggi*, I, 3, 3.
43 *Dialogo tra Silla e Eucrate*, op. cit., p.233; no que concerne ao juízo de Marx sobre o Terror jacobino, cf. *MEW*, v.VI, p.107.
44 *Discorso su Cicerone*, op. cit., p.175. Ver, a tal propósito, as observações de A. Postigliola, Introduzione a C. L. Montesquieu, *Le leggi della politica*, op. cit., p.28-9.
45 *Considerazioni sulle cause...*, op. cit., p.5.
46 O democrata em questão é F. Ch. Laukhard; o trecho citado é referido in N. Merker, *Alle origini dell'ideologia tedesca*, Roma/Bari, 1977, p.183.
47 *Frammenti politici*, in J. J. Rousseau, *Scritti politici*, organizado por M. Garin, Introdução de E. Garin, Bari, 1971, v.II, p.292. Diverso e mais complexo é, todavia, o juízo do *Contrato social* (IV, 5): os que mataram Ágis foram os éforos, que, depois de terem desempenhado inicialmente uma função positiva, acumulam um poder excessivo e tornam-se "tiranos". E é ao juízo do *Contrato social* que se atém substancialmente Robespierre: Ágis tenta restaurar "os

bons costumes" e as leis de Licurgo. Seja como for, a monarquia representa sempre um momento de degeneração: ver o discurso de 5.2.1794, in M. Robespierre, *La rivoluzione giacobina*, op. cit., p.165.
48 Rousseau, *Frammenti politici*, op. cit., p.290-1.
49 Discurso de 3.12.1792, in M. Robespierre, *La rivoluzione giacobina*, op. cit., p.95.
50 *Il contratto sociale*, II, 8.
51 *Considerazioni sulle cause...*, op. cit., p.64.
52 *Discorso su Cicerone*, in C. L. Montesquieu, *Le leggi della politica*, op. cit., p.175.
53 *Mélanges...*, op. cit., v.I, p.11.
54 Discurso de 5.2.1794, in M. Robespierre, *La rivoluzione giacobina*, op. cit., p.159.
55 Discurso de 13.11.1792, in L. A. L. de Saint-Just, *Terrore e libertà. Discorsi e rapporti*, organizado por A. Soboul, trad. ital., Roma, 1966, p.54.
56 *Il contratto sociale*, IV, 6 e 8.
57 Discurso de 7.5.1794, in M. Robespierre, *La rivoluzione giacobina*, op. cit., p.196-7.
58 *Scritti politici*, organizado por N. Matteucci, Torino, 1969, v.I, p.390 e p.1032-3.
59 *Considérations...*, op. cit., p.64.
60 MEW, v. XXVI, 1, p.274 (MEOC, XXXIV, 314).
61 J. J. Rousseau, *Scritti sull'abate di Saint-Pierre*, in *Scritti politici*, organizado por M. Garin, Roma/Bari, 1971, v.II, p.407.
62 *Riflessioni sulla Rivoluzione francese*, op. cit., p.192.
63 *I diritti dell'uomo* in Th. Paine, *I diritti dell'uomo e altri scritti politici*, organizado por T. Magri, Roma, 1978, p.263.
64 Considere-se Boulainvilliers e Montlosier (cf. A. Omodeo, *Studi sull'età della Restaurazione*, Torino, 2.ed., 1974, p.214) e o historiador J. Ch. Bailleul, que tinha feito parte da Convenção e que, na polêmica com Staël, celebra o papel antifeudal e progressista de Richelieu (A. Omodeo, op. cit., p.241-2); mas, mesmo antes, uma personalidade a quem os historiadores atribuíram o mérito de ter traçado um primeiro esboço "materialista" dos acontecimentos revolucionários, dos quais havia participado em primeira pessoa, exalta a aliança entre Coroa e povo na luta contra a aristocracia: Barnave, *Introduction à la revolution française*, organizado por F. Rude, Paris, 1960, p.8, 13-4, 40 e 51).
65 *La Francia prima e dopo il 1789*, in *Scritti politici*, op. cit., v.1, p.216.
66 Como, antes ainda de Bobbio (*Studi hegeliani*, op. cit., p.XVIII, 121 e 135) faz Popper: *La società aperta e i suoi nemici*, op. cit., v.II, p.78.
67 *Il contratto sociale*, III, 15.
68 Eram os anos nos quais os inimigos da França revolucionária eram tachados "de ingleses ou austríacos, pagos por Pitt e Coburg". O testemunho está em

um [pamphlet] contemporâneo à *Filosofia do direito*: C. L. de Haller, *De quelques dénominations de partis*, Genève, 1822, p.33; sobre a constante referência à Inglaterra do publicismo conservador ou reacionário alemão, já nos ocupamos in *Hegel und das deutsche Erbe*, V, 3.

69 *MEW*, op. cit., p.19 (MEOC, VII, p.20).
70 Remetemos ao nosso *Autocensura e compromisso...*, op. cit., p.89-92.
71 C. von Rotteck, *Lehrbuch des Vernunftrechts und der Staatswissenschaften*, Stuttgart, 2.ed., 1840, (reedição fac-similar, Aalen, 1964), v.II, p.45, e v.I, p.64.
72 *Considérations...*, op. cit., p.69.
73 *La democrazia in America*, in *Scritti politici*, op. cit., v.II, p.597-8.
74 *Voyage en Angleterre, Irlande, Suisse et Algerie*, in *Œuvres complètes*, organização de J. Meyer e A. Jardin, Paris, 1958, v.V, p.42-3.
75 *Mélanges...*, op. cit., I, p.21-30, passim. Sobre o recurso aos agentes provocadores, ver G. M. Trevelyan, *Storia d'Inghilterra*, trad. ital., Milano, 1979, p.539. A realidade da Inglaterra do tempo é bem diversa da oleografia liberal que aparece também em Bobbio. Eis como dois estudiosos de Malthus descreveram a situação da Inglaterra da época: "Pode-se dizer que, de 1770 a 1798, a renda nacional por habitante, com preços estáveis, tenha sido reduzida de 20% ... Se, como é provável, aumentou também o desnível entre a renda, seguramente foram ainda as massas que suportaram a maior redução dos seus já escassos ganhos. Será preciso esperar até 1845 para que a renda por habitante alcance o nível atingido em 1770. Esse regresso de mais de cinquenta anos será o preço cruel pago pela vitória contra Napoleão e pela construção da nova Inglaterra.

"Todos esses sofrimentos não podem acumular-se e prolongar-se no tempo sem provocar reações e, de fato, ocorrendo aqui e ali em imprevistas e bruscas explosões, a cólera popular e o fermento social se fazem ouvir em toda parte: tumultos nos campos, provocados pelo desemprego e pela fome, em 1795; motins urbanos, causados pelos baixos salários e ainda pela fome, em Londres, Birmingham e Dundee, em 1794 e 1795; amotinações do exército; crises sociais gerais em 1799-1800 e, enfim, o movimento dos *ludistas* – os destruidores de máquinas – e as revoltas camponesas de 1816. O *habeas-corpus* é suspenso por oito anos, em 1794, e as tropas ocupam a maior parte das zonas industriais, como se se tratasse de terras de conquista ... Pitt, apoiado por uma grande parte da opinião pública, persegue inexoravelmente todos aqueles que se mostram favoráveis às ideias liberais ou que, de qualquer modo, tendem a favor das ideias francesas. Motins, insurreições, greves ou amotinamentos, mesmo se justificados pela miséria e pelo sofrimento, são sufocados sem piedade" (J. M. Poursin e G. Dupuy, *Malthus*, trad. ital., Roma/Bari, 1972, p.61-4). É uma política de "terror" ou de "contrarrevolução preventiva" propriamente dita (G. Bianco e E. Grendi, Introdução à *La tradizione socialista in Inghilterra. Antologia di testi politici, 1820-1852*, Torino, 1970, p.XIII) que de algum modo se prolonga também após a derrota de Napoleão, visto que o perigo revolucionário revivia no nascente movimento operário: "Em 1813, houve um pesado processo que se concluiu com muitos enforcamentos e deportações de *ludistas*. Outras sublevações e insurreições ocorreram em 1816" (J. M. Poursin e G. Dupuy, op. cit., p.62, 4 n.).

Em 1819, verifica-se aquilo que passou à história como o massacre de Peterloo ou, usando as palavras de uma revista inglesa da época, "a inútil e injustificada carnificina de homens, mulheres e crianças indefesas", em consequência de "um ataque premeditado [da força pública] com uma sede absolutamente insaciável de sangue e destruição" (o texto, extraído do *Sherwin's Weekly Political Register*, de 18 de agosto de 1819, é citado in P. Cassana Testore e N. Nada, *L'età della restaurazione. Reazione e rivoluzione in Europa, 1814-1830*, Torino, 1981, p.226-8). Por outro lado, o massacre, mais que um fato isolado, é o momento culminante de uma onda de repressão que se baseava na assimilação legal das associações sindicais a organizações criminosas (G. Bianco e E. Grendi, op. cit., p.LXVII). Quando *O capital* fala da "legislação sanguinária contra os expropriados", do século XV ao XVII, faz referência, em primeiro lugar, à Inglaterra, sim, como é natural que seja, visto que se trata do país onde o desenvolvimento capitalista é mais avançado, mas com um acréscimo importante: na Inglaterra, formas de escravidão camuflada mantiveram-se "até muito adentro do século XIX" (*MEW*, v.XXIII, p.763, trad. ital., Roma, 8.ed., 1974, I, p.798-9).

76 Também nesse caso, o juízo de Hegel não é absolutamente sem fundamento. Eis o quadro que uma estudiosa de Burke traça da Inglaterra do tempo: "... a corrupção havia, afinal, se tornado norma de vida pública. Era fato comumente aceito que o 'interesse' dos grandes proprietários – ou seja, a pressão política que eles podiam livremente exercer sobre os próprios inquilinos e empregados – condicionasse as eleições. Namier calcula que, de vinte eleitores, somente um pudesse votar livremente sem ingerências e pressões. Nos condados, a propriedade, grande ou pequena, era indiscutivelmente a senhora da situação: prova disso está no fato de que, dos oitenta representantes de condados na Câmara das Comuns de 1761, 16 eram filhos de Pares, e como tais destinados inevitavelmente ao Parlamento, e 49 tinham praticamente herdado a cadeira na Câmara, a tal ponto se tornara enfim consuetudinário que o condado do qual provinham enviasse como representante ao Parlamento um membro da sua família ... Das cidades, somente Londres, onde votavam todos aqueles que pagavam os impostos locais, apresentava um eleitorado demasiado vasto para ser corrompido e um *front* burguês compacto ... Bristol, a segunda cidade inglesa (60 mil habitantes), estava nas mãos da oligarquia, como muitos outros grandes aglomerados urbanos" (A. Martelloni, op. cit., p.10-1).
77 *Mélanges...*, op. cit., v.II, p.124.
78 Ibidem, v.I, p.28-9.
79 *La democrazia in America*, in *Scritti politici*, op. cit., v.II, p.64.

80 *MEW*, v.I, p.590 e 585; sobre a difusão desse juízo no publicismo protossocialista, remetemos ao nosso *Tra Hegel e Bismarck*, op. cit., p.100-7. Também nesse caso, os historiadores contemporâneos não estão absolutamente em desacordo com o duro juízo de Hegel (e Engels): na Inglaterra do tempo, "acontecia normalmente que uma pessoa indigente que se defendia de uma acusação fosse colocada na prisão como testemunha da acusação e se deixasse, ao contrário, em liberdade, sob caução, quem era citado em juízo": (M. Ignatieff, *Le origini del penitenziario*, trad. ital., Milano, 1982, p.147).

81 *Considérations...*, op. cit., p.516 e 579.

82 *Diari*, op. cit., p.41 e 36.

83 D. Hume, *Trattato sulla natura umana*, in *Opere*, organizado por E. Lecaldano e E. Mistretta, Bari, 1971, v.I, p.378-9.

84 *La democrazia in America*, in *Scritti politici*, op. cit., v.II, p.670.

85 Ibidem, p.503.

86 S. Veca, *La società giusta*, Milano, 1982, p.58-9. É um tema que Veca retoma de Rawls, o qual, porém, admite, pelo menos, que a prioridade da liberdade sobre a igualdade vale somente "para além de um nível mínimo de renda" (J. Rawls, *Una teoria della giustizia*, trad. ital., Milano, 1982, p.441).

87 *Scritti politici*, op. cit., v.I, p.1048. Mas essa contraposição se desenvolve na base do esquecimento da dura crítica precedentemente formulada em relação à Inglaterra: ora, é aqui que "o grande escopo da justiça" é alcançado mais completamente que em qualquer outro país e, como demonstração disso, cita-se aquele mesmo Blackstone (*L'antico regime...*, op. cit., p.306) que em *Democracia na América* tinha servido para demonstrar o caráter classista da justiça inglesa. De modo geral, depois de 1848, a Inglaterra não é mais a "sociedade aristocrática", na qual senhor e servo parecem pertencer a duas "diversas humanidades", mas é "o único país" no qual, já antes da Revolução Francesa, "tinha sido não apenas alterado, mas verdadeiramente destruído, o sistema de castas" (ibidem, p.124). Na viagem de 1833, Tocqueville havia notado que a cooptação isolada de alguns elementos estranhos serve para reforçar os privilégios e o poder da aristocracia (*Voyages...*, op. cit., p.29). Ora, ao contrário, a Inglaterra é o país em que "as classes se confundem" e onde vigora "*a igualdade fiscal*" (*L'antico regime...*, op. cit. p.52). Em conclusão, no momento a Inglaterra é o país da liberdade, na medida em que não é mais o país da desigualdade mais chocante.

88 A. de Tocqueville, *L'antico regime e la rivoluzione*, op. cit., p.201. Já no decorrer da Revolução Francesa, o moderado Barnave alerta nestes termos contra a reivindicação da extensão dos direitos políticos também aos não proprietários: "Um passo a mais na via da igualdade significaria a destruição da liberdade" (cit. por F. Furet e D. Richet, *La Rivoluzione francese*, trad. ital., Roma/Bari, 1980, p.168).

89 *L'antico regime...*, op. cit., p.204; *Voyages...*, op. cit., p.81.

90 Citado em E. Halévy, *La formation du radicalisme philosophique*, I. *La jeunesse de Bentham*, Paris, 1901, p.91-2.
91 "Todos os homens nascem iguais nos direitos. O herdeiro da família mais indigente tem, portanto, direitos iguais ao herdeiro da família mais abastada? Quando isso é verdadeiro?" E como justificar então a necessária "sujeição do aprendiz ao patrão?" (J. Bentham, op. cit., p.119-20).
92 K. Rosenkranz, *Aphorismen zur Geschichte der modernen Ethik*, in *Neue Studien*, v.II, p.152-3.
93 Carta a Otto von Bismarck, de 8.6.1863, citada in G. *von Uexküll, Ferdinand Lassalle*, Hamburg, 1974, p.119-20.
94 Cf. D. Losurdo, *Tra Hegel e Bismarck*, op. cit., p.316ss.
95 *Jenenser Realphilosophie*, organizado por J. Hoffmeister, Hamburg, 1969, p.251.
96 MEW, v. XIX, p.23.
97 *Das System der erworbenen Rechte*, in F. Lassalle, *Ausgewähtle Schriften*, op. cit., p.21.

CAPÍTULO 6

O INTELECTUAL, A PROPRIEDADE E A QUESTÃO SOCIAL

1 Categorias teóricas e opções políticas imediatas

Não podendo ser definido nem como conservador-reacionário, nem como liberal, Hegel deve ser considerado então revolucionário? Também nesse caso, antes de se deixar levar por uma resposta precipitada em um sentido ou no outro, é melhor dirimir os equívocos ou as ambiguidades contidas na formulação da pergunta. Pode ser útil partir da polêmica que Ilting desenvolve contra Ritter: falar de "filosofia da revolução", a propósito de Hegel, é um "equívoco grotesco", pois é clara a opção do filósofo por uma política de reformas e de desenvolvimento gradual. Certamente, a falta de adequação das instituições ao "espírito do tempo" pode tornar inevitável a ocorrência de desordens violentas, mas tal constatação também não ocorre em razão da propaganda de um programa revolucionário, mas da comprovação do caráter necessário e benéfico das reformas.1 Não achamos que sobre esse ponto possam existir dúvidas: Hegel assume e sente sua opção reformista não apenas no plano político, mas também naquele mais propriamente emotivo, declarando explicitamente, após a eclosão da revolução de julho, estar cansado com as incessantes desordens que tinham marcado o seu tempo (*Ph. G.*, 932). E ainda antes da sua chegada a Berlim, em um texto, a *Fenomenologia do espírito*, caracterizado pela confiante expectativa de uma renovação política, o filósofo sublinha estar longe dos estilos "revolucionários" (*W*, III, 47).

Considerando apenas a opção política imediata, não restam dúvidas. Mas é esse o único plano a ser levado em conta? Em polêmica contra Hegel, que salienta a necessidade de que a mudança político-constitucional ocorra de modo lento e gradual, Marx observa que "a categoria da transição *gradual*, em primeiro lugar, é historicamente falsa e, em segundo, não explica nada".[2] O jovem Marx, portanto, não tem dúvidas sobre o fato de que Hegel se coloca em posições gradualistas e reformistas, mas esse é apenas um aspecto do problema; o outro consiste no fato de que a crítica a tais posições é conduzida com argumentações e categorias que não apenas pressupõem a lição de Hegel, mas que parecem ser literalmente extraídas do seu texto. Na *Enciclopédia* podemos ler: "A mudança gradual é o último refúgio superficial para poder atribuir tranquilidade e duração às coisas" (§ 258 Z). Se a *Filosofia do direito* é dominada, pelo menos no momento em que expõe um concreto programa político para a Alemanha, pela categoria da gradualidade, provocando com isso o protesto e a crítica de Marx, a *Lógica* é dominada pela categoria do salto qualitativo e, portanto, suscita, a tal propósito, o consenso e o entusiasmo de Lenin.[3]

É claro: estamos na presença de dois planos diversos, que Engels procurou identificar e distinguir como "método" e "sistema". Como tivemos oportunidade de ver no primeiro capítulo do presente trabalho, a duplicidade de planos é de algum modo percebida também pelos críticos reacionários. Naturalmente, tal distinção não identifica dois planos nitidamente separados, mas ela mesma tem caráter metodológico. Podemos dizer que o "método" reflete a experiência histórica da Revolução Francesa e das grandes perturbações da época, e reflete ainda as exigências profundas da luta teórica contra a ideologia da reação e da conservação; o "sistema" remete a escolhas políticas imediatas.[4] Pode-se dar um exemplo. A celebração da categoria da gradualidade, antes de se tornar uma palavra de ordem do moderantismo liberal, é uma palavra de ordem dos ambientes conservadores e reacionários; na Prússia, os porta-

-vozes dos *Junker* se contrapõem em nome da "sábia gradualidade" às reformas, consideradas arrojadas, que desmantelam o edifício feudal prussiano depois da derrota de Jena.[5]

Mais tarde, a luta contra a codificação é igualmente conduzida por Savigny sob o signo da celebração da história como ininterrupto processo de continuidade, como "indissolúvel relação orgânica das gerações e das épocas, entre as quais pode ser pensada somente uma evolução e não um fim e um início absolutos", sob o signo da polêmica contra aqueles reformadores que pretendiam "cortar todo fio histórico e iniciar uma vida completamente nova".[6] Ainda mais tarde, um ideólogo da Restauração como Baader explica a sua oposição às reivindicações do movimento liberal e constitucional, distinguindo *Evolutionismus* e *Revolutionismus* e celebrando o primeiro, ou seja, a categoria da gradualidade, e condenando o segundo, isto é, a categoria do salto qualitativo e da ruptura revolucionária.[7]

Por trás disso está certamente a lição de Burke que, primeiro, contra as desordens revolucionárias da França, contrapõe o tranquilo desenvolvimento da "natureza", ou seja, aquela unidade de natureza e história que é a transmissão hereditária; essa última "fornece um princípio seguro de conservação e um princípio seguro de transmissão, sem excluir de modo algum um princípio de melhoramento".[8] É preciso acrescentar, porém, que, se esses são os primórdios, a categoria da gradualidade, como instrumento de luta ideológica contra a revolução, é elaborada sobretudo na Alemanha, o país que, dentre todos, é o que mais tem de acertar as contas com a realidade política e ideológica da nova França, e é obrigado a fazer isso tendo atrás de si, de um lado, uma estrutura político-social atrasada e, de outro, uma vigorosa tradição cultural e filosófica. Poder-se-ia dizer que, se a França, segundo Marx e Engels, é o país no qual com maior agudeza e radicalidade se desenvolveram e combateram os conflitos político-sociais, a Alemanha é o país no qual mais a fundo foi pensada e travada a luta ideológica. Isso vale para os teóricos da reação, mas também para a luta contra a ideologia da reação, luta que encontra precisamente em Hegel o seu momento mais alto. Não só Hegel exprime, como vimos, plena consciência política do significado conservador da celebração da categoria de gradualidade, mas empenha-se em confutar essa categoria também no plano teórico. À revolução e às reformas promovidas é contraposta, como ocorre em Burke, a gradualidade indolor do desenvolvimento natural? Mas não é verdade – rebate com força a *Lógica* – que a natureza não dê saltos, pois a categoria de salto qualitativo é o pressuposto da compreensão do processo natural.

A confutação ocorre também em um plano ulterior, mais avançado: o desenvolvimento histórico é comparado ao natural, como faziam, dessa vez, os expoentes do romantismo reacionário? Pois bem, a *Filosofia da história* contrapõe desenvolvimento orgânico-natural e desenvolvimento histórico: o primeiro "tem lugar de modo imediato, sem antíteses e obstáculos" (*auf unmittelbare, gegensatzlose, ungehinderte Weise*), ao passo que, ao contrário, "o espírito é em si mesmo oposto a si mesmo"; se o desenvolvimento orgânico-natural é "o simples originar-se inócuo e pacífico", o desenvolvimento histórico "é o trabalho duro e relutante contra si mesmo", comporta "um duro, infinito combate contra si mesmo" (*Ph. G.*, 151-2). Em outras palavras, não se pode entender o processo histórico ignorando a categoria de "contradição" (*Ph. G.*, 157) e de salto qualitativo. No que diz respeito a esse último, mesmo se não é exclusivo do mundo histórico, é aqui que se manifesta plenamente, porque é somente aqui que se tem mudança no sentido pleno, sem qualquer retorno ou circularidade (*Ph. G.*, 153); tanto mais que, no mundo histórico, a determinação quantitativa tem uma importância nitidamente inferior àquela que assume no mundo natural (*Enc.*, § 99 Z).

A necessidade da luta contra a reação feudal estimula resultados teoréticos de grande relevo, que vão bem além do quadro histórico e das próprias e imediatas opções e propostas políticas de Hegel. E são precisamente esses resultados que passam a ser vistos com particular suspeita pela tradição de pensamento liberal, sobretudo depois de 1848. A essa regra não fazem exceção as categorias de contradição e de salto qualitativo.

Mas o fenômeno aqui investigado é de caráter mais geral. Pense-se na polêmica de Hegel contra o saber imediato. A celebração do sentimento é a resposta conservadora ou reacionária ao *pathos* iluminista e revolucionário da razão. E também dessa celebração Hegel faz uma reputação ao mesmo tempo teorética e política: o saber imediato é capaz de subsumir e legitimar qualquer conteúdo, mesmo o mais desprezível e imoral (*Enc.*, § 72); e, além disso, o saber imediato destrói a comunidade do conceito, que é o próprio pressuposto da comunidade política. A valência política da polêmica hegeliana contra o saber entendido como imediaticidade [*immediatezza*], e como imediatidade privilegiada, é evidente: nos anos da Restauração, o catolicismo é denunciado pelo filósofo como instrumento ideológico fundamental da reação, precisamente porque teoriza e estabelece a divisão entre iniciados e profanos, ao passo que, no lado oposto, o grande mérito do Iluminismo francês está no fato de ter suprimido em política a classe dos profanos (*W*, XX, 287). Portanto, a celebração do saber imediato, reduzindo o saber, segundo a denúncia já vista da *Fenomenologia*, à "esotérica posse de alguns indivíduos", reintroduz a classe dos profanos na ciência e na vida política.

Estamos também aqui na presença de um tema que, derivado das exigências da luta contra a ideologia da reação, resulta depois suspeito à burguesia liberal, tornada enfim classe dominante e empenhada em justificar os seus privilégios e a sua privilegiada "peculiaridade" perante a contestação proveniente, dessa vez, do proletariado. E Haym, de fato, considera "rude" e "grosseira" a visão hegeliana do saber e da dialética: "O que até agora somente o gênio científico parecia em condições de realizar, aparece no momento, repentinamente, como alguma coisa que podia ser apreendida por qualquer um que apenas estudasse a nova lógica. À moda do *Novum Organum*, essa lógica pretendia ser um cânone universalmente utilizável, um instrumento a todos acessível de conhecimento científico mais vivo, *ut ingenii viribus et excellentiae non multum reliquatur*".[9]

Na sua polêmica contra a celebração do saber imediato, Hegel sublinha a superioridade teorética do "conceito" filosófico e racional com respeito à "representação" religiosa. A religião vê ulteriormente redimensionada a sua pretensão de constituir um órgão privilegiado de conhecimento, pelo fato de que lhe é atribuído um conteúdo não diverso daquele próprio da filosofia, mesmo se possuído de uma forma que ainda não se elevou a dignidade cognoscitiva. Mas é exatamente isso que Haym censura em Hegel, o qual, "aparentemente, conserva o que é especificamente religioso; na verdade, o reduz a uma sombra"; não compreendendo que a religião é algo de "incomensurável" com respeito à razão, pretendeu aprisionar "o sentimento vivo nas rígidas formas do intelecto".[10] Haym revaloriza explicitamente Jacobi por ter celebrado as forças do sentimento, da fé, da fantasia, enquanto, ao contrário, Hegel erra em se apresentar como o continuador do Iluminismo, como o fundador de um novo e ainda mais árido racionalismo, e isso sempre por causa da sua inaceitável pretensão de querer dilatar a razão em "órgão universal da verdade".[11] Em um momento no qual o *pathos* da comunidade, caro à tradição revolucionária e jacobina, podia funcionar como elemento de contestação do domínio econômico e político da burguesia, Haym destrói novamente a comunidade do conceito construída por Hegel em polêmica exatamente contra a ideologia da reação. A recusa da reinterpretação hegeliana da religião serve, por um lado, para reconstituir um saber privilegiado pelas "forças do engenho e da excelência" e, por outro, para colocar ao abrigo de qualquer crítica racionalista as crenças religiosas favoravelmente difundidas entre a "multidão", diante das quais é preciso mostrar respeito e "tolerância", mesmo quando têm caráter "milagreiro, fabuloso, supersticioso".[12]

E ainda uma vez vem à tona a necessidade de distinção entre "método" e "sistema". Independentemente das reiteradas garantias que Hegel dá de estar em plena conformidade com a ortodoxia, e mesmo, da pretensão por ele às vezes formulada de ser o verdadeiro intérprete e guardião da ortodoxia, é um fato que o "método" empregado pelo filósofo resulta suspeito para Haym e para a burguesia liberal pós-1848, assim como tinha resultado suspeito no seu tempo para a reação política e clerical. E se antes Hegel tinha sido acusado de ateísmo, agora é acusado por Haym de ter operado a "secularização da religião sob o domínio da filosofia".[13] Em outras palavras, a filosofia hegeliana da religião, em sua inspiração de fundo, em seu "método", portanto, mostra-se para Haym muito permeada pelo *pathos* iluminista e revolucionário da razão e, por isso mesmo, também excessivamente laica, dado que a peculiaridade do sentimento religioso é sacrificada à universalidade da razão, àquela comunidade do conceito que, como ensinava a experiência histórica da Revolução Francesa (decididamente condenada por Haym), era o pressuposto da reivindicação da comunidade dos *citoyens*.

2 Indivíduo e instituições

Outro importante motivo teórico remete, em Hegel, à tradição de pensamento revolucionário. Referimo-nos à ênfase sobre a objetividade do ético e das instituições políticas que também, estranhamente, mas não muito, foi, em geral, colocada na conta do conservadorismo ou, pior, foi atribuída ao filósofo. Na realidade, um crítico implacável de Hegel dá prova de maior profundidade no momento em que o contrapõe a Wilhelm von Humboldt: "O individualismo, por natureza, não é revolucionário".[14] O individualismo tinha salvado Wilhelm von Humboldt do entusiasmo da cultura alemã do tempo pela Revolução Francesa, que, não por acaso, pretendia impor uma virada à história, não fazendo apelo à mudança *in interiore homine* do indivíduo, mas transformando radicalmente as instituições políticas objetivas, intervindo com força na objetiva configuração e organização da vida social.

Sim, Haym tinha razão: à absolutização revolucionária das "instituições políticas" (*Einrichtungen der Regierungen*) e à reivindicação de uma radical transformação delas, mediante "revoluções políticas" (*Staatsrevolutionen*), Humboldt contrapõe a centralidade do indivíduo.[15] E esse é o terreno sobre o qual, desde o início, na Alemanha, desenvolve-se a luta ou a tomada de distância com relação à Revolução Francesa, responsabilizada por difundir a ilusão, usando as palavras de Schiller, da "regeneração no campo político", a partir bem mais da "constituição" e das instituições políticas do que do modo de pensar e sentir do indivíduo.[16] E, ao contrário, "o bem dos povos" – reforça Gentz – "não está ligado exclusivamente a nenhuma forma de governo", a nenhuma "constituição estatal".[17] Exatamente oposta é a orientação da filosofia que acompanha a preparação e a eclosão da Revolução Francesa. Para

Rousseau, "é certo que os povos são, a longo prazo, o que o governo faz com que se tornem".[18] E mais claramente Kant: "O importante não é um bom governo, mas uma boa maneira de governar".[19] A atenção – declara em À paz perpétua, em polêmica com o contrarrevolucionário Mallet du Pan – deve ser voltada não para a qualidade dos indivíduos que governam, mas para o "modo de governar", para a "constituição política". E, de fato, a história demonstra que até mesmo monarcas excelentes têm como sucessores tiranos sanguinários; por exemplo, Marco Aurélio é sucedido por Cômodo.[20] Não diversamente se exprime Hegel: "Que a um povo seja dado pelo destino um nobre monarca deve ser considerado, certamente, uma grande fortuna. Mas, em um grande Estado até mesmo isso tem pouca importância: o Estado tem a sua força na sua razão" (Ph. G., 937).

Ao contrário do teórico liberal celebrado por Haym pelo seu individualismo, ou seja, Wilhelm von Humboldt, Hegel tinha experimentado entusiasmo, e ainda continuava a senti-lo nos anos de maturidade, pela Revolução Francesa e, não por acaso, a ênfase na objetividade do ético e das instituições políticas caracteriza o filósofo em todo o ciclo da sua evolução: "Se deve haver uma mudança [sublinha em um escrito de juventude] alguma coisa deve de qualquer modo também ser mudada", e eis que a atenção se volta para o "edifício estatal", para as instituições, constituições, leis" (*Einrichtungen, Verfassungen, Gesetze; W*, I, 269-70). E até o fim Hegel salienta o fato de que a realização de uma real mudança pressupõe a intervenção sobre "leis e situações" (*Gesetze und Verhältnisse*), um recurso não a "meios morais", e tampouco à "associação dos indivíduos na sua singularidade", mas à modificação das instituições" (B. Sch., 166 e 479). A luta ideológica e a subsequente mudança de consciência têm certamente grande importância, mas somente na medida em que levam "a modificar leis e instituições da vida política" (*ad corrigendas leges et instituta civilia*), na medida em que incidem sobre as "leis" e as "instituições da comunidade política" (*instituta civitatis*) (B. Sch., 42 e 52). Mesmo a liberdade do indivíduo não pode ser assegurada sem a intervenção sobre a configuração objetiva das instituições.

São, ao contrário, o publicismo e a filosofia empenhados na luta contra a revolução e contra o movimento constitucional que procuram deslocar a atenção da esfera das relações e das instituições políticas para a da dimensão interior da consciência. No segundo capítulo do presente trabalho, já se falou de Schelling. Não é o único. Pense-se em Baader, que à "liberdade exterior" garantida pelas leis e instituições, e que pode andar simultaneamente com "a iliberdade interior", contrapõe a "autolibertação" que cada indivíduo é chamado a realizar a partir, em primeiro lugar, de si mesmo.[21] Mas contra Rehberg, que se opõe à supressão da servidão da gleba com o argumento de que "a liberdade do servo da gleba, do escravo, tem a sua sede somente no espírito", Hegel responde que "o espírito, enquanto apenas espírito, é uma representação vazia; ele deve ter realidade, existência, deve ser objetivo" (*V. Rph.*, IV, 196). Para Schelling, Baader, Rehberg, a única mudança significativa se desenvolve *in interiore homine*, reside no melhoramento moral do indivíduo; o resto é exterioridade. Ao afirmar a centralidade do "exterior" ou a configuração objetiva das leis e instituições, Hegel recolhe ainda uma vez a herança da filosofia que remete à preparação ou à defesa da Revolução Francesa. Kant, embora tão atento às razões da moral, escreve: não é da "moralidade interna que se pode esperar a boa constituição do Estado; aliás, é sobretudo de uma boa constituição do Estado que se deve esperar a boa educação moral de um povo".[22] E, antes dele, Rousseau afirma que "os vícios não pertencem tanto ao homem, mas ao homem mal governado".[23]

Contrapor à mudança das instituições políticas a mudança da consciência e da interioridade do indivíduo, seja ele o súdito ou o soberano, significa contrapor a conservação à mudança. Disso está ciente Hegel: "alguma coisa [*etwas*] deve também ser mudada". Sobretudo Marx está consciente disso: "Essa exigência de modificar a consciência conduz à outra exigência, a de interpretar diversamente o que existe, ou seja, de reconhecê-lo mediante uma diferente interpretação", e isso configura o maior conservadorismo.[24] Mas também quando à transformação política se contrapõe não tanto a renovação da consciência individual, mas a substituição de um indivíduo por outro, não se chega a resultados substancialmente diversos. Em tal modo – nota o jovem hegeliano Karl Marx – "os *defeitos objetivos* de uma instituição são imputados a *indivíduos*, para insinuar, sem melhoramento essencial, a aparência de um melhoramento".[25] O problema perde a sua dimensão objetiva, a atenção é desviada da coisa para se concentrar na pessoa: "Na análise da situação *estatal*, se é facilmente tentado a negligenciar a *natureza objetiva das relações* e explicar tudo a partir da *vontade* das pessoas agentes". E, ao contrário, uma correta análise política requer que se identifiquem "relações", *Verhältnisse* – o termo, nós já vimos, remete imediatamente a Hegel –, "onde à primeira vista parecem agir somente pessoas".[26]

Por haver comparado o rei a uma coisa insignificante, por ter desvalorizado o indivíduo mesmo no nível mais alto, na pessoa do monarca, Hegel é considerado por Haym como estando em irremediável contraposição com a inspiração de fundo do liberalismo moderno. Mas vem à tona ainda uma vez a inconsistência da alternativa liberal/conservador, pois Haym acaba por ver no individualismo a barreira mais eficaz não contra a conservação, mas contra a "revolução". É verdade que, por outro lado, o autor de *Hegel e o seu tempo* denuncia, no pensador por ele investigado, um teórico do absolutismo, mas isso entra novamente no *topos* liberal, já visto, que busca assimilar, sob o signo do absolutismo, tudo o que não faz parte da tradição liberal propriamente dita.

3 Instituições e questão social

Certamente, o individualismo liberal não tem aquela configuração irredutivelmente intimista típica dos teóricos da reação. Pelo menos na sua fase revolucionária, é obrigado a reivindicar leis e instituições que assegurem objetivamente a liberdade do indivíduo, mas, com um olhar voltado para a miséria de massa, já tende a dissolver a questão social em um problema atinente exclusivamente, ou em primeiro lugar, ao indivíduo, a um problema que não põe tanto em causa a objetiva configuração das relações jurídicas e sociais, mas a capacidade, as atitudes e também a disposição de espírito do indivíduo afligido pela pobreza. E isso para Hegel é absurdo: "Todos os indivíduos, a coletividade, é algo bem diverso do que os próprios indivíduos " (*Rph.*, III, 154). E a essa observação poder--se-ia aproximar aquela feita alguns decênios mais tarde pelo jovem Engels, de que o "socialismo" repousa "no princípio da não imputabilidade dos indivíduos singulares",[27] no plano político. A objetividade da questão social não pode surgir sem que a atenção se desloque do indivíduo para as instituições político-sociais.

Ainda uma vez, pode ser profícuo estabelecer um confronto com a tradição liberal. Partamos de um contemporâneo de Hegel. Para W. von Humboldt, deve-se decididamente rejeitar a visão segundo a qual o Estado tem de se preocupar positivamente com o bem-estar dos cidadãos. Não, ele tem apenas a tarefa negativa de garantir a segurança e, portanto, a autonomia da esfera privada: "A felicidade para a qual o homem está destinado não é senão aquela que lhe dá a sua força", a sua capacidade.[28] Contrariamente a tantas representações consolidadas, é essa visão liberal que, fazendo coincidir riqueza e mérito individual, atribuindo ao indivíduo a responsabilidade exclusiva pelo seu fracasso, desemboca na consagração ideológica do *status quo*, se não para as instituições políticas, de qualquer modo no que diz respeito às relações sociais e de propriedade. Precisamente porque põe em dúvida essa espécie de harmonia preestabelecida entre mérito e posição social do indivíduo, Hegel salienta os deveres positivos da comunidade política para resolver ou atenuar o drama da miséria. Segundo a tradição liberal--liberista, a finalidade do direito e da vida associada é "a *tranquila segurança* (*Sicherheit*) da *pessoa* e da *propriedade*". Esse objetivo não é posto em discussão pela *Filosofia do direito*, que, porém, o põe ao lado, significativa e polemicamente, da garantia ou da "segurança [*Sicherung*] da subsistência e do bem-estar [*Wohl*] do indivíduo, ou seja, do *bem-estar* [*Wahl*] *particular*" (*Rph.*, § 230). Aquela "felicidade" [*Glück*] que, segundo Humboldt, remetia-se somente à iniciativa e à responsabilidade do indivíduo, agora, depois de ter adquirido uma configuração menos intimista e mais material e objetiva, depois de ter-se tornado *Wohl*, "bem-estar" ligado não um indefinível estado de espírito, mas, em primeiro lugar, à "segurança da subsistência", esse *Wohl* não só constitui uma "determinação essencial"

(V. Rph., III, 689-90) no plano da vida associada, mas exige ser "tratado e realizado enquanto *direito*" (Rph., § 230).

A miséria configura-se, então, para Hegel, como uma questão social, que não se explica simplesmente com a suposta indolência ou com outras características do indivíduo que está na miséria. Nítida é a diferenciação com relação a Locke. Segundo este, o indivíduo pode sempre voltar-se para a natureza para garantir a sobrevivência. De fato, "por mais povoado que o mundo pareça", existe sempre terra pronta a dar os seus frutos "em uma região interior ou despovoada da América", ou então em outro lugar: "Ouvi dizer que, na Espanha, um homem pode arar, semear e colher tranquilamente num terreno ao qual não tem outro direito a não ser aquele que lhe advém do uso que dele faz. Aliás, os habitantes do lugar são gratos àqueles que, prodigalizando o trabalho em terras incultas e por isso desertas, aumentaram a provisão de trigo de que tinham necessidade".[29] Portanto, o indivíduo deve censurar somente a si mesmo pela sua eventual miséria. Hegel parece responder a Locke quando afirma que "a natureza é fecunda, mas limitada, muito limitada"; "tudo já é propriedade de outro" e "não se tem mais de lidar com a natureza externa; cada árvore, cada animal pertence não mais à natureza, mas a um proprietário" (V. Rph., IV, 507 e 494). Se, em Locke, a miséria não põe em causa o ordenamento político-social, o contrário acontece em Hegel: "Em relação à natureza, ninguém tem um direito em sentido próprio. Ao contrário, nas condições da sociedade, no momento em que se depende dela, dos homens, a indigência assume imediatamente a forma de uma injustiça cometida em detrimento desta ou daquela classe". Na sociedade civil desenvolvida, o homem não tem mais como referente a natureza, e a miséria não pode ser posta na conta da natureza, através da categoria de "desgraça" ou calamidade natural (V. Rph., IV, 609). E ainda uma vez resulta evidente a superioridade ou, de qualquer modo, a maior modernidade de Hegel com respeito à tradição liberal. Já se falou de Locke. Para Bentham, "a pobreza não é uma consequência do ordenamento social. Por que então censurá-lo por isso? É uma herança do estado de natureza".[30] Ao polemizar contra o jusnaturalismo, Bentham ironiza acerca do recurso à natureza para fundar direitos que têm sentido somente no âmbito da sociedade, mas agora a natureza desponta para remover do âmbito do ordenamento social a responsabilidade pela miséria. E até mesmo Tocqueville denuncia como perigosa demagogia o querer fazer com que a "multidão" acredite que "as misérias humanas são obras das leis e não da providência".[31] Providência é aqui um nome diverso para natureza, indica uma esfera independente das instituições políticas e das relações sociais que, desse modo, proclamam a sua inocência.

Tentemos agora reler as críticas que os ambientes liberais alemães, já no *Vormärz*, dirigem à centralidade conferida por Hegel às instituições políticas: ele erra em querer remediar a miséria de massa não fazendo apelo ao "amor" do indivíduo, mas sim recorrendo ao Estado incapaz de "amar".[32] Mas a *Fenomenologia do espírito* já havia notado ironicamente que o preceito do amor ao próximo, enquanto apela à "sensação" individual, é suscetível de subsumir os conteúdos mais diversos e se revela, portanto, não só impotente, mas até contraproducente com respeito ao fim que diz querer atingir: o "amor irracional" ["irragionevole"] pode resultar mais nocivo do que o próprio "ódio". E portanto não é na "relação do indivíduo com o indivíduo" que é preciso confiar, mas no "inteligente e universal operar do Estado".[33]

A beneficência, sempre em contraposição à intervenção estatal, é celebrada por outro expoente importante do liberalismo alemão, também durante crítico em relação a Hegel: "O que se cumpre com base em uma obrigação jurídica" – afirma Rotteck – "normalmente é feito com menor zelo do que se brotasse de uma decisão voluntária, portanto meritória, e que, por conseguinte, encontra a própria recompensa numa nobre autoconsciência".[34] Mas a *Filosofia do direito* já havia decididamente rejeitado a "falsa visão" segundo a qual "os remédios da miséria devem ser reservados unicamente à *particularidade* da alma e à contingência do próprio sentimento e do próprio conhecimento, sentindo-se [esta] ofendida e mortificada pelas disposições e pelos regulamentos coletivos e obrigatórios" (§ 242 A). Aqui a ironia de Hegel se faz particularmente pungente: àqueles que se lamentam das obrigações jurídicas (por exemplo, as taxas a favor dos pobres), por acharem que elas sufocam a espontaneidade dos seus caritativos sentimentos, é lembrado que nada lhes impede de cumprir com a máxima naturalidade o que a lei, por outro lado, justamente se preocupa em prescrever (V. Rph., IV, 603).

Sob a urgência da questão social nas jornadas de 1848, Tocqueville vê-se, sim, obrigado a estender os deveres do Estado, mas compreende, de qualquer maneira, a sua intervenção simplesmente como "caridade pública", como "caridade cristã aplicada à política", que pode mitigar as consequências da miséria mas não pretender preveni-la "colocando a previdência e a sabedoria do Estado no lugar da previdência e da sabedoria individuais".[35] Por isso, Tocqueville se opõe com força à proclamação de 1848 do direito ao trabalho, que Hegel, ao contrário, teoriza tranquilamente juntamente com o "direito à vida" (Rph. I, § 118 A) e com o direito que o indivíduo tem de "exigir a sua subsistência" (V. Rph., IV, 604). É supérfluo, aqui, reafirmar a modéstia ou a inconsistência do programa político concreto que deriva dessa indicação de fundo: trata-se da desproporção, já relevada, entre "método" e "sistema". O importante é que, se, para Tocqueville, o indivíduo na miséria somente pode apelar à caridade, seja privada ou pública, para Hegel ele é detentor, ao contrário, de um preciso "direito" ao qual corresponde uma precisa "obrigação da sociedade civil" (V. Rph., IV, 604).

A negação da questão social é ainda mais radical no publicismo neoliberal dos nossos dias, que, também nesta negação, não por acaso, acaba por se encontrar com Nietzsche. Von Hayek não se cansa de repetir que é absurdo falar de justiça ou injustiça "social" perante um estado de coisas que não é o "resultado da vontade deliberada" de alguém, diante de um estado de coisas que, não tendo sido "deliberadamente produzido pelos homens, não possui nem inteligência, nem virtude, nem justiça, nem qualquer outro atributo dos valores humanos".[36] E Nietzsche, por sua vez, polemizando contra aqueles que falam de "profundas injustiças" no ordenamento social, os acusa de ter "imaginado *responsabilidades e formas de vontade* que não subsistem de modo algum. Não é lícito falar de uma *injustiça* nos casos em que não estão presentes as *condições preliminares* para a justiça e a injustiça".[37] Assim como em Nietzsche, o protesto social, longe de remeter a condições objetivas e a uma real "injustiça", remete, ao contrário, ao *ressentiment*, ao rancor que os fracassados da vida nutrem pelos melhores e mais afortunados, para Von Hayek o que alimenta a exigência de "justiça social" são "sentimentos" absolutamente nada elevados, como "o desprezo por pessoas que estão em melhor situação que nós ou simplesmente a inveja" e "instintos predatórios".[38] A objetividade da questão social é, assim, dissolvida na responsabilidade individual e até mesmo na psicologia individual dos que sofrem a condição de miséria.

4 Trabalho e *"otium"*

Constant nega os direitos políticos aos não proprietários pelo fato de estes estarem privados de "comodidade [*loisir*] indispensável para a aquisição da cultura e de um reto juízo".[39] É evidente a continuidade com respeito à tradição de pensamento conservador e reacionária. O Schelling tardio evoca Aristóteles para declarar-se de acordo com ele quanto ao fato de que não pode existir nenhum tipo de ordenamento que não comporte, "desde o nascimento", uma distinção entre dominadores e dominados, e de acordo também quanto à ideia de que a "primeira função do Estado é a de garantir o *otium* aos melhores".[40] A demarcação entre dominadores e dominados coincide com aquela entre beneficiários do *otium* e aqueles que são obrigados a uma vida de labutas e privações. E, para Nietzsche, o *otium* é uma condição tão decisiva para a aquisição da cultura e da existência de uma civilização em geral que ele não hesita em teorizar a escravidão para aqueles que devem se empenhar na produção material dos bens. A linha de continuidade é clara. Constant deixa escapar uma *excusatio non petita*: os trabalhadores braçais forçados a uma "eterna dependência" porque privados de *otium* e obrigados a trabalhar dia e noite não são "escravos", mas apenas "crianças".[41] Burke não parece ter esse tipo de escrúpulos: é natural que os trabalhos mais humildes sejam "servis", e aquele que desempenha um deles pode muito bem ser comparado a um *instrumentum vocale*.[42] O *whig* ou liberal inglês não cita o erudito romano Varrão,[43] do qual a definição é tomada, mas Nietzsche conhecia muito bem a Antiguidade clássica para não saber que o *instrumentum vocale* não era outra coisa senão o escravo.

Essa celebração do *otium* como pressuposto indispensável da liberdade é um motivo que, ao contrário, está completamente ausente em Hegel. Não por acaso, um celebérrimo capítulo da *Fenomenologia* demonstra a superioridade até mesmo cultural do trabalho dos escravos com respeito ao *otium* dos seus senhores. Também com relação ao operário moderno, o proprietário que tem as facilidades da riqueza e do *otium* não pode reivindicar nenhum título de superioridade: "Assim como, de um lado, a pobreza é o fundamento da plebe, de outro, manifesta-se também na riqueza a disposição de espírito da plebe. O rico considera tudo venal em si mesmo, pelo fato de que se reconhece como a potência da autoconsciência. A riqueza pode conduzir ao mesmo escárnio e à falta de pudor que chega a plebe pobre. A disposição de espírito do senhor em relação ao escravo é a mesma do escravo". Riqueza e propriedade não são de modo algum sinônimos de probidade cívica e de maturidade política, como na tradição liberal. Até aqui, não parece haver diferenças substanciais entre o proletariado reduzido à extrema miséria e comparado ao escravo e o proprietário dos meios de produção, comparado ao senhor de escravos. Mais eis como Hegel prossegue: "O senhor se reconhece como potência, assim como o escravo se reconhece como a realização da liberdade, da ideia. Na medida em que o senhor se reconhece como senhor da liberdade do outro, desaparece o substancial da disposição de espírito..." (*Rph.*, III, 196). Aqui parece retornar a dialética do senhor e do escravo que já conhecemos da *Fenomenologia* e que agora é aplicada às novas relações capitalistas. E, ainda uma vez, é o escravo antigo ou moderno que representa o momento do progresso e até mesmo da cultura substancial.

Uma análoga celebração do trabalho também está presente em Locke.[44] Não é preciso confundir problemas tão diferentes. Por trabalho pode-se entender a relação homem–natureza, a progressiva extensão do domínio do homem sobre a natureza, e então é claro que essa temática está bastante presente em Locke, que filosofa no país de mais avançado desenvolvimento capitalista enquanto se anuncia a Revolução Industrial. Mas se no trabalho se salienta a relação homem–homem, então é claro que a postura dos dois filósofos é nitidamente diferente. É somente em Hegel que está presente a celebração da superioridade, no plano produtivo e também cultural, do trabalho do servo com respeito ao ócio estéril do senhor. Não decerto em Locke, que, embora refletindo uma situação de fato, descreve de modo quase animalesco os trabalhadores braçais e os assalariados, os quais "vivem geralmente da mão à boca" (*from hand to mouth*) e, de qualquer modo, são obrigados a lutar pela "mera subsistência", não têm "nunca ... o tempo ou a oportunidade de elevar os seus pensamentos além da subsistência".[45] Também nesse caso, o *otium* é o pressuposto da cultura e até mesmo de uma existência propriamente humana. Não é capaz de vida propriamente intelectual "a maior parte da humanidade, dedicada ao trabalho e tornada escrava das necessidades da sua pobre condição, cuja vida se consome somente em prover as próprias necessidades". Tais homens estão completamente "absortos pelo esforço de acalmar o resmungo de suas barrigas ou o choro de seus filhos. Não se pode esperar que um homem que se extenua por toda a vida em árduas ocupações seja mais informado acerca da variedade de coisas existentes no mundo do que um cavalo de carga, que, levado constantemente para cá e para lá numa senda estreita e numa estrada suja, apenas para o mercado, deve ser perito na geografia da região". Tudo isso não só é um dado de fato, mas é um dado de fato imodificável. "Por isso, uma grande parte dos homens, pelo natural e inalterável estado de coisas neste mundo e pela constituição dos afazeres humanos, está inevitavelmente relegada à ignorância invencível das provas a partir das quais os outros constroem e que são necessárias para fundamentar as suas opiniões." Locke não hesita em afirmar que "há uma maior distância entre alguns homens e outros do que entre alguns homens e algumas bestas". É verdade que se trata de um *topos* clássico, presente também em Montaigne, mas é significativo que Locke, para esclarecer essa enorme distância que existe entre homem e homem, cite o exemplo, por um lado, do "Palácio de Westminster" e da "Bolsa" e, por outro, dos "abrigos de mendicância" (além do "manicômio").[46] Não se trata de um ponto isolado em Locke, mas de um tema recorrente: "A diferença é maior entre certos homens e certos animais, mas, se compararmos o entendimento e as habilidades de alguns homens e de algumas bestas, encontraremos tão pouca diferença que será difícil afirmar que as aptidões dos homens são mais claras ou mais amplas".[47]

A ignorância, ou melhor, a incapacidade propriamente de entender e de querer, inseparavelmente vinculada à condição do trabalho, é tão radical que em um certo ponto surge um problema teológico: em que medida então um trabalhador pode ser considerado responsável por sua salvação ou perdição eterna? Locke responde – é obrigado a responder, para não comprometer a universalidade da mensagem cristã e o conceito de imputabilidade, no plano teológico e jurídico – que "ninguém está tão inteiramente ocupado em procurar os meios de subsistência a ponto de não ter de modo algum tempo para pensar na sua alma e para se informar em matéria de religião".[48] Mas, no restante, os indivíduos das classes trabalhadoras continuam a ser menores de idade ou, para dizê-lo com Constant, "crianças".

Decerto, para que o *otium* não se transforme em dissipação, Locke aconselha ao "gentil-homem" não apenas um mínimo de familiaridade com os livros,[49] mas também alguma atividade física, como jardinagem, agricultura, marcenaria, torno. Contudo, logo em seguida, especifica-se: "Isso, porém, eu não o proponho como fim principal do trabalho do gentil-homem, mas como um estímulo, porque o objetivo precípuo é distraí-lo das suas outras e mais sérias ocupações, empregando-o em exercícios manuais úteis e salutares". Para o "gentil-homem", esse trabalho manual tem somente o significado de "diversão" ou "recreação".[50] E, dessa forma, o trabalho manual propriamente dito, o trabalho assalariado, ou comparece em Locke em oposição ao modo de vida que verdadeiramente permite o pleno exercício ou desenvolvimento da razão, ou comparece no âmbito da contabilidade que o "gentil-homem" ou proprietário deve ter para gerir de modo prudente os próprios negócios, tendo bem presentes, entre as várias alternativas, aquelas que comportam "a dissipação, o ócio e os litígios entre os servos".[51]

Que enorme diferença com respeito a Hegel! Para este, é verdade que a parcelização do trabalho na fábrica comporta um atrofiamento das faculdades intelectuais. Mas há também o aspecto da disciplina formadora do trabalho, que permite a aquisição de uma "qualificação" (*Geschicklichkeit*) que tem valor objetivo, é "universal" [*allgemeingültig*] (*Rph.*, § 197). Mas há mais. Hegel assume o "trabalhador" (*Arbeiter*) como exemplo de desenvolvimento da "cultura" e o contrapõe ao "inepto", que não passou pela difícil mas altamente instrutiva e formativa disciplina do trabalho, e, portanto, não está em condições de determinar a si mesmo e de se tornar propriamente senhor de si mesmo: "O inepto [*der Ungeschickte*] produz sempre alguma coisa de diferente do que quer porque não é senhor do próprio fazer ... O trabalhador mais apto [*der geschickteste Arbeiter*] é aquele que produz a coisa como deve ser, que não encontra resistência alguma em vista do fim" (*V. Rph.*, III, 608). Tradicionalmente, o *otium* vale como sinônimo de cultura, pelo fato de que ele não comporta o perigo de fixar-se numa atividade limitada e restrita, vista como restrição ou sufocação das capacidades intelectuais. Mas, para Hegel, se é verdade que a extrema parcelização do trabalho provoca atrofiamento, é verdade também que a delimitação [*determinatezza*] e a educação para a delimitação têm um significado positivo também do ponto de vista intelectual. Citando Goethe, o reitor do ginásio e educador dos jovens afirma: "Quem deseja algo de grande, diz o poeta, deve saber se limitar". De outra forma, está condenado à veleidade e à impotência: "Vida ativa, eficácia, caráter têm como condição essencial o fixar-se num ponto determinado" (*W*, IV, 365). Mas é isso que faz o "trabalhador", chamado, se deseja conseguir resultados concretos e universalmente válidos, a uma "*limitação do próprio fazer*", segundo uma finalidade bem precisa (*Rph.*, § 197).

Por meio da *Fenomenologia*, sabemos que é o trabalho que possibilita a "independência verdadeira", ao passo que a "consciência independente" do senhor dispensado da necessidade do trabalho se converte no seu contrário (*W*, III, 152). Com uma inversão radical de posições em relação à tradição, a liberdade é concebida aqui como o resultado do processo produtivo e não como o atributo da separação entre a necessidade do trabalhar e do produzir.

É verdade que, sobretudo depois de 1848 e da revolta operária do junho parisiense, também a tradição liberal parece rever as suas posições. Particularmente em Guizot, assiste-se a uma celebração do trabalho que assume tons mais exaltados mas que, apesar de tudo, não consegue esconder seu caráter instrumental e fundamentalmente hipócrita. Sim, agora, "a glória da civilização moderna consiste em ter compreendido e posto em evidência o valor moral e a importância social do trabalho, de ter-lhe restituído a estima e a posição que lhe competem". Mas, por enquanto, o trabalho do qual se fala não é o trabalho assalariado ou dependente. Não, este "está em todo lugar neste mundo"; é uma categoria que coincide com a infinita "variedade das tarefas e das missões humanas" e, portanto, acaba por incluir também aquelas classes sociais que, antes do surgimento ameaçador da questão social e do movimento operário, não hesitavam em celebrar seu *otium* e sua incontaminada pureza em relação ao trabalho material. A celebração do trabalho assim configurada visa explicitamente, em Guizot, fazer com que "a palavra trabalho" não seja mais um "grito de guerra" contra as classes privilegiadas. Ao contrário, procura-se agora limitar "a palavra trabalho" a fins exatamente contrapostos: o alvo polêmico é constituído pelos operários "pouco inteligentes, preguiçosos e licenciosos".[52] O alvo, implícita ou explicitamente declarado, são os operários revolucionários que, em vez de trabalhar, entregam-se à vadiagem política. Às vésperas da revolta operária de junho de 1848, Tocqueville olha com espanto e também com repulsa para os "temíveis ociosos" que circundavam a Assembleia.[53] *Oisif*: o termo que tinha sido utilizado por Saint-Simon para denunciar as camadas parasitárias que vivem do trabalho alheio,[54] é usado agora para tachar os operários revolucionários e os "demagogos" em geral, aos quais se contrapõe então o "pai de família",[55] ou o camponês, cujo bom senso prático, para Tocqueville, contrapõe-se à inexperiência e à "presunção filosófica" dos intelectuais revolucionários.[56] Está então completamente invertido o significado que o tema do trabalho tem na filosofia clássica alemã, a qual, como veremos a seguir, o utiliza para celebrar, em primeiro lugar, precisamente os intelectuais, em oposição aos proprietários. E, seja como for, malgrado as grandes mudanças ocorridas, que tornam obsoleta e perigosa (enquanto capaz de acirrar o ressentimento operário e o conflito de classe) a celebração do *otium*, do *loisir* caro, por exemplo, a Constant, malogrado a viagem à América que forneceu a Tocqueville a experiência de uma sociedade dominada por uma ética produtivista, também nos expoentes mais avançados da tradição liberal continua a estar ausente o tema, que vimos presente sobretudo em Hegel, da eficácia formadora, inclusive no plano intelectual, desenvolvida pelo trabalho do artesão ou operário.

Significativamente, na Alemanha, onde o conflito social é menos agudo do que na França e onde, portanto, o recurso à celebração hipócrita do trabalho cara à Guizot é menos imperioso, Schopenhauer e Nietzsche continuarão a ver no *otium* a condição preliminar para um autêntico desenvolvimento das faculdades cognitivas e a condenar, portanto, os intelectuais (Hegel, em primeiro lugar) contaminados, na própria elaboração teórica, pela dimensão utilitária [*banausico*] do trabalho e da atividade profissional enquanto tais.

5 Intelectuais e proprietários

Ao excluir os não proprietários dos direitos eleitorais, Constant põe-se o problema de saber se há uma "propriedade intelectual", obtida não da posse de bens e de capital, mas do exercício mesmo da profissão, em primeiro lugar da profissão liberal. A resposta é negativa; contudo, mais do que a resposta, é importante a sua motivação: "As profissões liberais exigem, talvez mais do que todas as outras, ser acompanhadas da propriedade, a fim de que a sua influência não seja funesta nas discussões políticas. Tais profissões, por mais confiáveis que possam ser sob tantos aspectos, não podem sempre vangloriar-se, entre as suas vantagens, daquele senso prático da medida necessária para deliberar sobre os interesses positivos dos homens". Tudo isso está confirmado pela experiência da Revolução Francesa e pela influência nefasta, em sentido extremista, exercida no seu decorrer por intelectuais acostumados a "desdenhar as conclusões extraídas dos fatos e a desprezar o mundo real e sensível, a raciocinar como fanáticos sobre o estado social". Se desprovidos de propriedade, os intelectuais têm a tendência de elaborar e querer aplicar "teorias fantasiosas" e a isso são levados também pelo "descontentamento em relação a uma sociedade em cujo âmbito se encontram deslocados".[57]

Com essa aguda análise das potencialidades eversivas dos intelectuais social e materialmente inorgânicos com respeito às classes dominantes, Constant esclarece as razões de fundo do abismo que o separa da filosofia alemã. Esta não pode ser compreendida sem o papel decisivo daqueles intelectuais que obtinham o sustento exclusivamente da profissão e, portanto, estavam privados de um vínculo orgânico com o sistema social dominante (e, neste sentido, privados de concretitude), daqueles intelectuais denunciados pelo teórico liberal preocupado com os destinos da propriedade. A alta consideração de Kant por esses intelectuais "abstratos" surge da dura polêmica do filósofo contra aqueles (os publicistas da conservação e da reação) que gostariam de considerar irrelevante a teoria no plano prático e que, ao "criticar o *homem de escola*", o elaborador de teorias, "queriam encerrá-lo em uma escola ... como um pedante que, inútil para a prática, constitui somente um estorvo para a consumada sabedoria deles".[58] A defesa da teoria é, ao mesmo tempo, a defesa daqueles "metafísicos" (os intelectuais abstratos, do ponto de vista de Constant, mas também de Burke) que, na sua "colérica esperança de melhorar o mundo", estão prontos para fazer "o impossível".[59] A celebração do papel do intelectual encontra depois o seu apogeu e a sua expressão mais exaltada em Fichte: o intelectual é o "mestre" e o "educador do gênero humano"; olha "não só para o presente, mas também para o futuro", ou seja, não se deixa enredar pelo *status quo*, mas se preocupa constantemente em manter aberta uma perspectiva de progresso; nesse sentido, pode-se dizer até mesmo, com uma expressão evangélica, que o intelectual é "o sal da terra".[60]

Em Hegel, esse *pathos* sofre importantes modificações. A celebração do intelectual continua a transparecer na celebração da filosofia como teoria que acompanha e promove a marcha do progresso e da liberdade. Kant havia observado, ironicamente, que a acusação dirigida à "metafísica" de ser a "causa das revoluções políticas" não se sabia bem se era uma "calúnia pérfida" ou um "imerecido título de honra".[61] Para Hegel, é certo afirmar que "a revolução teve seu primeiro impulso na filosofia", à qual se deve essa "enorme descoberta" da "liberdade" (*Ph. G.*, 924). Por outro lado, há em Hegel uma crítica ao papel desempenhado, em França, na Assembleia Nacional e no processo de radicalização da revolução, por "comediantes, advogados, capuchinhos desregrados" e "charlatães" de vários tipos, ou seja, intelectuais sem competência e experiência política (*Rph.*, I, § 150). O papel do intelectual-filósofo agora é redimensionado: também na França, os "filósofos" expressaram a justa exigência de profundas reformas, formularam "pensamentos gerais", uma "ideia abstrata" das mudanças necessárias, mas não podiam certamente indicar "o modo de executá-las" (*W*, XX, 296-7). Com respeito a Kant e a Fichte, a política tem aqui uma autonomia bem maior: o intelectual não é "o sal da terra" e o político não é um mero executor. E, todavia, se Constant (e também Burke) contrapõe o proprietário ao intelectual "abstrato", Hegel contrapõe ou põe ao lado o "funcionário". Como em Kant e em Fichte, o intelectual continua a ser o intérprete ou o mediador privilegiado da universalidade, só que agora, nas vestes do funcionário estatal, adquiriu qualificação profissional, maturidade política e senso do Estado.

É importante notar que essa figura nova continua, entretanto, a ser atravessada pela polêmica contra o proprietário, tanto feudal como burguês. Contrariamente à Inglaterra, na Alemanha passam a fazer parte das "esferas dirigentes da administração e da política" somente aqueles que passaram por "estudos teóricos" e "formação universitária", não o proprietário enquanto tal, por mais nobre ou rico que seja. E, assim, o intelectual que se tornou tal em virtude dos seus méritos celebra sua superioridade com relação ao proprietário, mesmo se não lhe é suficiente a formação teórica e dele se exija também – essa é a novidade com respeito a Kant e a Fichte – (que "se tenha exercitado e confrontado com problemas práticos" (*B. Schr.*, 482). Constant olha decerto também para a Inglaterra quando contrapõe às improvisações políticas e socialmente desastrosas dos intelectuais a sabedoria e a confiabilidade dos proprietários, aos quais é reservado, portanto, o monopólio da representação política. Hegel, ao contrário, descreve cruamente os detentores ingleses desse monopólio e denuncia "a tosca ignorância dos caçadores de raposas e dos nobrezinhos do campo". Sempre com referência à Inglaterra, mas com provável alusão também à Alemanha, Hegel denuncia "o preconceito" segundo o qual, para ter acesso a um cargo, bastariam "nascimento e riqueza", sem que se tenha de ter preocupação com a "capacidade" do pretendente ao cargo (B. Schr., 482). E ainda uma vez aflora o protesto do intelectual contra o proprietário feudal e burguês.

Certamente, o intelectual-filósofo perdeu sua rebeldia meio anárquica. Não é uma "individualidade plástica", com um modo de vida já exteriormente reconhecível, não é um "monge" em isolada e desdenhosa oposição ao mundo circundante e à humanidade. Não, ele próprio está inserido em um determinado "estrato social", com múltiplas relações na sociedade civil e no Estado (W, XX, 71-3). Para ser exato, os intelectuais-filósofos tornaram-se agora funcionários estatais que leem ou escrevem as "ordens do gabinete" do espírito do mundo e que "são obrigados a escrevê-las". E, todavia, não por isso veio a cessar a contestação dos intelectuais-filósofos com relação ao poder e à propriedade. Àqueles que consideram a filosofia um conjunto de "abstrações verbais" (e é a posição que Kant já havia denunciado com especial referência a Burke), Hegel responde que, na realidade, se trata de "fatos do espírito do mundo" e acrescenta, com o olhar dirigido tanto para o poder como para os proprietários, que os intelectuais-filósofos são os intérpretes privilegiados do universal, pelo fato de não serem movidos por "interesses particulares", tais como o "poder" ou a "riqueza" (W, XX, 489).

Se, na tradição liberal, é a ausência de propriedade que lança uma sombra de suspeita sobre os intelectuais, obrigados a ganhar para viver, o contrário acontece na filosofia clássica alemã. Particularmente significativa é a tomada de posição de Kant, que, ao reiterar a tese do saber como comunidade da razão, da qual participam ou podem participar todos os homens, observa que os que têm a pretensão (aristocrática) da iluminação solitária e privilegiada são, em geral, "aqueles que vivem de renda, de modo opulento ou medíocre com relação àqueles que são obrigados a trabalhar para viver". "Em uma palavra, todos se julgam distintos na medida em que acreditam não ter de trabalhar", e eis então que se pretende falar e filosofar "com o tom de um senhor que está isento da fadiga de demonstrar o título de sua posse [*beati possidentes*]".[62] Ao *otium* tende a corresponder a evasão daquele "trabalho do conceito" (W, III, 56) que para Hegel é o próprio pressuposto do saber. Como em Hegel, também em Kant, na filosofia clássica alemã no seu conjunto, o trabalho intervém na definição da autêntica atividade intelectual. Não por acaso, mais tarde, Nietzsche falará expressamente de Kant e Hegel como de "operários da filosofia"![63]

Desse debate e choque surge uma espécie de análise de classe dos diversos e contrapostos estratos intelectuais. De tal análise se aproveitará Marx, que, exatamente por isso, não poderá compartilhar do *pathos* do intelectual que enquanto tal se eleva, sobretudo em Fichte, a solitário sacerdote do universal. E, todavia, existe um elemento de continuidade com respeito à filosofia alemã: a propriedade e o *otium*, longe de constituírem a única garantia de serena imparcialidade de juízo, podem ser "suspeitos" de condicionar, sub-repticía e ideologicamente, a elaboração teórica, bem mais do que a necessidade e o trabalho que as suas razões não hesitam em proclamar em alta voz.

6 Propriedade e representação política

Se Constant exclui também os intelectuais da representação política, nuanças diversas podem ser percebidas no âmbito da filosofia clássica alemã. No momento mesmo em que defende a atribuição de direitos políticos com base no censo, na propriedade, Kant afirma com vigor que também a cultura constitui uma forma de propriedade.[64] E não há sequer necessidade de que sejam grandes intelectuais: também ao simples "professor" devem ser reconhecidos os direitos políticos.[65] E uma polêmica contra o monopólio político dos proprietários pode-se surpreender também em Hegel. O critério do censo deve valer somente para a Câmara dos Pares, mas não para a segunda Câmara. Seria uma "repetição" inútil e inaceitável; os requisitos censitários podem também ser fixados em um plano muito modesto, mas isso não muda a essência da coisa (*V. Rph.*, IV, 719). Portanto, Hegel condena "a rigidez das Câmaras francesas em não admitir nenhum outro critério de qualificação a não ser aquele que deveria se encontrar nos duzentos francos, com ou sem centavos adicionais", excluindo, portanto, experientes funcionários estatais e também médicos e advogados "que não pagam taxas daquele total" (*B. Chr.*, 494). E os "doutos", ao contrário, como bem tinha compreendido Napoleão, são um elemento fundamental da representação política (*B. Schr.*, 486). Para Constant, somente os proprietários garantem "o amor pela ordem, pela justiça e pela conservação".[66] E Hegel: "Costuma-se dizer que para os proprietários é mais imediato o interesse em que ordem, direito e lei mantenham a sua validade. Só que podem existir também outras garantias" (*Rph.*, III, 268). Embora com propostas (rejeição ou as fortes reservas com relação às eleições diretas) que, no plano político imediato, são fracas e talvez ingênuas, que se ressentem claramente da "miséria" alemã, ou seja, do atraso histórico da Alemanha com relação à França e à Inglaterra, permanece seguro que Hegel recusa o monopólio da representação política por obra dos proprietários.

Colocou-se algumas vezes em dúvida o conceito de "miséria alemã", com base na consideração do "extraordinário nível da cultura alemã da época" e das suas intensas e fecundas relações com a cultura europeia.[67] Mas não é disso que se trata. O problema é precisamente o desequilíbrio entre o extraordinário desenvolvimento cultural e o atraso político-social. Seja como for, é o próprio Hegel que contrapõe aos "grandes Estados, tais como a França, e ainda mais a Inglaterra", a situação dos Estados em que estava dividida a Alemanha, onde "muito mais limitadas são a extensão e a riqueza, e menos articulada a sociedade", e onde os intelectuais são, por necessidade, "levados a procurar em um emprego estatal a plataforma da sua existência econômica e social" (*W*, IV, 473-4). E isso explica o fato de que à ousadia da elaboração teórica mais geral corresponde a modéstia das propostas políticas imediatas, sobre cujo atraso, porém, não é necessário exagerar: se Constant é decididamente favorável às eleições diretas, embora vinculando-as a uma rígida base censitária, ainda em 1835, com referência à própria América, Tocqueville recomenda as eleições de segundo grau como "o único meio para colocar o uso da liberdade política ao alcance de todas as classes do povo".[68]

7 Intelectuais e artesãos

Vimos as transformações que a figura do intelectual sofreu em Hegel. Mas, uma vez tornados funcionários estatais e regularmente pagos, os intelectuais-filósofos continuam a ser considerados e temidos como politicamente não confiáveis, perigosos e socialmente eversivos. Em 1821, Stein, que também tinha sido o protagonista do período de reformas que se seguiu à batalha de Jena, mas que enfim retrocedeu a posições decididamente conservadoras, esbraveja contra uma "casta de escrevinhadores" que, "privados de propriedade" como são, estão prontos também para destruir "direitos antigos e herdados".[69]

Observando bem, as críticas dirigidas aos intelectuais alemães daquela época não são muito diferentes daquelas dirigidas aos intelectuais revolucionários franceses, pejorativamente definidos por Burke como os "mendigos da pena".[70] Foi notado, com referência aos intelectuais protagonistas da Revolução Francesa e da sua preparação ideológica, que a sua "obscuridade" forçada, a sua exclusão da vida pública, acabava por ligá-los, de algum modo, aos "pobres".[71] Algo de análogo se verifica também para os grandes intelectuais da filosofia clássica alemã. Juntamente com os intelectuais, Constant exclui explicitamente dos direitos eleitorais também "os artesãos amontoados nas cidades", pelo fato de que estariam "à mercê dos facciosos"[72] (o teórico liberal pensa naturalmente no papel desempenhado, no decorrer da Revolução Francesa, pelos artesãos de Paris). Para Kant, ao contrário, os direitos políticos, mais do que aos intelectuais, devem ser reconhecidos também aos "artesãos".[73] E esse tipo de solidariedade intelectuais-artesãos acaba por se manifestar também em Hegel. Estabeleçamos um confronto com Constant. Ainda nos *Princípios de política*, lemos: "No decorrer da nossa revolução, os proprietários (é verdade) contribuíram com os não proprietários para fazer leis absurdas e espoliativas. Mas o fato é que os proprietários tinham medo dos não proprietários investidos do poder e queriam fazer com que se lhes perdoassem suas propriedades ... Os erros e os crimes dos proprietários foram uma consequência da influência exercida pelos não proprietários".[74] Portanto, o monopólio proprietário da representação política deve ser total e não apresentar brechas de nenhum tipo. Para Hegel, ao contrário, na Câmara Baixa devem encontrar expressão os diversos interesses, todas as articulações da sociedade civil, as "associações, comunidades, corporações de algum modo constituídas" (*Rph.*, § 308). Aliás, no curso de Heidelberg, podemos ler que os deputados da Câmara Baixa devem ser eleitos "por uma cidadania ... que não exclui dos direitos eleitorais nenhum cidadão verdadeiro, seja qual for o seu patrimônio". É uma afirmação que seria difícil encontrar no pensamento liberal da época. É verdade que, em seguida o próprio curso de Heidelberg, inconsequentemente, acaba excluindo dos direitos eleitorais "trabalhadores jornaleiros" e criados, mas só enquanto não fazem parte de uma "associação" (*Rph.*, I, § 153 A). Portanto, teria direito de conseguir cargos eletivos o *Gewerbsmann*, o artesão ou operário estável, membro de uma corporação, e diferente, portanto, como sublinha a *Filosofia do direito*, do "trabalhador jornaleiro" (*Rph.*, § 252 A).

Mas essa espécie de solidariedade intelectuais/"artesãos" emerge mais das categorias teóricas do que das tomadas de posição política. A atividade intelectual não é subsumida na categoria de *otium*, mas sim na de trabalho: fala-se de fato de "trabalho intelectual" (*V. Rph.*, III, 256), ou de "produção intelectual", ou "espiritual" (*Rph.*, § 68 AL), e o intelectual, o escritor, o filósofo tornou-se agora um "produtor espiritual" (*Rph.*, § 69 A) e mesmo um "indivíduo que produz" (*Rph.*, § 68 A). É significativo também o fato de que um mesmo parágrafo da *Filosofia do direito* se ocupa simultaneamente do trabalho manual e do trabalho intelectual: "Das minhas particulares capacidades *físicas* e *espirituais* e das minhas possibilidades de atividade eu posso alienar um outro...". E logo o parágrafo sucessivo ocupa-se das "peculiaridades da produção *espiritual*" (§ 68). À categoria de "produtores" (que compreende intelectuais, artesãos e também operários qualificados sob a hegemonia dos intelectuais-

-funcionários) parece às vezes contrapor-se a categoria dos "meros consumidores", que nada produzem e por isso podem ser comparados a "zangões" ou, em última análise, a parasitas (*V. Rph.*, IV, 499).

Ainda. Foi dito que Constant nega o próprio conceito de "propriedade intelectual". Kant dedica, ao contrário, todo um ensaio em defesa do direito do autor, da "propriedade do autor sobre os próprios pensamentos".[75] É um tema sobre o qual também Hegel se detém amplamente: "indústria" e "comércio" estão bem protegidos contra "roubos", ao passo que, ao contrário, pelo menos na Alemanha, deixa muito a desejar a proteção concedida à "propriedade espiritual" (*Rph.*, § 69). Surge aqui a irritação em relação à riqueza e à grande propriedade, e dela não se salvam sequer os editores: "O interesse do editor é, na maioria das vezes, diferente daquele do escritor" (*V. Rph.*, III, 259). Sim, os editores devem ser defendidos contra reproduções não autorizadas, "mas também os escritores devem sê-lo contra os editores. Estes podem obter um enorme ganho; os escritores não. Schiller esteve frequentemente na miséria e morreu pobre, mas da última edição das suas obras o seu editor, segundo o cálculo dos livreiros, extraiu um ganho de 300 mil táleres. Na França, Schiller teria talvez ganho um milhão de francos. A equidade exige que se divida" (*V. Rph.*, IV, 235-6). Essa propriedade intelectual parece às vezes proclamar sua superioridade com relação às outras. É o momento em que, no plano europeu, desencadeia-se a guerra antinapoleônica com os consequentes choques e destruições: "A importância de uma boa instrução percebe-se com mais clareza do que nunca pelas circunstâncias do nosso tempo, quando cada posse exterior, nem que seja honestamente adquirida e legítima, corre riscos e deve ser considerado dúbio também aquilo que parece mais seguro. As riquezas interiores que os pais transmitem aos filhos por meio de uma boa instrução e pela utilização das instituições escolares são indestrutíveis e conservam, em qualquer circunstância, seu valor. É o melhor e mais seguro bem que eles podem dar e deixar como herança para seus filhos" (*W*, IV, 366).

Mas o conceito de propriedade intelectual parece outras vezes estender-se: a "melhor propriedade" é aquela derivada da "tomada de posse" que o homem, mediante a educação e a cultura, realiza de si mesmo, das próprias atitudes, das próprias capacidades, da própria força (*V. Rph.*, IV, 211). Nesse sentido, também o artesão e até mesmo o operário qualificado que educa a sua força de trabalho participa daquela "propriedade" que deve ser considerada a "melhor". Naturalmente, Hegel põe a ênfase nos intelectuais; e todavia, também aqui vislumbra-se a solidariedade ou a potencial solidariedade com os artesãos.

Neste ponto, pode-se fazer uma última consideração acerca da configuração do direito de propriedade em Hegel. Obviamente, este continua a estar fora de discussão em qualquer nível. Mas, quando a *Filosofia do direito* teoriza o direito "inalienável" à propriedade, o faz para afirmar não a inviolabilidade da propriedade privada e recusar a intromissão do poder político, mas sim para condenar a exclusão do servo da gleba do direito de ser proprietário em sentido pleno, e tal exclusão, "a incapacidade de possuir propriedade", é até mesmo comparada à escravidão (*Rph.*, § 66 A). A propriedade e o direito à propriedade são defendidos com particular calor no momento em que se coloca do ponto de vista do intelectual, do artesão e mesmo do servo da gleba.

8 Hegel utilitário [*banausico*] e plebeu?

Quem estabelece uma ligação entre a elaboração filosófica de Hegel e a sua origem social é Schopenhauer. Sua denúncia vai contra, na realidade, a filosofia clássica alemã no seu conjunto: "A verdadeira filosofia exige independência", pressupõe "que se caminhe com as próprias pernas e não se tenha um senhor". As classes que têm necessidade de trabalhar para sobreviver não são capazes de exprimir autêntica filosofia e autêntica cultura. Schopenhauer cita a esse propósito Teógnes, o cantor da aristocracia grega que, não por acaso, se tornará depois particularmente caro a Nietzsche.[76] E a filosofia clássica alemã é privada dessa base material independente, representada como está por "especuladores de cátedra que da filosofia deviam extrair o sustento para si e a família, e cuja palavra de ordem é, portanto: '*Primum vivere, deinde philosophari*'".[77] Pior ainda, no mais das vezes, o ensino universitário foi precedido pelo trabalho como "preceptor privado"; desde tenra idade, tornou-se assim uma "segunda natureza" o hábito da dependência, o costume de subordinar a filosofia a fins pragmáticos e de qualquer forma estranhos [*allotri*] com respeito à pura teorese.[78]

Dir-se-ia que Schopenhauer procede a uma espécie de análise de classe. De qualquer forma, percebe-se um ponto central: os protagonistas da filosofia alemã, de Kant a Hegel, passaram por uma aprendizagem que devia resultar muito dura e humilhante para os intelectuais daquele tempo, se um autor do *Sturm und Drang*, em um romance intitulado precisamente *Preceptor*, denuncia as humilhações que os intelectuais-preceptores eram forçados a sofrer dos nobres dadores de trabalhos.[79] A essas "humilhações" Fichte faz explícita referência, em um texto que parece carregado de amargura e talvez também de ressentimento: o preceptor gostaria de desempenhar a bem sua tarefa educativa, mas é "impedido com força". É uma carta enviada a Kant,[80] que também passou por essa experiência e que, não por acaso, examina também o conflito entre "pais e preceptores", ou – para retomar as palavras significativas usadas pela *Pedagogia* –[81] entre "preceitos do mestre" e "caprichos dos pais". Contudo, tal conflito apenas pode ser resolvido se se reafirmar plenamente a autoridade do preceptor no campo educativo. Geralmente, a educação pública é preferível àquela privada, dado que a primeira concorre para a "formação do caráter do cidadão" e a segunda perpetua e às vezes exacerba ulteriormente "defeitos familiares" (incluindo, provavelmente, a arrogância aristocrática e de casta). Mas, se precisamente o nobre genitor quer recorrer à educação privada e à ajuda do preceptor, é claro que deve renunciar à autoridade educativa em favor desse último.

Naturalmente, na prática, as coisas corriam muito diversamente. A série de dificuldades de Kant e de Fichte é aquela por que passa depois Hegel. As cartas que envia de Berna o "*gouverneur des enfants*"[82] deixam transparecer a dificuldade de conciliar estudo e trabalho. Mas é sobretudo significativo o início da poesia a Hölderlin: a noite é invocada porque, ao fornecer abrigo, contra as ocupações cotidianas, concede "liberdade" e *Musse* (*B*, I, 38). Eis que aqui reaparece o *otium*, visto pela tradição liberal, mas também por Schopenhauer e depois por Nietzsche, como o pressuposto indispensável da cultura, só que agora limitado à noite, ao término de uma cansativa jornada de trabalho, remete não a uma abastada independência material, mas a uma dura luta pela subsistência.

Com respeito aos clássicos do liberalismo, a filosofia clássica alemã se move em um quadro radicalmente diverso: a origem dos seus protagonistas é decididamente mais "plebeia". Temos de lidar com intelectuais que não estão ligados de modo orgânico às classes econômica ou politicamente determinantes da sociedade existente e que, ao contrário, têm com tais classes uma relação cheia de contradições e tensões. Somente para efeito de comparação, na Inglaterra vemos Locke levar adiante, simultaneamente, a elaboração filosófica e profícuas operações financeiras.[83] Obviamente, é preciso precaver-se do estabelecimento de uma relação mecânica entre origem social e elaboração filosófica. Entretanto, a relação surge com clareza. Uma coisa é certa: se os grandes da filosofia clássica alemã passaram pelas humilhações do trabalho como preceptores, tal trabalho é levado em consideração por Locke somente no âmbito dos conselhos dados ao "gentil-homem" sobre o melhor modo de investir o próprio dinheiro. Certamente, um "bom preceptor" sai caro, um preceptor que esteja verdadeiramente à altura da sua tarefa é difícil de encontrar com "tarifas ordinárias".[84] Mas é um investimento frutífero: é aconselhável que um "jovem gentil-homem" não seja mandado para uma escola pública, mas receba uma educação doméstica.[85] Em vez de renunciar ao preceptor, valeria mais renunciar a algum dos "servos" ordinários em excesso.[86] Se Fichte e Hegel fazem referência ou acenam para os problemas e as humilhações dos preceptores, Constant relata o caso de um de seus preceptores, entre tantos sucessivamente admitidos e demitidos pelo pai, sempre mais "desgostoso", "objeto de brincadeiras e de contínuo escárnio".[87] E, antes de Constant, Locke fala das dificuldades encontradas pelo gentil-homem para achar a pessoa capaz de ocupar dignamente o cargo de preceptor, visto que os intelectuais "que aparecem dificilmente se convencem de assumi-lo".[88]

Entende-se tal relutância, porque, em última análise, o preceptor é um servo.[89] Nesse sentido, Schopenhauer tinha razão ao denunciar o caráter ou a origem "servil" da filosofia clássica alemã. Certo é que, se da correspondência e dos apontamentos particulares de Locke surgem considerações e cálculos sobre os investimentos mais oportunos, bem diferente é o quadro que apresenta a filosofia clássica alemã. Em Königsberg, Fichte anota em seu diário: "Calculei que, a partir de hoje, posso subsistir ainda por catorze dias".[90] Nem sempre os cálculos e as confissões são assim tão dramáticos, mas é certo que, agora, o problema da subsistência não é apenas um problema filosófico, mas adquire também uma direta relevância existencial, a ponto de condicionar a própria elaboração filosófica. Hegel é obrigado a acelerar a publicação da *Lógica*. O fato – confessa – é que "tenho necessidade de dinheiro para viver"; ainda não existe a cátedra para lhe dar tranquilidade econômica (*B*, I, 393). Schopenhauer vê a filosofia de Hegel como perfeitamente congenial aos "referendários", àqueles que desejavam ganhar a vida procurando um emprego público e tornando-se "funcionários do Estado".[91] Com a penetrante sensibilidade de classe que lhe derivava também da sua posição de abastado *rentier*, Schopenhauer percebe a perturbadora novidade que a filosofia clássica alemã representa já do ponto de vista social. Apesar da profunda diversidade no plano político e ideológico, a crítica de Schopenhauer faz pensar naquela dirigida aos iluministas franceses por Tocqueville: o ideal deles é uma sociedade na qual "todos os empregos são obtidos por concursos literários" e que tem por única "aristocracia os literatos".[92]

Não por acaso, Schopenhauer compara o triunfo filosófico de Hegel e da sua escola ao temido advento ao poder da "classe mais abjeta", da "escória da sociedade". O alvo dessa denúncia não é apenas a filosofia clássica alemã, mas também todos "os literatos famintos que ganham para viver com uma literatura falsa e mentirosa".[93] Estamos diante de uma geral barbarização da vida intelectual, que, não sendo mais sinônimo de *otium* desinteressado e configurando-se, enfim, como uma atividade de trabalho, traz ela mesma impressa a marca de plebeu e de vulgar. É a denúncia que depois encontrará uma voz amargurada em Nietzsche, inspirada, dessa vez, não pela segurança de uma abastada posição burguesa, mas pela angustiante nostalgia da *scholé* da Antiguidade clássica e pelo impossível desejo de refazer às avessas o caminho da massificação do mundo moderno. Também para Nietzsche, a vulgarização da figura do intelectual, como demonstra a confusão entre "cultura", de um lado, e "utilidade" e "ganho", portanto, profissão, de outro, encontra uma das suas expressões mais significativas em Hegel, a cujo "influxo" se deve "a *extensão* da cultura para que se possa ter o maior número possível de empregados inteligentes".[94]

Retorna assim a figura do funcionário estatal, do intelectual, que, em vez de identificar a cultura com a *scholé*, identifica-a com a profissão e o trabalho: Hegel torna-se o símbolo do intelectual utilitário [*banausico*] e plebeu que, com efeito, em uma carta, não hesitou em declarar que no estudo e no ensino da filosofia tinha o seu "emprego", "o pão e a água" (*B*, I, 419).

9 Questão social e sociedade industrial

Não basta, no entanto, a sensibilidade para com a questão social para definir a importância de Hegel. No que concerne à Alemanha, uma sensibilidade ainda mais aguda é percebida em Fichte, para o qual a miséria é um escândalo absolutamente intolerável, a ponto de afirmar que não existe "nenhum pobre em um Estado racional".[95] E, contudo, em Fichte, o radicalismo plebeu, que é também o reflexo de uma origem social claramente humilde, assume às vezes nuanças regressivas e parece colocar em discussão a civilização industrial, a ilimitada expansão do consumo e da troca típica do mundo moderno. A denúncia da "tirania das camadas superiores e da opressão de que são vítimas as classes inferiores" procede simultaneamente à condenação do "luxo" em geral, do total "desregramento" e "dissipação", da "vaidade endinheirada dos comerciantes", da "arte da sedução" e da "avidez" e até mesmo, em síntese, da "nossa época corrupta".[96]

Decerto, não é menos crua a descrição que Hegel faz da sociedade civil, com seu "espetáculo de esbanjamento e de miséria, bem como da destruição física e ética comum a ambos" (*Rph.*, § 185). Mas essa lúcida descrição não se encontra jamais, em Hegel, em função de uma nostalgia, não assume nunca o aspecto da condenação moralista: a moderna sociedade civil representa um grande progresso, pelo fato de que comporta "o desenvolvimento autônomo da particularidade" (§ 185 A). E, portanto, resultam impotentes e também regressivas as aspirações de recuperar a "simplicidade de costumes dos povos primitivos", a perdida "*simplicidade natural*", a qual, na realidade, para além das tonalidades amenas a elas conferidas pela transfiguração nostálgica, é "em parte a passiva impessoalidade, em parte a rudeza do saber e do querer" (§ 187 A).

Hegel se dá conta de que essa crítica, nostálgica ou tendencialmente nostálgica, da sociedade civil, pode bem exprimir, como acontece em Rousseau, uma solidariedade simpatética com o sofrimento das massas populares (*V. Rph.*, IV, 477). No entanto, a solução do problema tão fortemente sentido não pode ocorrer às avessas, aquém da descoberta cristã-burguesa da autonomia, da particularidade e da infinitude do sujeito.

Não por acaso, Rousseau e Fichte sentem profundamente a questão social, mas sobretudo a partir do mundo camponês. Ao afirmar com vigor que é preciso proteger "os cidadãos contra o perigo de cair na miséria", juntamente com a "extrema desigualdade dos destinos", Rousseau denuncia o fato de que "as indústrias e as artes para a produção de bens supérfluos são favorecidas à custa de ofícios mais úteis. A agricultura é sacrificada ao comércio". Poder-se-ia dizer que a contradição principal é a que opõe a cidade ao campo: "Quanto mais é rica a cidade, mais miserável é o campo. A arrecadação dos tributos passa das mãos do príncipe ou do financista para as mãos dos artesãos ou dos mercadores. O agricultor, que recebe sempre uma parte mínima, vê-se reduzido à miséria por ter de pagar sempre a mesma importância e de receber sempre menos".[97]

Para Fichte, a já lembrada "opressão" das "classes superiores" atinge, em primeiro lugar, "a classe dos que cultivam a terra".[98] No decorrer de uma troca epistolar, após ter se declarado de acordo com a tese que identifica a causa da "queda", ou seja, da revolução na França, no "favorecimento das fábricas em detrimento da agricultura", Fichte acrescenta: "Entre todos os meios de sustento e desenvolvimento físico da humanidade (que, por sua vez, está em razão da cultura espiritual), a agricultura é o primeiro, e *a ela* devem estar *subordinadas* todas as outras atividades".[99] A condenação do luxo parece às vezes comportar a condenação do "comércio" e das "fábricas".[100]

Para compreender melhor a postura diferente de Hegel com relação a Rousseau e a Fichte, pode-se partir de Adam Smith: "Em qualquer sociedade civilizada, em qualquer sociedade na qual se tenha afirmado completamente a distinção das classes, sempre existiram, ao mesmo tempo, dois diversos ordenamentos ou sistemas de moral corrente: um pode ser chamado de severo ou austero, e o outro, de liberal ou, preferindo-se, laxista. O primeiro é geralmente admirado e apreciado pelas pessoas comuns, enquanto o segundo, normalmente, é mais estimado e adotado pelos assim chamados homens de mundo ... No sistema liberal ou laxista, o luxo, a despreocupação e também o gozo desordenado, a busca do prazer levada a um certo grau de intemperança, o descuido com a castidade, pelo menos em um dos dois sexos, desde que não sejam acompanhados da indecência grosseira e não conduzam à perfídia e à injustiça, são em geral tratados com muita indulgência e facilmente desculpados ou perdoados por completo. No sistema austero, ao contrário, esses excessos são considerados com grande repugnância e execração. Os vícios derivados da leviandade são sempre perniciosos para as pessoas comuns e uma única semana de despreocupação e dissipação leva frequentemente a arruinar para sempre um operário pobre, conduzindo-o a cometer por desespero os delitos mais cruéis".[101] Smith tem o mérito de indicar com clareza o vínculo entre moral "liberal" e riqueza, entre moral "austera" e condição plebeia. Em Hegel, a sensibilidade para com a questão social não tem aqueles traços plebeus que claramente se revelam em Rousseau e Fichte, mas o outro lado da moeda é o estranhamento à "austera" celebração da sobriedade e da simplicidade do mundo campesino pré-industrial. Hegel compara Rousseau a Diógenes (*Rph.*, I, § 90), assim como faz Voltaire,[102] autor do elogio do mundano e representante daquela moral "liberal" típica, segundo Smith, das camadas abastadas. Mas, ao contrário de Hegel, Voltaire não tem certamente simpatia por Rousseau, intérprete dos sofrimentos e da miséria das massas populares. E, aliás, o *Discurso sobre a origem e os fundamentos da desigualdade* é considerado "a filosofia de um mendigo [*gueux*] que gostaria que os ricos fossem saqueados pelos pobres".[103] Em Voltaire, o questionamento do privilégio não vai além do privilégio nobiliárquico. E, de qualquer modo, o elogio do mundano parece anular ou ignorar a dimensão político-social da miséria. Imune a qualquer nostalgia bucólica, Hegel não tem dúvidas em afirmar que é na cidade e nas classes urbanas que "se manifesta de modo decisivo a consciência da liberdade" (*Rph.* III, 166), ao passo que a classe campesina "está mais propensa à submissão" (*V. Rph.*, III, 630). Mas essa aceitação sem reservas da sociedade industrial avançada não coincide nunca com uma esmerada representação dela. "A importante questão de como resolver o problema da pobreza é questão que move e atormenta em particular a sociedade moderna" (*Rph.*, § 244 Z). O tormento da sociedade moderna também era a angústia de Hegel. O fato de que, na sociedade civil e industrial, a miséria continue a subsistir ao lado da opulência é um "resquício do estado de natureza" (§ 200 A), um resquício que põe um problema que Hegel não sabe como resolver e cuja solução ele se recusa a especular. E, todavia, o filósofo não se cansa de afirmar que o estado de natureza somente pode ser definido como aquela condição da qual é preciso absolutamente sair (*V. Rph.*, IV, 209).

Independentemente das implicações políticas que disso derivam e das quais o próprio Hegel não parece plenamente consciente, estamos, de qualquer modo, bem além da tradição liberal, que busca na "natureza", eventualmente, o selo da ambicionada eternidade de relações econômico-sociais historicamente determinadas, busca a confortável garantia de que, para dizer com Marx – mas aqui a crítica da ideologia alcança um nível também epistemologicamente novo –, "houve história, mas já não existe mais".[104]

Notas

1 Ver a nota de comentário 293 (p.342) à ed. cit. dos cursos de filosofia do direito de 1817-1818 e 1818-1819.
2 *MEW*, v.I, p.259 (*MEOC*, III, p.64).
3 *Quaderni filosofici*, op. cit., p.118-9.
4 Em Engels existe, porém, uma oscilação: às vezes, por "sistema" se entende a "conclusão política muito modesta" do "método", portanto a opção política imediata; outras vezes, se entende o "sistema de filosofia" com a sua "exigência tradicional" de "encerrar-se numa espécie de verdade absoluta" (*MEW*, v.XXI, 268-9). Nesse último sentido, tem razão Bloch ao censurar Engels por ver no "sistema" uma espécie de "vontade de má-fé", quase à maneira de Nietzsche (*Sulla distinzione del "metodo" di Hegel dal "sistema", e alcune conseguenze*, in E. Bloch, *Dialettica e speranza*, organizado por L. Sichirollo, Firenze, 1967, p.43). No sentido, porém, em que aqui vale para nós, a distinção entre "método" e "sistema" corresponde à exigência de salvaguardar o surgimento das categorias teóricas com respeito à imediatez das opções políticas, e é ineludível: assim a escola de Della Volpe, particularmente enérgica em recusar a distinção em questão, para melhor liquidar como intrinsecamente conservadora a filosofia de Hegel na sua totalidade, na polêmica contra a dialética hegeliana acaba por utilizar as argumentações de Trendelenburg e mesmo dos "teístas especulativos" que certamente se colocam à "direita" de Hegel. Ver em particular N. Merker, *Le origini della logica hegeliana (Hegel a Jena)*, Milano, 1961.
5 Ver a carta de protesto enviada por F. A. L. von der Marwitz a Hardenberg (11.2.1811), in *Adam Müllers Lebenszeugnisse*, op. cit., v.I, p.611.
6 *Von Beruf unserer Zeit für gesetzgebung und Rechtswissenschaft*, Heidelberg, 2.ed. 1840, (reprodução fac-similar, Hildesheim, 1967), p.112-3.
7 *Sämtliche Werke*, op. cit., v.VI, p.73-108.
8 *Riflessioni sulla Rivoluzione francese*, op. cit., p.192.
9 *Hegel und seine Zeit*, op. cit., p.327.
10 Ibidem, p.404-5, 407 e 411.
11 Ibidem, p.400-1.
12 É uma afirmação feita no âmbito da polêmica contra o primeiro Strauss, acusado de não ter percebido a "força das potências obscuras do sentimento" e das crenças religiosas. Ver a recensão aos *Gespräche Huttens* de Strauss sobre os *Preussische Jahrbücher*, VI, 1860, p.309.
13 *Hegel und seine Zeit*, op. cit., p.400-2.
14 R. Haym, *Wilhelm von Humboldt. Lebensbild und Charakteristik*, 1856 (reedição fac-similar, Osnabrück, 1965), p.57.
15 *Ideen zu einem Versuch die Gränzen der Wirksamkeit des Staats zu bestimmen*, in *Gesammelte Schriften* (Ed. da Acadêmia de Ciências), Berlin, 1903-1936, v.I, p.101.

16 Carta ao duque C. Ch. Augustenburg de 13.8.1793, in *Die deutsche Literatur. Texte und Zeugnisse*, v.V, 2, organizado por H. E. Hass, München, 1966, p.1539-41.
17 *Einleitung* na trad. alemã das *Reflections on the Revolution in France* de Burke, in *Ausgewähle Schriften*, op. cit., v.I, p.9.
18 *Economia politica*, op. cit., p.260.
19 *Gesammelte Schriften*, op. cit., v.XV, p.630.
20 Ibidem, v.VIII, p.353 n.
21 *Sämtliche Werke*, op. cit., v.VI, p.78.
22 *Gesammelte Schriften*, op. cit., v.VIII, p.366 (À *paz perpétua*).
23 Prefácio a *Narcisse*, in *Œuvres complètes*, organizado por B. Gagnebin e M. Raymond, Paris, 1959-1960, v.II, p.968.
24 *MEW*, v.III, p.20 (MEOC, V, p.16). A polêmica é dirigida contra os jovens hegelianos que, porém, tinham fichtianizado o sistema do mestre.
25 *MEW*, v.I, p.4 (MEOC, I, p.106).
26 Ibidem, v.I, p.177 (MEOC, I, p.349).
27 Ibidem, v.II, p.505 (MEOC, IV, p.513).
28 *Ideen...*, op. cit., p.117.
29 *Secondo Trattato*, § 36.
30 Citação retomada de M. Perrot, *L'ispettore Bentham*, in J. Bentham, *Panopticon ovvero la casa d'ispezione*, organizado por M. Foucault e M. Perrot, trad. ital., Venezia, 1983, p.149 n.
31 *Ricordi*, in *Scritti politici*, op. cit., v.I, p.352. "Existe entre os homens, em qualquer sociedade que eles vivam, e independentemente das leis que eles criaram, uma certa quantidade de bens reais ou ideais que, necessariamente, não podem pertencer a não ser a um pequeno número" (*La Francia prima e dopo il 1789*, in *Scritti politici*, op. cit., p.243).
32 Assim, David Hansemann, citado in J. Droz, op. cit., p.243.
33 W, III, p.314-5. Ainda uma vez, a história deu razão a Hegel. Popper não se cansa de denunciar o "estatismo" deste suposto inimigo da "sociedade aberta". Eis depois em que termos descreve o progresso ocorrido nos últimos decênios no Ocidente: em Viena, havia uma "terrível pobreza ... existia um grande número de desempregados e não havia nenhuma forma de subsídio por desemprego ou doença (*somente organizações privadas* para ajudar os sem-teto e as crianças órfãs ... Mas o Estado não participava disso diretamente". É, portanto, a intervenção estatal que levou "o hemisfério ocidental" tão perto "do Paraíso" (*Coscienza dell'occidente*, in *Criterio*, 1, 1986, p.78-9). Dir-se-ia que o "estatismo" do qual dá provas Popper é bem mais exacerbado do que aquele que se censura em Hegel.
34 Ver o verbete *Armenwesen* sobre o *Staatslexikon*, op. cit., p.11-2.
35 *Sul diritto al lavoro*, in *Scritti politici*, op. cit., v.I, p.282 e 293-4. No decorrer do debate parlamentar, respondendo às interrupções da esquerda, Tocqueville nega que, na atribuição de uma tarefa de "caridade pública" ao Estado,

haja um elemento de "socialismo" e de "estatismo"; significativamente, alguns decênios mais tarde, ao apresentar o projeto de lei para a garantia em caso de acidentes de trabalho, Bismarck rejeita a acusação de "socialismo de Estado" e de "comunismo" que lhe havia sido lançada pela direita e declara querer limitar-se apenas ao "cristianismo prático": Im Bismarckschen Reich 1817-1890, organizado por H. Feske, Darmstadt, 1978, p.273-82.
36 Legge, legislazione e libertà, op. cit., p.271 e 509.
37 Nachgelassene Fragmente 1887-1889, in Sämtliche Werke, Kritische Studienausgabe, organizado por G. Colli e M. Montinari, München, 1980, v. XIII, p.73-4.
38 Legge, legislazione e libertà, op. cit., p.304.
39 Principi di politica, op. cit., p.271 e 509.
40 Philosophie der Mythologie, in Sämmtliche Werke, op. cit., v.XI, p.530 e n. e p.549.
41 Principi di politica, op. cit., p.99-100.
42 Works, op. cit., v.V, p.105, trad. ital., Riflessioni sulla Rivoluzione francese, op. cit., p.210, e v.VII, p.383.
43 De re rustica, I, 17.
44 Assim considera N. Bobbio (Studi hegeliani, op. cit., p.181-2), que neste caso renuncia à tese, cara para ele, da heterogeneidade entre Hegel e a tradição liberal. Ainda uma vez, a tese de Bobbio é também a de K. H. Ilting, The Structure of Hegel's Philosophy of Right, in Hegel's political philosophy, organizado por A. Kaufmann, New York, 1970, p.107, n.45.
45 Considerazioni sulle conseguenze della riduzione dell'interesse, op. cit., p.75 e 128.
46 Saggio sull'intelletto umano, IV, XX, 2 e IV, XX, 5. No que diz respeito a Montaigne, cf. Essais, I, 42.
47 Ibidem, IV, XVI, 12.
48 Ibidem, IV, XX, 3.
49 Ibidem, IV, XX, 6.
50 Pensieri sull'educazione, trad. ital. de G. Marchesini, Firenzi, 1947, § 204 e 206.
51 Considerazioni sulle conseguenze..., op. cit., p.70.
52 F. Guizot, De la démocratie en France (janvier 1849), Napoli, 1849, p.38-40. O caráter "muitas vezes hipócrita" da "ênfase" que Guizot dá à "atividade produtiva" já foi evidenciado por F. M. De Sanctis, Tempo di democrazia. Alexis Tocqueville, Napoli, 1986, p.215.
53 Ricordi, in Scritti politici, op. cit., v.I, p.401.
54 A centralidade desse tema em Saint-Simon é evidenciada pela Idelogia alemã: cf. MEW, v.III, p.452 (MEOC, V, p.486), mas a condenação da natureza improdutiva e parasitária dos "meros capitalistas" é um tema que está presente, de algum modo, também em Hegel: cf. D. Losurdo, Tra Hegel e Bismarck, op. cit., p.116-20.
55 F. Guizot, De la démocratie en France, op. cit., p.39.

56 A. de Tocqueville, *Ricordi*, in *Scritti politici*, op. cit., v.I, p.390; *L'Ancien régime et la révolution. Fragments et notes inédites sur la révolution*, in *Œuvres complètes*, op. cit., v.II, p.340: não por acaso, nesse contexto, Tocqueville evoca Burke, o implacável inquisidor do desastroso "caráter abstrato" dos intelectuais revolucionários franceses.

57 *Cours de politique constitutionelle*, op. cit., p.106-7.

58 *Gesammelte Schriften*, op. cit., v.VIII, p.127 (*Sobre o dito comum*).

59 Ibidem, v. XXIII, p.155 (*Reflexionen*).

60 *Fichtes Werke*, op. cit., v.VI, p.331-3.

61 *Gesammelte Schriften*, op. cit., v.XXIII, p.127 (*Reflexionen*).

62 *Gesammelte Schriften*, op. cit., v.VIII, p.390 e 395 (A respeito de uma variante distinta assumida recentemente em filosofia).

63 F. Nietzsche, *Al di là del bene e del male*, 211.

64 *Gesammelte Schriften*, v.VIII, p.295 (*Sobre o dito comum*).

65 Ibidem, v.VI, p.314 (*Metafísica dos costumes. Doutrina do direito*, § 46).

66 *Principi di politica*, op. cit., p.101.

67 Para a crítica do conceito de "miséria alemã", cf. C. Cesa, *G. W. F. Hegel. A centocinquant'anni dalla morte*, in *Studi senesi*, 1, 1982, p.11-2. Mas o conceito de miséria alemã está presente também em um autor claramente hostil a Hegel: L. Börne, *Sämtliche Schriften*, v.III, p.67.

68 Nesse sentido, Lukács fala de "inigualdade". Sobre isso, ver D. Losurdo, *Lukács e la distruzione della ragione*, in *György Lukács nel centenario della nascita 1885-1985*, organizado por D. Losurdo, P. Salvucci e L. Sichirollo, Urbino, 1986, p.136-7. No que diz respeito às eleições diretas ou de segundo grau, ver B. Constant, *Principi di politica*, op. cit., p.85-97 e A. de Tocqueville, *La democrazia in America*, in *Scritti politici*, op. cit., v.II, p.214. A favor das eleições de segundo grau está igualmente F. de Corcelle, que escreve um artigo na *Revue de Deux Mondes* ao qual Tocqueville envia uma carta de louvor (*Œuvres complètes*, op. cit., v.XV, 1, p.56-7).

69 Carta a H. V. Gagern, de 24.8.1821, in *Freiherr vom Stein, Ausgewählte Schriften*, organizado por K. Thiede, Jena, 1929, p.281.

70 *Gueux plumèes*, cf. *The Works...*, op. cit., v.IX, p.49.

71 H. Arendt, op. cit., p.134-5.

72 *Principi di politica*, op. cit., p.104.

73 *Gesammelte Schriften*, op. cit., v.VIII, p.295, e v.VI, p.313-5 (*Metafísica dos Costumes. Doutrina do direito*, § 46).

74 *Principi di politica*, op. cit., p.101-2.

75 *Von der Unrechtmässigkeit des Büchernachdrucks*, 1785.

76 *Über die Universitätsphilosophie*, in *Sämtliche Werke*, op. cit., v.IV, p.238.

77 Ibidem, p.184.

78 Ibidem, p.237-8.

79 O autor é J. M. R. Lenz: cf. R. Pascal, *La poetica dello Sturm und Drang*, trad. ital., Milano, 2.ed., 1977, p.73-4.

80 Carta de 2.9.1791, in J. G. Fichte, *Briefwechsel*, op. cit., v.I, p.200.
81 I. Kant, *Über Pädagogik*, in *Gesammelte Scriften*, op. cit., v.IX, p.452-3.
82 Cf. K. Rosenkranz, *Vita di Hegel*, op. cit., 1966, p.63.
83 Cf. M. Cranston, *John Locke. A Biography*, op. cit., p.114-5, 377 e 448. "Locke pode, portanto, ser considerado um membro daquela classe de investidores cujos interesses são claramente defendidos por seus escritos econômicos" (ibidem, p.115, n.3).
84 *Pensieri sull'educazione*, § 89 e 94.
85 Ibidem, § 70.
86 Ibidem, § 90.
87 *Diari*, op. cit., p.8-9.
88 *Pensieri sull'educazione*, § 91.
89 Assim era explicitamente considerado Hörderlin pelo banqueiro Gondard e até mesmo pelos longínquos descendentes deste último: cf. Th. W. Adorno, *Parole chiave. Modelli critici*, organizado por T. Perlini, Milano, 1974, p.99.
90 *Im Briefwechsel...*, op. cit., v.I, p.198.
91 *Über die Universitätsphilosophie*, op. cit., p.182.
92 *L'antico regime...*, op. cit., p.200.
93 A. Schopenhauer, *Über die Universitätsphilosophie*, op. cit, p.215 e 213. Alguns decênios antes, ao contrário, Caroline von Herder tinha esbravejado contra os intelectuais *rentiers*: "Li recentemente no *Morgenblatt*: Humboldt recusou uma convocação em Paris, pois considera que seu sacro dever é permanecer onde está. Certos esforços me deixam indignada. A Prússia é a sua pátria: lá ele tem *propriedades, bens, riquezas* (não abandonar tais fortunas não exige certamente espírito de sacrifício, e por isso nada de exibições de sacros deveres!" (carta a Johannes von Müller, de 28.8.1807, in J. von Müller, *Briefwechsel mit Gottfried Herder und Caroline von Herder geb. Flachsland*, organizado por K. E. Hoffmann, Schaffhausen, 1952, p.220). Embora mais hostil, essa polêmica é um indício significativo das tensões também sociais que atravessam a intelectualidade alemã do tempo.
94 F. Nietzsche, *Nachgelassene Fragmente 1870-1872*, in *Sämtliche Werke*, op. cit., v.VII, p.243.
95 *Grundlage des Naturrechts*, § 18.
96 *Zufällige Gedanken in einer schlaflosen Nacht*, in *Briefweschsel*, op. cit., v.I, p.10-3 (trad. ital., in J. G. Fichte, *Lo Stato di tutto il popolo*, organizado por N. Merker, Roma, 1978, p.97-101).
97 *Economia politica*, op. cit., p.265-6 e 277.
98 *Zufällige Gedanken...*, op. cit., p.11 (trad. ital., op. cit., p.97).
99 A troca de correspondência é com Theodor von Schön, in *Briefwechsel*, op. cit., v.I, p.247 e 257.
100 *Fichtes Werke*, op. cit., v.VI, p.182.
101 A. Smith, op. cit., livro V, cap.I, parte III, art.3, p.782.

102 Carta a D'Alembert, de 2.9.1758, in *Voltaire's Correspondence*, organizado por Th. Besterman, Genève, 1958, v.XXXIV, p.68.
103 Cf. G. R. Havens, *Voltaire's Marginalia on the Pages of Rousseau*, in Ohio State University Studies, VI (1933), p.15.
104 *Miseria della filosofia*, in MEW, v.IV, p.139 (MEOC, VI, p.182).

ÍNDICE ONOMÁSTICO

Adorno, T. Wiesengrund, 236n.89
Ágis, 171
Ambrogio, I., 81n.5
Antoni, C., 148n.27
Apel, K. O., 81n.12
Arendt, H., 187n.29, 235n.71
Aristóteles, 209
Augustenburg, C. Ch. von, 233n.16
Avineri, S., 79, 83n.46

Baader, F. X. von, 32, 70, 123, 158-9, 197, 203
Bailleul, J. C., 189n.64
Barnave, A. P. J. M., 189n.64, 192n.88
Batscha, Z., 49n.37
Bauer, B., 51n.80
Bauer, J., 50n.55
Baxa, J., 109n.6
Bayle, P., 146n.5
Becchi, P., 48n.24, 80n.2, 82n.18, 148n.38
Becker, C., 9
Behler, E., 51n.75
Bentham, J., 92-4, 108, 109n.10, 130, 139, 149n.43, 185, 193n.91, 206, 233n.30
Berry, C. F. de, 76

Besterman, T., 237n.102
Bianco, G., 191n.75
Bismarck, O. von, 185, 193n.93, 234n.35
Blackstone, W., 192n.87
Blanc, L., 144
Bloch, E., 232n.4
Bobbio, N., 92, 99, 101, 104, 105, 107-8, 110n.18, 113-4, 115-22, 124, 129, 135-9, 142, 145-6, 146n.1, 177, 182, 189n.66, 234n.44
Bodei, R., 49n.43
Bonald, L. G. A. de, 71
Börne, L., 73, 76, 83n.36, 235n.67
Boulainvilliers, H. de, 116, 189n.64
Bourne, H. R. F., 147n.12
Braun, O., 50n.55
Briegleb, K., 47n.7
Bruto Marco, Júnior, 172-3
Bülow, H. von, 148n.23
Burke, E., 88, 95, 98-9, 109n.3, 123, 129, 162, 165, 174, 178, 187n.18, 191n.76, 197, 209, 216, 218, 221, 233n.17, 235n.56

Calogero, G., 10
Candeloro, G., 146n.4

Caramella, S., 49n.37
Carlos I da Inglaterra, 161, 171
Carlos V de Habsburgo, 82n.21
Carlos X da França, 38, 71
Carové, F. W., 27, 43, 49n.35
Cassana, Testore, 191n.75
Catão, Marco Pórcio, o Uticense, 172
Catilina, Lúcio Sérgio, 172
Cesa, C., 10, 12, 16-7, 26-8, 48n.32, 53n.97, 82n.20, 235n.67
César, Caio Júlio, 169, 172-3
Chamberlain, H. S., 110n.21
Chateaubriand, F. R. De, 36, 38, 70-1, 73, 142, 146, 149n.59
Cícero, Marco Túlio, 36, 172-3
Cina, Lúcio Cornélio, 169
Clarac, P., 82n.24
Cleômenes, 171
Coburg, F. J., 190n.68
Codignola, E., 10
Colletti, L., 148n.29
Colli, G., 147n.23, 234n.37
Cômodo, Marco Aurélio, 202
Constant, B., 82n.34, 92-4, 102, 117-8, 125-6, 132-4, 143, 145, 161-2, 165-5, 179-83, 187n.20, 209, 212, 215-7, 219-23, 226, 235n.68
Corcelle, F. De, 149n.50, 235n.68
Cousin, V., 38, 74, 146
Cranston, M., 110n.26, 236n.83
Croce, B., 10
Cromwell, O., 153, 161, 187n.20

D'Alembert, J. le Rond, 148n.28, 237n.102
D'Hondt, J., 24-5, 28-37, 48n.27, 50n.52, 79, 83n.46
Dahlmann, F. C., 133, 149n.47 e n.48
Dahrendorf, R., 144, 150n.65
De Negri, E., 10
De Sanctis, F. M., 234n.52

Della Volpe, G., 53n.84, 232n.4
Diderot, D., 148n.28
Diógenes, 231
Droz, J., 110n.36, 233n.32
Dupuy, G., 191n.75

Engels, F., 12, 18, 26, 40-3, 45-77, 47n.2, 53n.86, 61, 141, 160, 178-9, 182, 187n.10, 192n.80, 196-7, 205, 232n.4
Epstein, K., 49n.48 e n.50
Erdmann, J. E., 52n.80
Espinosa, B., 48n.21
Eucrates, 188n.43

Fagiani, F., 111n.39
Fatta, C., 10
Ferrarotti, F., 148n.25
Feske, H., 47n.10, 234n.35
Fessler, I. A., 50n.63
Fichte, J. G., 28-32, 34-5, 49n.37 e n.51, 50n.56, 81n.4, 216-9, 225-30, 235n.60, 236n.80
Filipe II da Espanha, 152-3
Filmer, R., 162
Firpo, L., 81n.4, 82n.26
Formigari, L., 109n.10, 110n.28
Foucault, M., 233n.30
Frauenstädt, J., 147n.21
Frederico Guilherme III da Prússia, 31, 40, 67, 107, 141
Frederico Guilherme IV, 15, 19, 79
Frederico II da Prússia, 11, 158
Fries, J. F., 29, 38, 43-4, 78-9, 83n.46
Fubini, R., 146n.2
Furer, F., 193n.88

Gadamer, H. G., 46, 54n.99
Gagern, H. V., 235n.69
Gagnebin, B., 233n.23
Gans, E., 16, 25, 45
Garin, E., 188n.47
Gebhardt, C., 147n.21

Gentile, G., 26, 28
Gentz, F., 88, 109n.3, 117, 129,
    147n.7, 165, 188n.32, 201
Gerratana, V., 81n.7
Gersdorff, C. von, 147n.23
Godechot, J., 187n.13, n.26
Goethe, J. W. von, 29, 31, 36, 49n.37,
    50n.52, 213,
Gondard, S., 236n.89
Görres, J., 159
Graco, Tibério e Caio, 154, 168
Gramsci, A., 60
Gregório VII, 123
Grendi, E., 191n.75
Guizot, F., 72, 82n.34, 147n.19,
    214-5, 234n.52
Gumplowicz, L., 109n.14
Garin, M., 188n.47, 189n.61

Habermas, J., 54n.99, 188n.29
Halévy, E., 193n.90
Haller, K. L. von, 78, 96, 109n.14,
    130, 149n.42, 156, 159, 190n.68
Hamann, J. G., 12
Hamburger, J., 82n.25
Hansemann, D., 110n.36, 117-8,
    233n.32
Häntzschel, G., 47n.7
Hardenberg, K. A. von, 89, 109n.6,
    141, 232n.5
Hass, H. E., 233n.16
Havens, G. R., 237n.103
Hayek, F. A. von, 121, 128, 148n.34,
    208-9
Haym, R., 25, 38-46, 52n.80, 53n.86,
    58, 80, 144-5, 163, 199-202, 204
Heine, H., 13, 18, 23, 36-7, 45, 47n.7,
    52n.80, 156
Henning, L. von, 136
Henrich, D., 48n.30, 109n.3,
    148n.38
Henrique VII da Inglaterra, 171
Herder, C. von, 236n.93

Herder, G., 236n.93
Hess, M., 16
Hitler, A., 46, 129
Hoffmann, J., 82n.25
Hoffmann, K. E., 236n.93
Hoffmeister, J., 9, 13, 83n.42, 193n.95
Hölderlin, F., 49n.37, 225,
    236n.89
Hook, S., 83n.47
Hoppe, H., 80n.2
Horstmann, R. P., 48n.30
Howald, E., 53n.95
Hugo, G., 15, 78
Humboldt, W. von, 117-8, 201-2, 205,
    232n.14, 236n.93
Hume, D., 34, 100, 110n.25, 162,
    183, 192n.83
Hutten, U. von, 232n.12

Ignatieff, M., 192n.80
Ilting, K. H., 9, 23-5, 37, 43, 48n.24,
    55, 58, 60, 64, 68-72, 74-5, 79-80,
    80n.1, 81n.9, 81n.17, 82n.18, n.22
    e n.34, 83n.47, 86, 92, 142, 177,
    186n.4, 195, 234n.44
Iser, L., 109n.3

Jacobi, F. H., 29, 32, 200
Jardin, A., 190n.74
Jaurès, J., 111n.40
João-sem-Terra, 174

Kant, I., 11, 23, 33-4, 50n.57, 81n.4,
    96, 118, 129, 149n.42, 178,
    188n.34, 202-3, 216-9, 221-5
Kaufmann, A., 234n.44
Kaufmann, W., 83n.47
Kierkegaard, S. A., 51n.80
Klopstock, F. G., 36
Kotzebue, A. von, 29, 32, 78
Kronberg, L., 83n.45
Kuczynski, J., 111n.37

Lamennais, F. R. de, 71, 123, 148n.24
Laski, H. J., 148n.25
Lassalle, F., 25, 42, 52n.80, 106, 144, 185-6, 193n.93
Lasson, G., 9
Laukhard, F. C., 188n.46
Le Chapelier, J. R. G., 111n.40
Lecaldano, E., 192n.83
Lefèbvre, G., 187n.26
Leist, F., 147n.19
Lenin, V. I., 59-60, 81n.5, 157, 196
Lenz, J. M. R., 236n.79
Leroux, P., 52n.80
Licurgo, 189n.47
Locke, J., 101-2, 107, 110n.26, 119, 123, 126, 131, 136-8, 147n.10, 153, 162, 206, 210-2, 226-7, 236n.83
Losurdo, D., 47n.8, 147n.10, 192n.80, 193n.94, 233n.35, 234n.54
Löwith, K., 39, 51n.80
Lübbe, H., 52n.80
Lucrécia, 168
Luís Filipe da França, 147n.19, 178
Luís XIV da França, 144, 161
Luís XVI da França, 30, 163, 171-2
Lukács, G., 109n.14, 110n.21, 148n.29, 235n.68

Mably, 165
Macpherson, C. B., 147n.11
Magri, T., 189n.63
Maistre, J. M. de, 30, 49n.43, 97, 109n.20, 143, 156, 162
Mallet du Pan, J., 202
Malthus T. R., 190n.75
Mandelkow, R., 50n.52
Marat, J. P., 110n.32
Marchesini, G., 234n.50
Marco Aurélio, 202
Marino, L., 53n.98

Mário Caio, 168
Martelloni, A., 109n.3, 187n.18, 192n.76
Marwitz, F. A. L. von der, 109n.6, 232n.5
Marx, K., 16, 18, 23, 39-43, 45-7, 47n.2, 53n.84, 58, 62-3, 72, 78, 81n.4, 102, 108, 122, 125, 158, 160, 169, 173, 179, 184-6, 187n.10, 188n.43, 196-7, 203, 219, 231
Masson, A., 110n.25
Mathiez, A., 187n.26
Matteucci, N., 81n.13, 110n.33, 189n.58
Maupeau, R. N. C. A., 146n.2
Maximiliano II da Baviera, 147n.19
Merker, N., 188n.46, 232n.4, 236n.96
Messineo, F., 10
Metternich, K. von, 28, 44, 67, 83n.39
Meyer, J., 190n.74
Meyer, J. P., 81n.14
Meyr, M., 147n.19
Michel, M., 9
Michelet, K. L., 25, 52n.80
Mill, J. Stuart, 118-9, 128, 148n.32
Milton, J., 178
Mistretta, E., 192n.83
Moldenhauer, E., 9
Montaigne, M. Eyquem de, 211, 234n.46
Montesquieu, C. L. de, 98, 100, 110n.25, 115, 125, 142, 146n.5, 148n.28, 160-1, 166-74, 177, 183, 187n.14, 188n.35
Montinari, M., 147n.23, 234n.37
Montlosier, F. D. De, 189n.64
Morelly, 144
Mori, M., 188n.35
Mornet, D., 49n.46
Möser, J., 124

Müller, A., 109n.6, 232n.5
Müller, J. von, 236n.93
Mussolini, B., 28

Nada, N., 191n.75
Namier, L., 191n.76
Napoleão I, 44, 78, 187n.20, 190n.75, 220
Napoleão III, 121, 147n.19
Nicolai, J. C. F., 33, 50n.60
Nicolin, F., 9
Nicolin, G., 10
Nietzsche, F. W., 51n.80, 121, 148n.23, 208, 215, 219, 224, 226-7, 232n.4, 235n.63
Noack, L., 52n.80
Nozick, R., 120, 147n.14

Omodeo, A., 189n.64
Ottmann, H., 48n.22, 51n.78, 82n.18

Paine, T., 175, 189n.63
Pascal, R., 236n.79
Paulus, H. E. G., 77, 186n.4
Perlini, T., 236n.89
Perrot, M., 233n.30
Pisa, K., 81n.14
Pitt, W., 178, 190n.68
Plebe, A., 10
Pompeu Gneo, 173
Pons, A., 148n.28
Popper, K. R., 109n.21, 190n.66, 233n.33
Pörnbacher, K., 47n.7
Postigliola, A., 187n.14, 188n.44
Poursin, J. M., 191n.75
Pradt, D. G. F. de, 76, 82n.21
Proudhon, P. J., 129, 148n.35

Ramm, T., 110n.35
Rawls, J., 192n.86
Raymondo, M., 233n.23

Rehberg, A. W., 203
Richelieu, A. du Plessis, 156, 158, 160, 189n.64
Richet, D., 193n.88
Riedel, M., 149n.46
Rippmann, P., 83n.36
Ritter, J., 195
Robespierre, M., 162, 165, 172, 189n.47 e n.57
Rosenkranz, K., 12, 19-21, 25, 47n.3, 49n.43, 52n.80, 109n.15, 193n.92, 236n.82
Rotta, S., 146n.5
Rotteck, C. von, 136, 147n.13, 149n.52,179, 190n.71, 207
Rousseau, J.-J., 45, 87, 94, 97, 125, 143, 165, 171-4, 177, 188n.47, 189n.61, 202-3, 229-30, 237n.103
Royer-Collard, P. P., 38, 72, 82n.34, 146
Rude, F., 189n.64
Ruge, A., 15, 17, 39, 47n.9

Saage, R., 49n.37
Saint-Beuve, C. A. de, 81n.14
Saint-Just, L. A. L. de, 96, 109n.17, 172, 189n.55
Saint-Pierre, B. de, 189n.61
Saint-Simon, H. de, 143, 149n.61, 214, 234n.54
Saitta, A., 110n.32
Salvucci, P., 235n.68
Sandkühler, H. J., 54n.99
Sanna, G., 10
Savigny, F. K. von, 15, 54n.98, 78, 83n.45, 197
Schellberg, W., 187n.9
Schelling, F. W. J., 29, 35-6, 45, 51n.80, 65, 82n.19, 121, 147n.18, 203, 209
Schiavone, A., 53n.98
Schiller, F., 29, 36, 51n.70, 61, 201, 223

Schlegel, F., 31, 36, 50n.53, 165, 188n.31
Schleiermacher, F. E. D., 19, 32, 50n.53
Schlösser, R., 83n.45
Schön, T. von, 49n.44, 51n.67, 236n.99
Schopenhauer, A., 121, 147n.21, 215, 224-7
Schrader, W., 53n.95
Schubart, K. E., 26
Schulz, H., 49n.44 e n.51
Sérvio Túlio, 171
Sichirollo, L., 232n.4, 235n.68
Sila, Lúcio Cornélio, 168-9, 188n.41
Smith, A., 107, 127, 178, 230, 237n.101
Soboul, A., 109n.17, 189n.55
Stäel, A. L. G. Necker de, 161-3, 166, 173, 176, 179, 189n.64
Stahl, F. J., 62-3, 78, 81n.11 e n.16, 143-5
Staiger, E., 51n.70
Stein, K. von, 89, 141, 221, 235n.69
Strauss, L., 48n.21, 232n.12

Tarquínio, o Soberbo, 166-7, 172
Tawney, R. H., 148n.25
Teógnes, 224
Thaden, N. von, 78
Thiede, K., 235n.69
Tilliette, X., 147n.19
Tocqueville, A. de, 62-3, 81n.13 e n.15, 104, 115, 129, 135, 142, 144, 146n.4, 148n.37, 162, 164, 173, 176, 179, 182-5, 187n.23, 187n.28, 192n.87, 207-8, 214-5, 227, 233n.35, 235n.56
Topitsch, E., 46, 53n.97
Treitschke, H. von, 53n.86
Trendelenburg, A., 49, 53n.87, 232n.4
Trevelyan, G. M., 190n.75
Trost, L., 147n.19

Uexküll, G. von, 193n.93

Varnhagen, von Ense K. A., 32, 45, 50n.61, 83n.45
Varrão, Marco Terêncio, 210
Vattimo, G., 54n.99
Veca, S., 192n.86
Verucci, G., 82n.26, n.29 e n.31, 148n.24
Virgílio, Públio Maro, 81n.14
Vitiquindo, 82n.21
Voltaire, 100, 110n.25, 115-6, 129, 146n.2, 148n.39, 231, 237n.103
Voney, C. F. C. de, 36

Weick, W., 147n.7, 188n.32
Welcker, C. von, 147n.13
Windischmann, F. J. H., 30
Wolff, C., 50n.60
Wolff, K. H., 149n.59

Young, E., 36

SOBRE O LIVRO

Coleção: Biblioteca Básica
Formato: 14 x 21 cm
Mancha: 23 x 43 paicas
Tipologia: Gouldy Old Style 11/13
Papel: Pólen 80 g/m² (miolo)
Cartão Supremo 250 g/m² (capa)
1ª *edição:* 1998

EQUIPE DE REALIZAÇÃO

Produção Gráfica
Edson Francisco dos Santos (Assistente)

Edição de Texto
Fábio Gonçalves (Assistente Editorial)
Ingrid Basílio (Preparação de Original)
Fernanda Spinelli Rossi e
Ana Paula Castellani (Revisão)
Oitava Rima Prod. Editorial (Atualização Ortográfica)

Editoração Eletrônica
Oitava Rima Prod. Editorial